Mariusz Max Kolonko

MARIUSZ MAX KOLONKO

ODKRYWANIE AMERYKI

Zapiski wJeepie

LIMITED EDITION

Media 2000 Communicatons
New York, NY

Opracowanie graficzne
Mariusz Max Kolonko

Redakcja i korekta
Krzysztof Jan Wolny

Zdjęcia
archiwum Autora, American Forests Historic Tree Company, DHR, The Library of Congress, NASA, The Greenbriar, The White House, USAF, Society of California Pioneers, Marian Dziduch (str. 6), P. Sadurski (str.1)

Wydanie II
ISBN 978-1-63452-623-4

www.MaxKolonko.com
sprzedaż internetowa via MaxTV:
www.MaxFanclub.com

Published by
Media 2000 Communications
New York, N.Y.
all rights reserved
2015

Jest to książka osobista.

*Pisałem ją głównie w samochodzie
i przydrożnych motelach
w czasie moich licznych amerykańskich podróży.
Zaprowadziły mnie one do Obozu X więźniów
w Guantanamo,
tajnego centrum obrony powietrznej USA
wykutego w skałach gór Cheyenne,
do jezior Everglades, gdzie łapałem za pysk aligatory,
do prerii Wyoming, gdzie spędziłem milenijnego Sylwestra
przytulając się w podziemnym silosie do rakiety
międzykontynentalnej Minuteman.*

*Książka ta jest też przewodnikiem dla współczesnych
Odkrywców Ameryki:
Jak przyjechać do Stanów z 200 dolarami w kieszeni,
by 10 lat później przegrać na giełdzie ćwierć miliona
i nie być z tego powodu smutnym?
Czym się różni myślenie amerykańskie od polskiego?
Gdzie spotkać Elizabeth Taylor
i czego nie należy w takiej sytuacji robić?
Czym właściwie jest American Dream i jak go osiągnąć?
Na czym polega „Polski Syndrom"?
Czym się różni od amerykańskiego myślenia?
I dlaczego przeszkadza nam on w osiągnięciu sukcesu za granicą?*

Jest to książka szczera i retrospektywna.

I mówię w niej, jak ze mną w Ameryce było.

I Jak Jest.

*Widziałem wiele wschodów i zachodów słońca.
Ale najpiękniejszy jest zawsze ten, który nastąpi.*

Polski Syndrom

meryka A.D. 1988. Krajem rządzi Bush. *Dow** stoi na dwóch tysiącach z okładem. Mam przy sobie dwieście pożyczonych dolarów, chodzę po Manhattanie i pytam ludzi, gdzie tu jest Greenpoint.

Za mną został cały Polski Bigos. Radio i Telewizja. Koleżanki i Koledzy. Komuniści i Bezpartyjni. Kapitaliści i Wannabies**. Sklepy pełne ludzi błąkających się między półkami załadowanymi świeżą dostawą wina marki Egri Bekaver. Drażniła mnie polska upierdliwość. Nie potrafiłem tego jeszcze nazwać. Definicje nie przybierały kształtu słów. Pojęcia miały efemeryczną otoczkę mitu. A mimo to czułem, że żyję. Że życie jest przede mną. Tak było ze mną siedem lat wcześniej, kiedy niosłem kwiaty dziewczynie po raz ostatni. Była noc. I niebo pełne gwiazd. Byłem jak łódź urwana z cumującej linki: ciągnęła mnie przestrzeń i nieznane, *Made in USA*.

Jest ciepły marzec, kiedy wędruję po Brooklynie. Choć nie wiem jeszcze tego, nie pasuję do krajobrazu. Moje polskie ubranka z Domów Towarowych Centrum wyróżniają mnie z otoczenia. Popełniam błąd łudząc się, że Nowy Jork jest do „zwiedzenia", tak jak do zwiedzenia jest Londyn czy Paryż. Tu chodzę kilometrami po ulicach, widząc tylko domy różniące się od siebie jedynie kolorem *sidingu* (okładziny), wśród

---

* *Dow Jones Index* - indeks giełdy nowojorskiej
**Wannabies - ludzie chcący przynależeć do pewnej klasy czy grupy

okrzyków *Hey! Get a car!* (kup auto), które słyszę z przejeżdżających samochodów. Kiedy zatrzymuje mnie radiowóz, uczę się pierwszej amerykańskiej lekcji: Nowy Jork, jak i Amerykę się „zjeżdża" nie „schodzi."

Następnego dnia leje jak z cebra. Dom „wolnych" i „odważnych" przypomina brazylijskie tropiki. Jestem mokry od stóp do głów, bo nie stać mnie na parasol. W Polsce zarabiałem 20 dolarów miesięcznie. Tu starcza to na dwadzieścia przejazdów metrem. Finansowa Przerzutka Socjalizmu ma jednak swoje zalety, kiedy staję na drabinie za 6 dolarów na godzinę. Niestety, spóźniam się notorycznie. Wtedy szef zaszczepia mi zwyczaj, który potem sam będę praktykował w swojej firmie: nawet spóźnienie o dwie minuty eliminuje mnie z pracy na cały dzień. Rychło przestaję się spóźniać. 10 godzin pracy od 8 rano do 6 wieczorem czyni ze mnie bogatego w ówczesnej Polsce człowieka.

Od prowadzenia Zapraszamy Do Trójki w Warszawie do $8/godz. 30 pięter nad ziemią na Manhattanie

Ale ja nie chciałem być milionerem w Polsce. Chciałem być milionerem w Ameryce. Kiedy dostałem podwyżkę: 25 centów na godzinę więcej, policzyłem, że musiałbym tak pracować 70 lat, żeby zarobić pierwszy milion. Następnego dnia namalowałem na ścianie: "Kocham Susan" i poszedłem do domu spać. Rok później miałem już swoją firmę i swoje reguły gry. Kiedy na początku lat 90. rejestrowałem jej nazwę:

8

Media 2000, często zadawano mi pytanie, dlaczego mam cyfrę 2000 w nazwie. Mówiłem, że to dlatego, iż w 2000 roku będę milionerem. Nie za lat 70, a za lat 10. Spełniłem swoje marzenie. Kiedy zimą 2000 roku, obwieszony sztangami w moim małym apartamencie w Queensie przerzucałem na giełdzie ćwierć miliona podpięty pod Wall Street procesorem Pentium numer 5, mówiłem sobie: Max, jesteś w samym środku *American Dream*.

☆ ☆ ☆

Nie wyjechałem dla pieniędzy. Byłem przedstawicielem bardziej emigracji intelektualnej, niż ekonomicznej. Pamiętam, że na studiach chodziłem na ogół z amerykańskim czytadłem pod pachą. Raz był to egzemplarz Time'a sprzed dwóch miesięcy skradziony z amerykańskiego konsulatu, innym razem była to Analiza Amerykańskiego Systemu Politycznego, bardzo zresztą mierna. Kiedy zacząłem pracę w Zapraszamy Do Trójki, chodziłem na

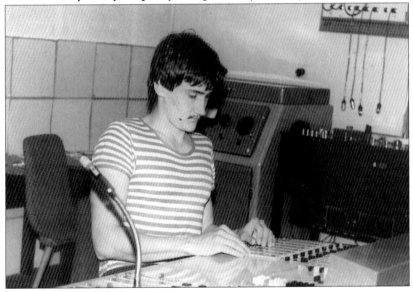

W Akademickim Radiu Wingorady w Poznaniu w 1985 roku

konferencje prasowe, gdzie robiłem notatki w języku angielskim. Gdy ówczesny dyrektor Trójki, Sławomir Zieliński, przyłapał mnie na tym, wyjaśniłem: żeby nie ściągali. Fascynowało mnie, że są kraje, gdzie wiedzę, zamiast odbijać na kopiarce (jak często odbijaliśmy poczytne, zakazane lektury), można nabyć w kiosku na ulicy, i jest tylko kwestią ceny, jaki będzie twój wybór.

Wyjeżdżaliśmy. Zresztą nie tylko ja. Tomek, czyli Tom, który na naszych studenckich imprezach każdego wieczoru kończył zielony pod ścianą, a którego zielenienia przyczyn nie mogliśmy długo dociec. Któregoś dnia zapukał do drzwi mojego pokoju w akademiku na Winogradach w Poznaniu. Nie był zielony. Był czerwony. Tak jak jego wiza do Ameryki, którą właśnie dostał. Pamiętam, że długo mieliśmy mu za złe, że po wyjeździe nigdy się do nas nie odezwał. Doszły mnie słuchy, że ożenił się z Żydówką imieniem Miriam. Inna koleżanka, Ika, przysłała mi niedawno maila z Londynu. Nie odzywała się jakieś 20 lat. Nie odpowiedziałem jej. Nie chciałem znać jej życia. Chciałem zachować w sobie ten październikowy wieczór w Polsce po stanie wojennym, kiedy trzymałem jej chłodną rękę w mojej, wracając z kościoła, w którym modliłem się o powrót ówczesnej mojej ukochanej. Taki koziołek psychiczny. I chciałem zachować owych kilka słów, które wam zaraz pokażę, a które leżały na dnie szuflady przez piętnaście lat.

W Warszawie śpiewał mi już Bruce Springsteen:"Coś gdzieś się dzieje. Wiem, że tak jest..."

Dwa lata później świat urodził się dla nas z rockowym swingiem Bruce'a Springsteena i jego *Born in The USA*. Znów wyjeżdżaliśmy. Najczęściej jednak zamiast do Chicago, jechaliśmy do Zwardonia. Pisałem wtedy pod pseudonimem Maciej Zadyma. Maciej, bo tak nazywano mnie w domu. Zadyma, bo byłem raczej szybki do popierania argumentów słownych pięścią. Czytały mnie moje szuflady, cenzura nie chciała wydawać. Pisałem o Tomku, Ice, Mariuszu, Małgorzacie i Maćku. Jak niszczyła nas komuna. Ludzi młodych, którzy rwali się do zmieniania świata, a którzy nie mogli zmienić nawet swojego sobotniego popołudnia.

Jest wiosna 2002 roku. Nowy Jork, druga w nocy. Siedzę w fotelu i dopijam martini, które obejmuje mnie - jak pierwsza dziewczyna - odrobinę za mocno. Wiem, że o siódmej rano czeka mnie giełda i telewizyjny zgiełk, ale nie dbam o to. Nie słucham już Springsteena. Słucham Czajkowskiego. Jestem emigrantem. Przede mną, na stole, leżą plamy pożółkłych kartek. Nie czytałem ich kilkanaście lat. Pisałem je w Polsce, w kraju, którego nie znam, o ludziach, których nie rozumiem.

To ciekawe być tak rozdartym - myślę - nie od dziecka, bo wtedy się nic nie czuje, ale tak w momencie skoku. Jakby Małyszowi wyrwać spod nart deskę obliczoną na odbicie, czy coś. Jakby objąć dziewczynę i jej nie pocałować. Zatrzymać się w zamierzeniu. W zawieszeniu. Między początkiem zdania, a końcową kropką. Z całym twoim życiem rozpiętym pomiędzy.

Ika

kościół
wypełniony po sklepienie
myślami
przyczajonych za ławkami
ludzi
każdy że swoją opowieścią bez hepi endu
pluton egzekucyjny krzyży
i wyspy splecionych mocno
rąk
w obawie przed poddaniem się
i ja
bezczelnie
z ręką w kieszeni kurtki
w której po twej
dłoni
pozostał tylko
ciepły jeszcze
chłód

Poznań, październik 1983

Ameryka, Ameryka...

B yła deszczowa jesień 88 roku i późny wieczór, kiedy szedłem Żoliborzem z przystanku autobusowego, gdzie wypluł mnie autobus w przerwie, gdy otwarły się na krótko rozklekotane drzwi. Systemowe chamstwo mi już nie przeszkadzało. W domu, pod łóżkiem, miałem paszport, a w nim wbitą amerykańską wizę z nieodległą datą. Byłem więc trochę jak lekarz, który ogląda pacjenta, gdy ten mu się "wymknął": odrobina zdziwienia połączona z przemożną chęcią dania z miejsca drapaka. Pamiętam, że lampy miały otoczki z wszędobylskiej mżawki i że chodniki pachniały zgniłymi liśćmi i moczem albo czymś takim. Zaciągnąłem się tym do szpiku płuc. Pamiętam, że powiedziałem sobie: zapamiętaj ten moment. To jest Polska, której nie będziesz mieć długo. Nie wiedziałem jeszcze, że już do tego kraju nie wrócę, a jeśli przyjadę na krótko, będzie to już dla mnie zagranica.

10 lat później

☆ ☆ ☆

Spoglądam na zegarek i przyciskam pedał gazu. Silnik zachłystuje się przez moment wysokooktanowym Super Exxonem i wciska mnie w fotel jeepa. Nie interesuje mnie szybkościomierz, tylko wskaźnik poziomu paliwa. W miejscu, gdzie jestem, trudno o benzynowe stacje. Obok Rita na krótko otwiera oczy, przekręca głowę i znów wtula się

w siedzenie. Chcę jej powiedzieć, że słońce zachodzi tu tak jak na poczt-
ówkach w nowojorskim kiosku: czerwonosiną łuną chłodnego, jesiennego wieczoru w Colorado, ale nim otworzę usta, zasypia.

Płaskowyż Delty się kończy i ścinając zakręty wpadam między ska-
liste wzgórza Gunnison County. Opony czepiają się gładkiego asfaltu
piszcząc o zmiłowanie. Nie zwalniam jednak. Wiem, że w okolicznych
górach teraz, jak i 200 lat temu, nie ma nikogo. Spieszę się, bo jesienią
temperatura spada tu grubo poniżej zera.

Droga pnie się od dwóch do czterech tysięcy metrów nad poziomem
morza. Jak większość dróg w Ameryce, włączając nowojorski Broadway, jedyną biegnącą skośnie drogę na Manhattanie - wiedzie śladem
indiańskich ścieżek. To tędy 150 lat temu wędrował John W. Gunnison,
kapitan Akademii Wojskowej West Point. Otrzymał zadanie zbadania,
czy topografia terenu środkowo-południowego Colorado pozwala na
przeprowadzenie kolei. Skończył oskalpowany przez wojowników Ute
nieopodal rzeki, która dziś nosi jego imię.

*Butch Cassidy (Paul Newman) i "Sundance Kid" (Robert Redford) w filmie z
1969 roku. Tylko jedno studio wyraziło zainteresowanie scenariuszem
Billa Goldmana i to pod warunkiem, że bohaterowie nie uciekną do Ameryki
Południowej. Kiedy Goldman odpowiedział, że tak było naprawdę, szef studia
odpisał: "Mam to w dupie. John Wayne przed nikim nie uciekał"*

Gunnison County leżało na szlaku rzezimieszków i bandytów
szmuglujących broń i skradzione towary z Meksyku do Montany. Tu
także wiodły ścieżki Roberta Leroy Parkera zwanego Butch Cassidy.

14

W pobliskim Telluride do dziś stoi bank, który w 1899 roku Butch Cassidy oczyścił z 20 tysięcy dolarów. Kwestią czasu było by Butch Cassidy natknął się na Harry'ego Longabaugha (później zwanego Sundance Kid). Wspólnie, w ciągu następnych 5 lat, obrabowali 12 okolicznych banków i karawan, wzbogacając się o zawrotną wówczas sumę 350 tysięcy dolarów. Sto lat później Robert Redford i Paul Newman nagrywali dokrętkę Hollywoodu, jak to w dramatycznym epilogu Butch i Sundance giną w strzelaninie w Ameryce Południowej.

Tymczasem w Spokane, w stanie Waszyngton, siostra Butcha od lat kładła wiązanki kwiatów na grobie swego brata, który - jej zdaniem - miał dożyć sędziwego wieku, mieszkając tam do 1937 roku pod przybranym nazwiskiem William T. Phillips.

Słynna fotografia gangu z roku 1900 zachowana dlatego, że po obrabowaniu banku w Nevadzie posłali tam zdjęcie z podziękowaniami. Bill Carver - na górze po lewej. The Sundance Kid - na dole po lewej. Butch Cassidy - na dole po prawej. Pozostali - niezidentyfikowani.

MAP
OF THE
GOLD REGIONS
OF
CALIFORNIA.
Showing the Routes via Chagres and Panama, Cape Horn, &c.

IMPORTANT DIRECTIONS
TO PERSONS EMIGRATING TO
CALIFORNIA.

ROUTE via CHAGRES and PANAMA

ROUTE BY CAPE HORN.

ANOTHER ROUTE,

DESCRIPTION OF CALIFORNIA
OR THE NEW
GOLD REGION.

złoto
Colorado

G óry południowego Colorado dotykają tajemnicy stworzenia. Są konfesjonałem podróżnych. Kościołem przejezdnych. Grobowcem zachłannych. Legendy krążą o skarbach zakopanych w górskich kanionach. Zagubiona kopalnia Lost Padre (Zagubionych Patronów), której złoto można było kopać łopatami, próżny przedmiot pożądania wielu traperów, jest teraz moim celem.

Jak dwieście lat temu traperzy, tak i teraz ja zaglądam w ten górski sarkofag pchany chciwością. Zamiast wyrysowanej na bizoniej skórze mapy, mam przy sobie czarnowłosą Ritę, Amerykankę włoskiego pochodzenia za przewodniczkę, Atlas Drogowy Rand Mc Nally, hamburgera Mc Donald's numer 3, wykrywacz metali Radio Shack, jeepa rocznik 1998 z dwoma tysiącami przebiegu i połową 80-litrowego baku, adres Chrisa O'Briena, pisarza-pustelnika i łowcy skarbów, mieszkającego gdzieś w górach Sangre De Christo, odległych o dzień jazdy i przypiętą do *dashboardu* kopię wycinka prasowego z dziennika *Pasadena Union* z datą 29 października 1887 roku. To tu właśnie mowa jest, jak to Indianie, którzy pracowali w kopalni złota, wymordowali swych patronów grzebiąc wszelkie po niej ślady.

Kiedy zapalam reflektory, dostrzegam pierwsze płatki śniegu. Gdy wypadam na płaskowyż Ouray, nazwany tak na cześć legendarnego wodza Indian Ute o takim imieniu, droga jest już biała.

Przestrajam radio w poszukiwaniu stacji. Rita budzi się, przeciera oczy.

–*Whassup*, Max? Co tam? – Mówię, że jest OK, choć wiem, że

tak nie jest. Chcę znaleźć informacje o pogodzie. Jadę na wysokości tatrzańskiego szczytu Rysy. Nie wiem jeszcze, że znad gór San Juan nadciąga burza śnieżna, pierwszy listopadowy śnieg tegorocznej zimy.

Chief Ouray i jego żona Chipeta, zwana Biały Śpiewający Ptak, gdyż grała na gitarze i śpiewała w trzech językach. Ca 1880.

Przed nami zakręty słynnej Million Dollar Highway – autostrady Miliona Dolarów, wykutej przez poszukiwaczy złota w litej skale Redcloud Peak, którego ściany wznoszą się na prawie cztery i pół tysiąca metrów ponad poziom morza.

Kiedy w 1882 roku odkryto w pobliżu kopalnie Yankee Girl, pytanie brzmiało nie: jak podciągnąć w ten rejon wagoniki, a: kiedy. Niejaki Otto Mears wpadł na genialny pomysł. Ze szczytu niedostępnych klifów, piętrzących się teraz nade mną, spuszczał na linie robotników, którzy wiercili w skale otwór, wpuszczali doń dynamit i podpalali lont. Był on na tyle długi, że pozwalał im na wspięcie się ponownie na górę. Trzy miesiące później droga była gotowa. Pierwsze prowadzone przez konie zaprzęgi szły tędy zaledwie 120 lat temu.

Teraz 265-konny silnik V8 powoli kręci wszystkimi kołami mojego jeepa. Po lewej mam trzysta metrów pionowego klifu piętrzącego się nade mną, który od czasu do czasu zwiesza się ostrymi gilotynami lodowych sopli. Po prawej mam przepaść, której dno ciemnieje czarną czeluścią śmierci. Żadnej barierki między nami, żadnego pobocza. Jeden ślizg i nie odnajdą nas przez kilka następnych sezonów - myślę, sprawdzając hamulcem, czy koła jeszcze się „kleją". Może za następnym zakrętem mgła i śnieg odsunie się poniżej nas - mówię i zastanawiam się, czy nie zawrócić. Jest cicho. Jest bosko. Jest blisko śmierci.

Million Dollar Highway, gdzie nieomal straciłem życie, następnego dnia z okna mojego jeepa...

Zatrzymuję auto. Wycieraczki rytmicznie zdrapują śnieg i lód. Raptem czuję, jak jeep powoli osuwa się po tafli zlodowaciałej drogi... centymetr po centymetrze zjeżdżamy ku czarnej otchłani. Chcę wyskoczyć, ale nie mogę – jestem jak sparaliżowany. Rita jest w gorszej sytuacji – ślizgamy się w jej stronę - nie mogę jej tak zostawić. Jak to czasem bywa w trudnych dla człowieka chwilach, budzi się w nas albo tchórz (Jacqueline Kennedy wydostająca się po bagażniku z samochodu po ataku na jej męża), albo bohater (Matt Komorowski z kompanii strażackiej numer 5 wyprowadzajacy z kolegami Murzynkę Jacqueline Harris z północnej wieży WTC).

Trwa to wieczność. Myślę o tym, że nikt nawet nie zauważy mojego zniknięcia, aż pewnie do Bożego Narodzenia, kiedy nie odpowiem na noworoczne życzenia. Robi mi się raptem smutno, że tak to wyszło.

MIllion Dollar Highway - Highway To Hell....

Przecież miałem napisać tę książkę, poznać tę cud dziewczynę. Zostawić po sobie jakiś ślad. A tu jest ten chłodny, zaśnieżony, jesienny wieczór i przepaść, i taka anonimowa śmierć. A może rozbiję się trzysta metrów niżej, na dnie zamarzniętego strumienia i jak Alfred „Alferd" Packer zjem moją towarzyszkę, żeby przetrwać zimę?

Kanibalizm był tu sto lat temu sposobem na przetrwanie: Alferd Packer (Alfred pisał swe imię Alferd i stąd jego przydomek) miał 31 lat, kiedy zeznawał w sądzie: „Stary Swam (Izrael Swam) zmarł pierwszy i został zjedzony przez pozostałą piątkę, dziesięć dni po wyjściu z obozu. Cztery do pięciu dni potem Humprejak (James Humphrey) zmarł i też został zjedzony. Miał przy sobie 133 dolary. Wziąłem je. Czas jakiś potem, kiedym po drzewo poszedł, Rzeźnik (Frank 'Rzeźnik' Miller) zginął – jak mi powiedzieli „przypadkiem" - i też go zjedliśmy. Shannon Wilson

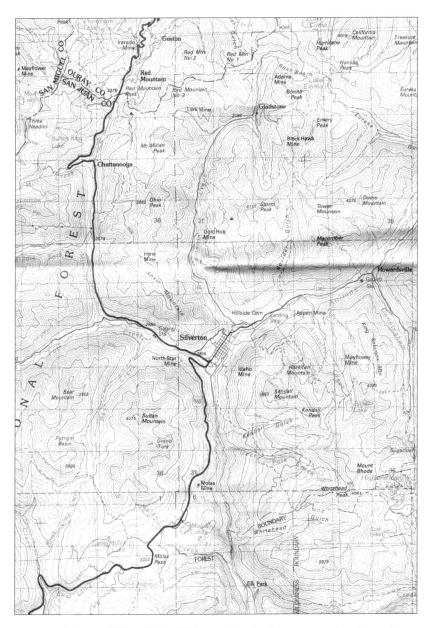

Mapa mojej trasy. Million Dollar Highway ciągnie się czerwoną kreską z góry w dół, poprzez Chattanooga, do Silverton

21

(Dzwon) zastrzelił Californię (niejaki George Noon) pistoletem Swama, a ja zastrzeliłem Dzwona. Zwłoki pochowałem, uprzednio spory kawał ciała jego na drogę zabrawszy."*

Alferd dostał 40 lat z których odsiedział piętnaście.

Machinalnie włączam kamerę, której taśma zapisuje odtąd nasze chwile niczym lotnicza czarna skrzynka. Gdybym miał jeść Ritę, wiem, od czego bym zaczął – myślę, kiedy raptem samochód zaczepia o coś i staje w miejscu. Zakładamy swetry i co tylko mamy pod ręką.

– Otwórz drzwi – mówię do Rity – I bądź gotowa do skoku – dodaję, choć wiem, że w tej pogodzie nie przetrwalibyśmy do rana. Otwieram moje drzwi i powoli włączam bieg. Z lekkim swingiem, niechętnie, zaczynamy piąć się w górę. Wiem już, że jak dla pierwszych zdobywców Ameryki, tak i dla mnie, z tej drogi nie ma powrotu.

Jedziemy w kompletnej ciszy. Dokoła jest czarno. Jedyne, co widzę, to zakręty ginącej w śniegu, rozświetlonej reflektorami drogi. Dopiero następnego dnia zobaczyłem rozmiar stromizny, po której krawędzi jechałem. Pamiętam, że ostatni raz tak szedłem w Tatrach do schroniska, po nocy, nie wiedząc, że krok od ścieżki jest z piętnaście sekund wolnego powietrza i śmierć.

Ameryka ma ciągle miejsca dziewicze. Zmieniają się tylko

Alferd 'Cannibal' Packer

atrybuty cywilizacji, którymi się posługujemy. Natura zaś mierzy do nas z tej samej, starej acz ciągle niebezpiecznej dubeltówki. Niczym stareńki dziadek, który przeżył atak nuklearny, rakietę Minuteman i szybkostrzelną M16 posługując się jedną i tą samą wysłużoną dwururką. Tu, w południowych Rocky Mountains bronią tą jest m.in. temperatura, która zimą czyni podróżowanie wysiłkiem niewartym nawet „Dzikiego Zachodu". Jest niewygodnie dla przejezdnych, nieprzystępnie dla przyjezdnych. Jak kropla wody szukająca pożywki ziemi, ciepła życia nie znajduje tutaj nikt.

* James Mc Tighe, *Roadside History of Colorado,* Johnson Books 1984, tłum. Mariusz Max Kolonko

Nikt nie postawi stacji benzynowej z tegoż powodu, nie wybuduje motelu i przydrożnego KFC. Nie ma przyjezdnych – nie ma biznesu, mimo że jest droga. Tej pewnie też by nie było, gdyby nie złoto i srebro, które było w okolicy. Dziś jego cena nie rzuca już ludzi w Amerykę. Kopalnie stoją puste. Kiedy przyjechałem do Bonanzy, zastałem opuszczone miasto zamieszkałe przez ośmiu ludzi i psa. Eldorado się skończyło. Człowiek zabrał z natury, co miała, jego zdaniem, najcenniejszego. Przyroda zaś, jak wyrozumiała staruszka, dała sobie zabrać torebkę zachowując pas z klejnotami.

Kiedy po północy dostrzegam majaczące w oddali ciepłe światełko ludzkiego domostwa, przeżywam to, co mogli przeżyć dwieście trzydzieści lat temu pierwsi biali przybysze w te strony: franciszkanie Escalante i Dominguez, którzy dotarli tu aż z Santa Fe, kiedy po miesiącach tułaczki zobaczyli światełka ognisk Indian Ute. Jak Kolumb przed nimi, szukali przejścia, najkrótszej drogi między californijską posiadłością Hiszpanii, Monterey, a Santa Fe w dzisiejszym Nowym Meksyku. W 1776 roku, kiedy w Filadelfii podpisywano Deklarację Niepodległości, kontynent pomiędzy oceanami podzielony był na trzy części: wschodnią z tworzącymi się koloniami i początkiem nowej demokracji, środkową - francuską, opierającą się o Matkę Wszystkich Rzek, Missisipi, zwaną Louisiana oraz zachodnią: dziką i najmniej znaną, pozostającą we władaniu Hiszpańskiego Imperium Nowego Świata.

Jeśli spojrzycie na mapę tego okresu (następna strona), rejon przez który mieli przejść franciszkanie, a przez który ciągnę teraz Ritę, ma wielki napis New Mexico, a pod spodem nazwę: Wielka Nieznana. To tędy przez sześć i pół miesiąca, szli franciszkanie na czele 14-osobowej grupy, doświadczając mrozu, znosząc porywisty wiatr zimą oraz upał i spiekotę latem.

Najpierw zjedli bydło, które mieli ze sobą, potem muły, wreszcie konie. Gdzieś koło dzisiejszego Cedar Rapids w stanie Iowa podjęli decyzję o powrocie, co ocaliło im życie. W efekcie wyprawa, która miała ich zaprowadzić do słonecznego wybrzeża Californii zatoczyła koło o obwodzie 3 tysięcy kilometrów, tworząc po raz pierwszy mapę tego rozległego, nieznanego terenu.

24

Gorączka złota

początek kultury American Dream

ow ya doin'- mówię, kiedy puszczając kłęby pary z ust, pchamy się do środka Hotelu Grand Imperial, jedynego domu w Silverton, w którym o tej porze, dwie godziny przed północą, świeci się jeszcze światło. George, właściciel, stawia przed nami ciepłą herbatę.

- Będzie padać do rana.... - uśmiecha się zagadkowo - *Welcome to The Imperial.*

Hotel Imperialny - stwierdzam - dawno imperialny nie jest. Pamięta lepsze czasy. 130 lat temu, kiedy w górach było złoto i srebro, Silverton miało cztery i pół tysiąca mieszkańców. Pozostały po nich puste szyby wydrążone w skałach okolicznych gór i dziury po kulach w deskach olbrzymiego 100-letniego hotelowego baru. Znak na ścianie jak sto lat temu, tak i teraz przypomina: Strzelanie na wiwat w sufit surowo zabronione! Po hulaszczych pijatykach *frontierów*, śpiących na pięterku nad barem gości często rano nie można było dobudzić.

Jemy olbrzymiego steka i z butelką wina siadamy przy kominku. Razem z Ritą jest nas sześcioro przyjezdnych, zasypanych przypadkiem i zdanych przypadkiem na siebie: Mary, ładna blondynka z Texasu, John, lokalny traper z pozwoleniem na polowanie, George, właściciel hotelu i Profesor Eric. Kiedy siada do zabytkowego Steinwaya, dowiaduję się, że ten dwudziestoparolatek wykłada muzykę na Uniwersytecie Iowa.

C'mmon again...c'mmon again, Alexander rag time band... – fortepianowy ragtime Irvinga Berlina brzmi na tej pustyni jak Mozart grany na wiejskim weselu. Zamykam oczy i widzę Butcha Cassidy, jak obmacuje Peggy, lokalną kurtyzanę. Z portretu wiszącego na ścianie schodzi bywalczyni hotelu, piękna Janet Lillian Russel, której głos w 1880 roku podbijał Broadway, a która wraz z grupą dziesięciu innych piękności Ameryki reklamowała papierosy Richmond Straight Cut. Olbrzymi biały owczarek kładzie mi mordę na nodze, czas w wielkim, ściennym zegarze podpierającym wysoki sufit cofa się, *tick, tock, tick, tock...*

– Ameryka przeżyła nie dwie, a trzy gorączki złota – zaczyna swą opowieść George, kiedy dowiaduje się o celu naszej podroży.

Janet Lillian Russel, której głos podbijał Broadway, reklamowała papierosy Richmond Straight Cut

– Ta pierwsza, o której podręczniki historii nie mówią, miała miejsce w latach dwudziestych XIX wieku w północno-zachodniej Georgii i południowo-zachodniej Karolinie Północnej . Wtedy była to kraina Indian Cherokee, złota było w bród. Do dziś prosta maszynka do płukania złota nazywana jest georgiańską kołyską....

Gorączka Złota jest pierwszym elementem kultury *American Dream*. Szybkiego, spektakularnego dorobienia się. Elementu tego, jak w głośnym filmie Hollywoodu *Fifth Element**, poszukiwali ludzie, odkąd kraj ten odkrył Kolumb, zaś Ameryka i tu nie zawodziła i sprawdzała się jak stara, wierna strzelba. Szwajcar, niejaki John Sutter, rozpoczął jej kolejny rozdział.

* Piąty Element

Hotel Imperialny w Silverton, 1850

I to samo miejsce dzisiaj.
Rita zasłuchana w ragtime'a Erica

C. TOP 1849 BY G. V. COOPER.

SACRAMENTO CITY Cᴬ.

FROM THE FOOT OF J. STREET,

SHOWING I. J. & K. STˢ. WITH THE SIERRA NEVADA IN THE DISTANCE.

JOHN AUGUSTUS SUTTER

pierwowzór bohatera amerykańskiego pogranicza

ohn Sutter, jak Tomek z Poznania, Andrzej z Warszawy i Mariusz z Bydgoszczy, zawsze marzył o Ameryce. Miał 31 lat, kiedy uciekł z Europy, zostawił swą ukochaną żonę i załapał się na statek do Nowego Świata.

Uciekł przed wierzycielami, przed starym układem, przed znanym. Krótko mówiąc, John był jednym z nas.

Za moich czasów modne były ucieczki do Ameryki przez Meksyk albo Kanadę. John Sutter dojechał do Missouri, ale by dostać się do Californii, należącej na początku XIX wieku do Meksyku, popłynął aż na Hawaje, a stamtąd do znanej wówczas osady rosyjskiej Sitka na Alasce. W 1804 roku to była stolica regionu, zwana zresztą przez Rosjan Nowym Archangielskiem. Z Alaski Rosjanie parli na zajmowaną przez Hiszpanów Californię, poszukując cenionych na rosyjskich dworach skór wydr. To tam Sutter uścisnął kilka rąk, które odegrały później w jego życiu interesującą rolę. Kiedy tam przybył, Rosjanie wytrzebili już wydry w rejonie dzisiejszego wybrzeża Kanady i zapuszczali się dalej na południe w kierunku posiadłości Meksyku. Koło dzisiejszego Bodega założyli Fort Ross, zwany tak zresztą od słowa Rossija, na szmacie ziemi zakupionej od Indian za „trzy koce, cztery pary bryczesów, dwie siekiery, trzy motyki i garść paciorków".

Kiedy John Augustus Sutter, emigrant ze szwajcarskiego pogranicza, wpłynął w objęcia kalifornijskiej zatoki Golden Gate, życie w Fort Ross dobiegało końca. Był Rok Pański 1839. Niewielu śmiałków zapędzało się tak daleko. San Francisco miało wówczas zaledwie kilkuset mieszkańców. John Sutter miał plan: chciał zbudować swoje rolnicze imperium. Po roku dostał meksykańskie obywatelstwo, a wraz z nim prawie 20 tysięcy hektarów ziemi w wybranym przez siebie miejscu.

Sutter wynajął parostatek, załadował go dobytkiem i wiernymi mu ludźmi i popłynął w górę rzeki Sacramento w poszukiwaniu swego szczęścia. W miejscu, gdzie rzeka ta łączy się z American River, rozbił obóz. Miejsce spodobało mu się. Trzy lata później zaczął budowę fortu. Fort w tych czasach był czymś na wzór dzisiejszej stacji benzynowej; mogłeś zjeść, zaopatrzyć się i znośnie, bo bezpiecznie, się wyspać.

I wtedy przypomniały o sobie uściśnięte w dalekiej Sitce rosyjskie ręce. Rosjanie opuszczali Fort Ross. Sprzedawali majątek za półdarmo. Meksyk grymasił, nie chciał nic kupić. Sutter zaś natychmiast wysłał swego pośrednika. Sęk w tym, że ten z rozpędu kupił *wsjo,* co dawali Rosjanie, 25 ton śmieci, włączając stare działa i muszkiety, pamiętające czasy marszu Napoleona na Moskwę.

Fort Suttera - ilustracja z książki Służba Wojskowa w Californii wydanej w 1849 roku.

Kiedy Sutter wystawił pordzewiałe lufy armat na drewnianym ostrokole swego fortu, okolicznych ludzi zdjął strach. Czy Fort miałby się stać przyczółkiem dla rychłego nadejścia Amerykanów? Zaniepokojeni Hiszpanie wysłali nawet oddział zbrojny, żeby ustawić Suttera w należnym mu miejscu. Co zrobił Sutter i dlaczego o nim w ogóle mówię?

Otóż śmiem twierdzić, że Sutter był trochę jak ja, a może i wielu przede mną i na pewno wielu w Ameryce po nim. Jego fort był dla niego tym, czym 160 lat później dla mnie była moja firma. Sutter robił jedno, a wychodziło mu drugie. Chciał zrobić dobry interes na wychodzących z biznesu Rosjanach, a przypadkiem zaopatrzył się w uzbrojenie, które czyniło z niego amerykańskiego pioniera w hiszpańskiej Californii. Chciał zbudować tartak, a odnalazł złoto. A kiedy już odniósł sukces, nie wiedział, co z nim zrobić. Nieprawdopodobny zbieg okoliczności, który niespodziewanie umieszcza cię w innym układzie, o zupełnie niechcianej dynamice, by raptem, przy odrobinie szczęścia, jak celny strzał na wiejskim straganie, strącić z patyka dużego kolorowego misia, który odmienia całe twoje życie.

Otóż John Sutter wcale nie chciał stać się Amerykańskim Przyczółkiem. Przeciwnie, gościł u siebie, kogo się dało za jedyne 5 dolarów od głowy. Chętnie przyjmował do pracy, bo żal mu było ludzi. Miał od 100 do 500 pracowników, których utrzymywał, mimo że pieniędzy miał niewiele.

Problem był taki, że Sutter dostał zgodę na osadnictwo, ale nie pozwolenie na budowę. Więc myślał tak: zbuduję jakiś dom, zdobędę jakiś majątek po to tylko, aby mi go potem zabrano? Dlatego zbudował fort. Przypadek sprawił, że mógł w nim ustawić działa. Jeśli urzędnicy hiszpańscy z Meksyku chcieli po niego przyjść, musieli liczyć się z oporem. Było to amerykańskie myślenie, które leży do dziś u podstaw funkcjonowania tego kraju: daj mi żyć i robić biznes and *buzz off*! Odwal się!

Rychło Sutter popadł w długi. Chciał płacić zbożem, ale akurat nie urosło. Miał *run* (koniunkturę) na futra, lecz sezonu w San Franscisco tego roku nie było. A jednak nawet w najtrudniejszych dniach Sutter dbał o wojskową dyscyplinę, musztrę i zaczynał życie w swym forcie od hejnału granego na trąbce przez trębacza o świcie.

Wiedział, że w niedalekim San Franscisco drzewo było pożądanym towarem, polecił więc swemu zaufanemu Marshallowi, by ten udał się w górę rzeki aby znaleźć miejsce na tartak. W okolicznych lasach ścinałoby się drzewo, obrabiało w tartaku i spuszczało w dół strumienia. Marshall znalazł miejsce, choć rzeka wtedy, jak i teraz nie nadawała się do spławu zupełnie. Była za płytka i za wartka. Sutter tartak jednak postawił, i zrealizował nieprawdopodobnie szalony pomysł: zbudował tamę, która miała wstrzymywać wodę na czas Wielkiego Spławu. Było to trochę tak, jakby chcieć spłynąć kajakiem, czekając, aż po ziemi poleje się parę wiader wody.

Dziś ludzie pukają się w czoło. Pamiętam jednak, że kiedy założyłem w Nowym Jorku firmę budowlaną, w czoło pukano się, kiedy przewoziłem metrem sprzęt na moją pierwszą robotę na Manhattanie. Ale ja rozumiem Suttera. Sutter wtedy i ja sto lat później musieliśmy po prostu przetrwać. 150 lat temu jak i dzisiaj w Ameryce królują słowa Boba Dylana: Kiedy nie masz wiele, do stracenia nie masz nic.

How does it feel	*Jak to jest mój panie,*
To be without a home	*Bez domu*
Like a complete unknown	*Jak nieznajomy*
Like a rolling stone?	*Jak toczący się kamień?*

...śpiewamy razem z Profesorem Erikiem szlagier Dylana. Na perkusji grają palące się w kominku pnie, które mrugają do nas uciekającymi jak ćmy iskrami. Pies pochrapuje na mojej nodze, oczy Rity świecą się jak gwiazdozbiór Oriona, rozpalone kalifornijskim winem braci Gallo.

Łapię kamerę i kręcę kilka ujęć. Chcę zatrzymać ten moment, ten czas i zawarty w nim nastrój. Chcę to komuś przekazać, choć wiem, że to może być trudniejsze, niż spławianie drewna strumieniem Suttera.

SZLAKIEM ELDORADO

ył 24 stycznia 1849 roku – ciągnie swą opowieść George – kiedy Marshall był gotowy na swój pierwszy „spław". Ciężkie, cedrowe pnie uniosły się w górę, pokonały kilka metrów i... zaryły się o płytkie dno. Zmartwiony Marshall szedł lewym brzegiem, kiedy na jednej z nowo wypłukanych wodą mielizn dostrzegł migocący w słońcu kamyczek.

"Debatowałem ze sobą ze dwa czy trzy razy, czy warto mi się schylić – wspominał potem Marshall – i zdecydowałem, że nie warto. Dopiero kiedym trzeci i największy kamyczek dojrzał, ze zdumieniem przekonałem się, że ów wygląda jak najczystszy kawałek złota..."

Marshall myślał, że oto trafił na skarb zakopany przez któreś z indiańskich plemion. Ale okoliczne strumienie były również pełne złota. Marshall zebrał 20 największych *nuggetów*, wsiadł na konia i popędził do Suttera po radę.

"Przyjechaliśmy na miejsce przed zachodem słońca"– wspominał potem Sutter – Pogrzebaliśmy w piasku tu i ówdzie i wkrótce w ręku mym trzymałem z piaskiem zmieszaną ponad jedną złota uncję. Zostałem u Marshalla na noc, zaś następnego dnia udaliśmy się w górę Południowego Strumienia, przekonawszy się, że złoto leżało wzdłuż całego strumienia. Nie tylko w korycie jego, ale i w okolicznych potokach i wąwozach. Zaiste mniemam, że tam go nawet więcej było, gdyż i ja, samym tylko nożem, solidny kawał złotej bryły wydłubałem, prawie uncji półtorej ważący.

Choć baczenie mieliśmy pilne, aby zauważonym nie być, kiedyśmy tylko do tartaku wrócić zdołali, podniecenie pracowników, którzy pewnie śledzić nas się podjęli, zauważyć się dało i ku naszemu zupełnemu rozczarowaniu jeden z Indian, który pracował w kopalni złota w La Paz, na kilka grudek, które sam wygrzebał wskazując, krzyczał wniebogłosy: *Oro! Oro! Oro!*

Sfilmowałem miejsce nad American River, gdzie Sutter znalazł złoto, dając początek Gorączce Złota w Ameryce. Coloma w języku Indian to Szczęśliwa Dolina

Lont był już podłożony, potrzebowano tylko iskry. Tą okazał się niejaki Sam Brannan. Kiedy dowiedział się o sekrecie, wykupił każdą łopatę, wiadro, miskę i siekierę, jaka znajdowała się w okolicy. Dopiero wtedy wybiegł na ulice San Francisco, krzycząc: Sutter znalazł złoto! Tego dnia, zanim słońce schowało się za góry, Amerykę owładnęła Gorączka Złota.

100 tysięcy ludzi jechało na zachód. Zostawiali żony, dzieci, domy, rodziców, przyjaciół. Chcieli fortuny i chcieli jej szybko. Rok, dwa lata ciężkiej pracy za całe życie pełne szczęścia. Nazywali się Czterdziestki Dziewiątki od roku, w którym wyjechali. Droga do Californii była wyprawą porównywalną z podróżą z Europy do Ameryki. Dwie tam wiodły drogi. Ponad półroczna podróż statkiem wokół Cape Horn

---

* Capt. Sutter's account of the first discovery of Gold, Britton & Rey, San Francisco 1848, tłum. Mariusz Max Kolonko

w Ameryce Południowej i tak samo długa jazda 2000 mil poprzez kontynent zaprzęgiem, dwie mile na godzinę, szlakiem Oregon-California. Ta druga wiodła zresztą „niedaleko stąd" wzdłuż rzeki La Plata w dzisiejszym stanie Colorado, znanej z podróży franciszkańskich odkrywców. Indianie pozwalali na przejście. Ich niepokoili osadnicy, nie przejezdni. Ale wrogiem nie byli czerwonoskórzy. Wrogiem była natura. Temperatura i komary. Brakowało wody. Ta, w niektórych miejscach na szlaku, sprzedawała się po sto dolarów za szklankę.

Złota było w Californii dużo. Co ważne, leżało płytko. Nie potrzeba było szybów, ciężkiego sprzętu. Wystarczyła łopata, miska i marzenie. California stała się częścią Ameryki z dnia na dzień, przez zasiedlenie. Ludzie zarabiali fortuny. 25 dolarów dziennie było średnim zyskiem.

Jedyne istniejące zdjęcie tartaku Johna Suttera, które nazywam "Ikar". Zauważ anonimową postać na dole fotografii

Tyle wówczas w Pensylwanii zarabiano przez cały miesiąc! Ale kraina dobrobytu rychło zaczęła się rządzić swoimi prawami. Życie stawało się drogie. Tydzień noclegu kosztował dniówkę, miska zupy nieraz dwie godziny pracy.

Kraina nabrała innego wymiaru, w pewnym sensie była tym, czym moje przybycie z Polski do Ameryki sto czterdzieści lat później. Zarabiałeś dużo w przeliczeniu na stare pieniądze, ale niewiele jak na miejsce, w którym żyłeś.

Jak i teraz, tak i wtedy byli ludzie, których wir czasów poniósł, i tacy, których pociągnął na dno. Odkrywca złota, John Sutter, był jedną z pierwszych, spektakularnych ofiar. Człowiek, który mógł być Billem Gatesem ówczesnej Ameryki, nie rozumiał ducha czasów. Przy całym zmyśle do interesu, szukanie złota nie było zajęciem, które szanował, lubił i rozumiał.

Rok po odkryciu złota szczęśliwie ściągnął do siebie z Europy żonę i swe dzieci, których nie widział 16 lat. Ale nie przyjechali do wygodnego gniazdka, o którym zawsze dla nich marzył. Gorączka Złota zmieniła

Tak wyglądało El Dorado. Miasteczko powstało wokół rzeki, która wypłukała złoto z okolicznych gór. Bogaty w złoto Rejon El Dorado w 1850 r. stał się hrabstwem nowego stanu California.

wszystko: przybysze rozkradli jego bydło, pracownicy, których karmił i żywił, rozebrali jego ukochany fort do ostatniej deski, nadającej się na kołyskę do płukania złota, nawet pordzewiałe działa stopiono na miski. Sutter uciekł z rodziną dalej od złotych strumieni na północ, gdzie w małej hacjendzie mógłby cieszyć się spokojnym życiem. Nie było mu to jednak dane. Przybysze szukali miejsca na domy, pozwali go wkrótce do sądu, podważając otrzymane przez niego od Hiszpanów prawa do ziemi.

W 1857 roku Amerykański Komitet Ziemi dał mu rację, ale rok później Sąd Najwyższy obalił część tych postanowień. 7 czerwca 1865 roku banda łobuzów podpaliła jego dom, niszcząc cały jego dorobek. Sutter wraz z żoną udali się do Waszyngtonu szukając sprawiedliwości w Kongresie. Osiedli w Pensylwanii i walczyli z urzędnikami do końca.

W czerwcu 1880 roku, 31 lat po odkryciu złota w strumieniu American River, Kongres wypłacił Sutterowi odszkodowanie w wysokości 50 tysięcy dolarów. Dwa dni później John Augustus Sutter zmarł. Jego ukochana żona zmarła 6 miesięcy później. Spoczywają pochowani na cmentarzu Braci Moravian w Lititz w stanie Pensylwania.

Długi Tom - rynna do wypłukiwania złota. W 1846 r. California miała ok. 8000 przybyszów i 100 tys. Indian. Osiem lat po odkryciu złota, było tam o 300 tys. przybyszów więcej

Kiedy latem 2002 roku przyjechałem do okręgu El Dorado, w miejsce, gdzie ponad 150 lat temu odkryto złoto Ameryki, przeżyłem rozczarowanie: Góry Sierra w tamtym rejonie pocięte są dziś działkami biznesmenów Krzemowej Doliny. W miejscu, gdzie Marshall odkrył złoto, znajduje się dziś maleńkie miasteczko Coloma. Znak przy drodze 49. pokazuje szlak, gdzie możesz zobaczyć miejsce, w którym znajdował się tartak Suttera. Zbudowano tam ścianę z kamieni z pamiątkową tablicą. Obok zobaczysz replikę jego młyna oraz oryginalne pnie drzew, które znaleziono w miejscu, gdzie młyn Suttera niegdyś stał. Leżą w przeszklonej gablocie, do której nikt nie zagląda. Ja stoję przy nich jak zaczarowany. Widzę ślad siekiery, wyraźny odcisk anonimowego dłuta. Kim był człowiek, który ciosał te pnie? Jaki był jego los? Co pozostało po nim poza tymi belami próchniejącego drewna, którego nikt nie chce oglądać?

Do hrabstwa Eldorado należy Lake Tahoe - 11 najgłębsze jezioro świata i 2 na tej wysokości. Można w nim dwukrotnie zanurzyć warszawski Pałac Kultury i Nauki. Tu nakręcono wiele znanych scen filmu Godafher II, w spektakularnej willi Fleur de Lac - Kwiat Jeziora zbudowanej przez przedsiębiorcę Henry J. Keisera w 1938 roku przez ekipę 300 ludzi w 30 dni. To przed tą willą rozmyśla Michael w ostatniej scenie filmu. Na zdjęciu: scena egzekucji Fredo nakręcona na Lake Tahoe przed willą Kwiat Jeziora.

Z zamyślenia wyrywa mnie wrzaskliwy głos rosyjskiej nastolatki. Biegnie w skąpym, kąpielowym stroju z dętką samochodową dyndającą dookoła jej wąskich bioder. Dziś rzeka, która miała spławiać drzewo Suttera, spławia jedynie turystyczne pontony. Patrzę na jej śniade nogi śmigające po kamieniach strumienia. Macha do mnie ręką, podrzucając nieskromnie młodzieńczym biustem.

    – *Wait a minute!* Zaczekaj! – wołam za nią. Daję jej aparat i trzaska mi to zdjęcie:

Stoję w miejscu, gdzie 150 lat temu Marshall podniósł pierwszy złoty kamień, rozpoczynając Gorączkę Złota

– *Spasiba* – mówię, słowa nie dziwią jej, śmieje się, potrząsając grzywą blond włosów, które zostawiają na mojej twarzy słone krople. Nim spojrzę za jej pupą, Rosjanka daje nurka w miejscu, gdzie Marshall ustawił swój pierwszy „być albo nie być" tartak. Zostaje po niej tylko ciepły oddech na obiektywie, który powoli, jak zbiorowa pamięć ludzkości, staje się coraz bledszy...

VIEW OF SAN FRANCISCO, FORMERLY YERBA BUENA, IN 1846-7.

BEFORE THE DISCOVERY OF GOLD

WE THE UNDERSIGNED HEREBY CERTIFY THAT THIS PICTURE IS A FAITHFUL AND ACCURATE REPRESENTATION OF SAN FRANCISCO AS IT REALLY APPEARED IN MARCH 1847

DESIGNED & COMPILED FROM VIEWS TAKEN ON THE SPOT BY B. . . .

A BIRD'S EYE VIEW OF THE SPANISH ENCAMPMENT BY

1—U. S. S. "Portsmouth."
2—"Le Gros," "Drew," "Susan Drew," and "Thomas H. Perkins." They brought the First Regiment of New York Vol., Col. J. D. Stevenson commanding.
&—Howard & Mellus' store, old Hudson Bay Co.'s building.

3—School House.
4—Alcalde's Office.
5—Schooner owned by Wm. A. Leidesdorff.
6—Portsmouth Hotel.
7—Wm. A. Davis' Store.

13—John Sullivan's Residence.
14—Peter T. Sherbeck's do.
15—G. Reynolds do.
17—A. J. Ellis Boarding House.
19—Capt. Vioget's Residence.
20—John Fuller's Residence.

27—A downcast schooner store, &c.
28—C. L. Ross' building.
29—Mill.
30—Capt. John Paty's Adobe build-ing.
31—Doctor E. P. Jones Re[s]...
32—Robert Ridley's Res[idence]...

JAK POWSTAŁY JEANSY

ie wszyscy bohaterzy tamtych lat byli tak tragicznymi postaciami jak Sutter. W 1853 roku, jak głosi legenda, niejaki Levi Strauss słysząc narzekania pracowników złotych kopalni na stale drące się spodnie, złożył dwie połówki drelichu w parę wycierusów, która starczała na długo. W 1872 roku dołożył parę metalowych cekinów, tworząc pierwsze levisy. Niejaki Studabaker, wytwórca taczek, sześć lat oszczędzał każdego dolara, aby powrócić do rodzinnej Indiany z pomysłem budowy wago-nów kolejowych, a potem samochodów. Marzenie zrealizował, tworząc największą kompanię transportową w Ameryce. Panowie Wells i Fargo oferowali poszukiwaczom złota możliwość lokowania pieniędzy w banku, z czasem przekształcając mały interes w wielkiego, istniejącego do dziś giganta Wall Street, Wells-Fargo.

Dziesięć lat po Sutterze, w 1859 roku, kilka tysięcy mil od Sacramento, nad rzeką Cripple Creek, w Górach Skalistych Colorado odkryto złoto. Raz jeszcze ludźmi targnęły żądze wielkiego i szybkiego bogactwa.

– Tu, gdzie siedzisz – kończy swą opowieść George – kobietki tańczyły kankana. Silverton pękało w szwach... Słychać było gwar, młodość, optymizm... To było nieco ponad sto lat temu. Niedawno. Rodzice mojej babci mogli tutaj spać.

Wzdycha i wylewa resztkę z dna szklanki do kominka. Robi się cicho. Wino z sykiem i jakby niechętnie ucieka w górę komina, woląc kołysać się w naszych głowach. Zastanawiam się, czy ówcześni Odkrywcy Ameryki też czuli samotność. Czy tak jak ja spoglądali wieczorem w okna niebieskich gwiazdozbiorów i gdzie też są teraz.

W maleńkim Silverton – liczba ludności 464, sześć psów, cztery konie – miasteczku zagubionym, miasteczku, które umiera, miasteczku raz jeszcze odkrytym przez dalekiego dziennikarza z Polski, jest już po północy.

Idę spać. W Górach Skalistych śnieg, pierwszy śnieg tego roku, po cichu usypuje na okiennym parapecie bezpieczną piżamę puchu.

Silverton, Colorado, 1998

Z Katarzyną Dowbor na planie Odkrywania Ameryki 2007

M it Ameryki ma w swej literackiej konwencji wiele wspólnego z polskim mesjanizmem i dlatego jest on nam, Polakom, bliski w łatwości, z jaką mu ulegamy. W Ameryce z kolei pojęcia zarówno Mitu, jak i *American Dream* (Amerykańskiego Snu, Marzenia) nakładają się na siebie, funkcjonując często jako synonimy. Rozróżnienie jest delikatne i często nadinterpretowane, jednak zawsze w założeniu usiłuje precyzować sposób myślenia funkcjonujący w amerykańskiej kulturze.

Amerykański Sen sugeruje niespełnienie. Mit implikuje złudność i tak też często terminy te są przez nas, Polaków, konotowane. Jest to podejście już w założeniu pejoratywne, czasem ironiczne i zgoła niesłuszne. Terminy te mają swoistą dynamikę: są, a właściwie mogą być konstruktywne, a nie destruktywne.

Mitem jest np. obietnica szybkiego dorobienia się. Amerykańskim Marzeniem jest tej obietnicy spełnienie. Z podziału tego jednak wynika pozytywne pojęcie walki, romantycznego podążania w "słusznej" sprawie. Rodzi się Eastowoodowski *cowboy*, który wjeżdża w zachodzące słońce samotny i skończony, a wyjeżdża mocny, zwycięski i daje wszystkim popalić. Któż z nas, emigrantów, nie mówił sobie: pojadę, zacisnę zęby, ale jak wrócę…

Tematykę Mitu i *American Dream* eksploatowała literatura (*Midnight Cowboy*)*, Hollywood (*Easy Rider*)** i muzyka (Dylan). Interesujący jest powielany tam element samotności jako siły twórczej. Raz jest to policjant, który po przejściach prywatnych bądź zawodowych, wylany z roboty, staczający się w kieliszek, przytracza do pasa *colta* i podąża w pojedynkę śladem złoczyńców. Innym razem jest to grupa Siedmiu Wspaniałych (temat muzyczny Bernsteina posłużył mi zresztą za motyw przewodni cyklu telewizyjnego "Odkrywanie Ameryki"), często idących społeczeństwu w poprzek, straceńców, którzy organizują się, by stoczyć lokalny Armagedon.

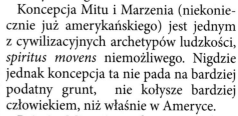

Koncepcja Mitu i Marzenia (niekoniecznie już amerykańskiego) jest jednym z cywilizacyjnych archetypów ludzkości, *spiritus movens* niemożliwego. Nigdzie jednak koncepcja ta nie pada na bardziej podatny grunt, nie kołysze bardziej człowiekiem, niż właśnie w Ameryce.

Pojęcia Mitu Ameryki i Amerykańskiego Marzenia są ludzką reakcją na Stary Świat, ład porzucony, zastały, zamieniony na nieznane, dzikie, nieokiełznane, niewiadome - elementy, które składają się na archetyp amerykańskiego Pogranicza. Tu przyroda jest natchnieniem, siłą, która odrzuconego przez Stary Kontynent pielgrzyma obejmuje i żywi, dokonując na nim swoistego *katharsis*.

Pogranicze jest też miejscem, które pozwala ludziom na nowo się określić. Jak dwieście lat temu John ze Szwajcarii, tak dziś Romek z Łomży przyjeżdża do Ameryki po nową tożsamość. Pierwszym dokumentem, w który jako emigrant musisz się zaopatrzyć, jest prawo jazdy, twoje okno na Amerykę. Pozwala wynająć auto, kupić bilet lotniczy, odebrać adresowaną do ciebie paczkę na poczcie. Drugim dokumentem *sine qua non* jest nowy numer *Social Security*. Twój PIN jest numerem identyfikującym cię w strukturze kraju, zostawia cię w komputerach różnych agencji, jest twoim śladem na urzędowym papierze. Otóż znam ludzi, którzy za dwieście dolarów zaopatrzali się w te dokumenty w ciągu

---

* Nocny Kowboj - kultowa książka Jamesa Leo Herlihy, na podstawie której John Schlesinger zrealizował głośny film (1969) z Jonem Voigtem i Dustinem Hoffmanem
** Swobodny Jeździec (1969). Głośny film "drogi". Dwaj przyjaciele podróżują na motocyklach przez USA, chcąc znaleźć wolną Amerykę. Grają m.in. J. Nicholson, P. Fonda

nocy stając się kimś innym. W tym sensie Ameryka A.D. 2006 a A.D. 1800 nie różni się o jotę.

W 1818 roku na amerykańskie Pogranicze, do Kentucky, zawitało dwóch przybyszów, którzy umówili się, że będą siebie tytułować generale i poruczniku, snując po okolicy opowieści o rzekomych czystkach, których dokonywali na ludności indiańskiej. Otóż okazało się, że nikt nigdy nie tylko owych historii nie sprawdził, co też, nigdy nie sięgnął do źródeł owych szacownych tytułów. Generał i porucznik zdobyli rychło poważanie w społeczeństwie. Jeden z nich doszedł nawet do rangi senatora miejscowej legislatury.

Przypomina mi to sytuację, kiedy jako reporter telewizyjny przyjechać miałem na poligon w Fort Polk w Luizjanie i anonsując swą wizytę, wysłałem faks z prośbą o stosowne przepustki. Ku mojemu zdziwieniu, kiedy pojawiłem się w jednostce, zastałem tam salutujących mi żołnierzy i osobistego adiutanta do dyspozycji. Nie wypadało mi specjalnie pytać o źródło owych uprzejmości, które, mimo iż Polska właśnie w tym czasie wchodziła do NATO, wydawały mi się miłym, ale w sumie nieprzyzwoitym i krępującym nadużyciem. Dopiero kiedy w przekazanej mi dokumentacji załączono przesłany przeze mnie dowództwu jednostki faks, zrozumiałem powód całego zamieszania. Otóż faks (wówczas jeszcze dokument papierowy pchany do maszyny) nie przeszedł jak trzeba, zamieniając w imieniu Max Kolonko literkę „x" na „j", czyniąc w ten sposób ze mnie automatycznie w ciągu niespełna nocy majora.

Ale kiedy mówię o poszukiwaniu nowej tożsamości, niezupełnie mam na myśli wątpliwy dokument ze zdjęciem. W Ameryce przybysze poszukują też nowej tożsamości psychicznej, intelektualnego eskapizmu, który pozwala Narodzić Się, Odnaleźć, zamknąć stary zeszyt myśli i dokonań i sięgnąć po Szansę, Przyszłość i – być może – Szczęście. Poszukiwanie tego paradygmatu, złośliwie nazywanego Kolektywną Fantazją, jest stare jak świat i nierozerwalne z Człowiekiem, ale dziś trudno jest nam sobie wyobrazić, czym byłby dla Człowieka Świat bez tej symbolicznej i realnej Ameryki. Złym autobusem bez końcowego przystanku? Wieczorem bez świtu? Zamierzeniem bez dążenia? Jezusem bez Judasza?

Jak każde usiłowanie, poszukiwanie takie wystawione jest na groźbę fiaska. Gdy do niego dochodzi presja Mitu i Marzenia okazuje się być często tak duża, że wyzwala w przybyszu chęć ucieczki w negację własnego sytuowania.

Są ludzie, którzy jadą do Polski z 5 tysiącami dolarów w kieszeni, które mają sygnalizować ich zamożność, podczas gdy są to jedyne pieniądze, jakie posiadają. Są ludzie, którzy dają w Polsce napiwki i rozdają prezenty, na które nie stać ich w Ameryce.

Często, kiedy byłem w Polsce, zadawano mi pytanie, dlaczego z taką łatwością opowiadam o tym, jak zaraz po przyjeździe do Stanów stałem w Brooklynie na drabinie za 6 dolarów na godzinę. Nie było to zajęcie godne naładowanego amerykańskim entuzjazmem młodego dziennikarza z Polski.

Otóż myślę, że sukces nie zna wstydu. Sukces pamięta o trudnych początkach i uznaje je za pożywkę, za tło, na którym pędzel triumfu zostawia wyraźniejszy ślad. Nie wstydzę się o tym mówić, bo uważam moje trudne początki w Ameryce za powód do dumy. Tak, jak moją pierwszą robotę w biznesie budowlanym, którą kilka lat później zamieniłem na biznes przynoszący kilka milionów dolarów obrotu rocznie.

Nie wiem jednak, czy byłbym tak skłonny do wspomnień i czy napisałbym tę książkę, gdyby było odwrotnie. Sytuacja jest trochę taka, jak w zabawnej scenie z *Married with Children**, kiedy rodzinka jedzie na wczasy samochodem, serwując sobie słodkości: Kocham cię, tatusiu. Nie, to ja cię kocham, dziecko. Zaś kiedy samochód się psuje, psuje się i nastrój w domostwie: Tato, czy długo będziesz naprawiać to koło? Cicho bądź, do cholery, i nie zawracaj mi głowy!

---

* *Świat według Bundych*

46

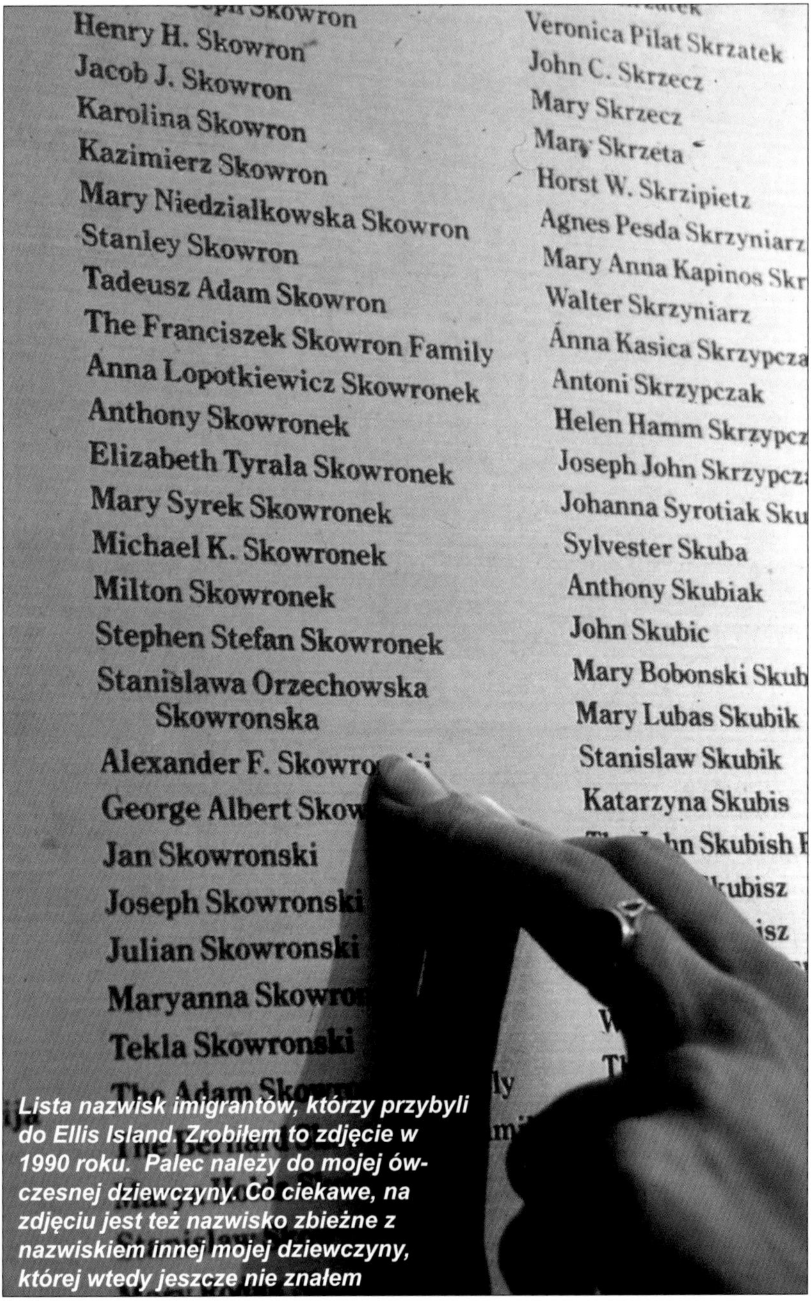

Henry H. Skowron
Jacob J. Skowron
Karolina Skowron
Kazimierz Skowron
Mary Niedzialkowska Skowron
Stanley Skowron
Tadeusz Adam Skowron
The Franciszek Skowron Family
Anna Lopotkiewicz Skowronek
Anthony Skowronek
Elizabeth Tyrala Skowronek
Mary Syrek Skowronek
Michael K. Skowronek
Milton Skowronek
Stephen Stefan Skowronek
Stanisława Orzechowska Skowronska
Alexander F. Skowro
George Albert Skow
Jan Skowronski
Joseph Skowronski
Julian Skowronski
Maryanna Skowro
Tekla Skowronski

Veronica Pilat Skrzatek
John C. Skrzecz
Mary Skrzecz
Mary Skrzeta
Horst W. Skrzipietz
Agnes Pesda Skrzyniarz
Mary Anna Kapinos Skr
Walter Skrzyniarz
Anna Kasica Skrzypcza
Antoni Skrzypczak
Helen Hamm Skrzypcz
Joseph John Skrzypcz
Johanna Syrotiak Sku
Sylvester Skuba
Anthony Skubiak
John Skubic
Mary Bobonski Skub
Mary Lubas Skubik
Stanislaw Skubik
Katarzyna Skubis
John Skubish
kubisz
isz

Lista nazwisk imigrantów, którzy przybyli do Ellis Island. Zrobiłem to zdjęcie w 1990 roku. Palec należy do mojej ówczesnej dziewczyny. Co ciekawe, na zdjęciu jest też nazwisko zbieżne z nazwiskiem innej mojej dziewczyny, której wtedy jeszcze nie znałem

Mapa Smitha Virginii, na której zaznaczyłem kilka interesujących miejsc:
- Dzisiejsze Richmond
- Fort Jamestown
- Cape Henry, o którym wspomina Smith. Dzisiejsze miasto Norfolk
- Dzisiejsze Newport News
- Miejsca ataku Indian

Tajemnica dwóch szkieletów

est noc. Londyn, Roku Pańskiego 1631. Płomienie dopalającej się świecy nieśmiało malują pólkoliste sklepienie średniowiecznej piwnicy. Siwy jak gołąb staruszek macza pióro w atramencie i powoli kreśli na pergaminie litery. Nie przychodzi mu to łatwo, ręce nawykłe do ściskania okrętowych lin i obrzmiałe po latach morskiej służby trzymają pióro koślawo.

Kapitan John Smith odkłada pióro i zamyśla się.

– Czy kiedykolwiek ktoś przeczyta te słowa? Czy ktokolwiek usłyszy o Jamestown, Indianach i Pocahontas? – pytanie kołysze płomieniem świecy, rozrzuca równe rzędy zapisanych słów. Staruszek raz jeszcze zbliża zapisane karty pergaminu do oczu:

"19 grudnia 1606 roku. Postawiliśmy żagle z portu Blackwell i za niepomyślnych wiatrów przyczyną sześć tygodni wzdłuż wybrzeża Anglii żeglowaliśmy..."*

Tak zaczyna się fascynująca opowieść kapitana Johna Smitha, która zagnała tego niezwykłego średniowiecznego podróżnika do wybrzeży Nowego Lądu. 20 lat miał zaledwie, kiedy wyruszył na wojnę z Turkami walcząc po stronie Austriaków na Węgrzech i zdobywając tytuł kapitana. W Transylwanii rannego pojmano go i sprzedano Turkowi jako nie-

---

* Fragmenty dziennika kpt. Smtha z jego pamiętnika opublikowanego w *The Settlement of Jamestown* By Howard R. Bayne, tłum. Max Kolonko

Kapitan John Smith

Pieczęcie Kompanii Virginia

wolnika. Turek z kolei wysłał Smitha w prezencie swej kochance w Istambule. Ta zaś zakochała się w Smisie i posłała bratu, by go przeszkolił i pomógł w rozpoczęciu kariery w tureckiej armii. Smith jednak zabił jej brata i uciekł przez Rosję i Polskę do Transylwanii, a następnie do rodzinnej Anglii. Dwa lata później zaciągnął się na statek kompanii Virginia, która uzyskała od Króla Anglii zgodę na zasiedlenie i komercyjny podbój Ameryki.

W 1500 roku Anglia miała trzy miliony ludzi. 150 lat później już milionów pięć. Ludzi przybywało, ziemi, nie. Dla Smitha, jak i dla wielu mu podobnych, ziemia była największym majątkiem. Nabycie jej nie było jednak możliwe, niezależnie jak ciężko i długo pracowałeś. Tytuły do ziemi były dziedziczone. Kompania Virginia zaproponowała tu nowe i jak na owe warunki nowatorskie rozwiązanie: firma Virginia znajdzie w Ameryce złoto i przejście wodne do Orientu. Za to otrzyma kolonię w dzierżawę, podzieli się zyskiem ze swych zdobyczy z udziałowcami, którzy sfinansują podróż i utrzymanie zaoceanicznej kolonii oraz sami wezmą w tej ryzykownej wyprawie udział. W czerwcu 1606 roku Król James I podpisał zgodę.

Na listę zapisały się 144 osoby. Wśród nich wspomniany John Smith, Christopher Newport - kapitan wyprawy, ksiądz, kowal, fryzjer, murarze, cieśle, robotnicy i kilkudziesięciu paniczów pozbieranych z całej Anglii.

Czekały na nich trzy okręty: Susan Constant, Godspeed i Discovery, każdy nie większy niż dzisiejszy autobus. Były to okręty o wyporności od 100 do 200 ton, o płytkim zanurzeniu, które pozwalało na płynięcie w górę rzeki. Kotwicę podniesiono 19 grudnia.

Płynęli z Londynu przez 4 miesiące i kiedy ujrzeli pierwszy fragment stałego lądu, poczuli się jak grupa dzieci na wakacjach: wyszli na plażę i nie robili nic. Nazwali tę ziemię Cape Henry. Trzydziestu z nich leżakowało na piasku, kiedy dosięgły ich strzały Indian. Napastników było

pięciu i strzelali celnie: dwóch plażowiczów było ciężko rannych.

Rejon Chesapeake Bay w 1570 roku, a więc ponad 30 lat wcześniej, zobaczyli katoliccy misjonarze z Hiszpanii. Pierwsze europejskie „lądowanie" w Ameryce Północnej w okolicy Św. Augustyna, osady na Florydzie, było hiszpańskim zamierzeniem. Hiszpanie nigdy nie starali się zbudować tam jednak zalążka miasta. Św. Augustyn było fortem (*presidio*), chroniącym hiszpańskich misjonarzy głoszących chwałę Hiszpanii na północ od Kuby i odstraszającym piratów od hiszpańskich statków wożących złoto i towary do ojczyzny.

Szesnasto i siedemnastowieczne podróże za ocean były ryzykiem porównywalnym dziś jedynie z podróżami na Antarktydę, gdzie sezon zimowy odcina przybyszów na pół roku od towarów, które utrzymać ich mogą przy życiu. Podobnie pierwsi osadnicy europejscy uzależnieni byli od dostaw żywności z Europy.

Był to podstawowy błąd pierwszych wypraw za Ocean: ludzie, którzy tam przybywali, potrafili się bić, ale nic nie wiedzieli o uprawie ziemi. W efekcie osadnicy ci popadali w uzależnienie od Indian, z którymi zmuszeni byli dokonywać wymiany towarowej. Najbardziej poszukiwane były przedmioty i broń białych osadników, zaś jej pozbycie się, w zamian za żywność, zakładało im tym samym pętlę na szyję.

Efektem tej sytuacji było tajemnicze zniknięcie osady angielskiej na wyspie Roanoke w Virginii z 1585 roku. 117 mężczyzn, kobiet i dzieci po prostu przestało istnieć. Nie pozostał po nich żaden ślad, prócz porozrzucanych wśród bujnej trawy map, sprzętów i tajemniczego słowa wyrytego na drzewie: CROATOAN.

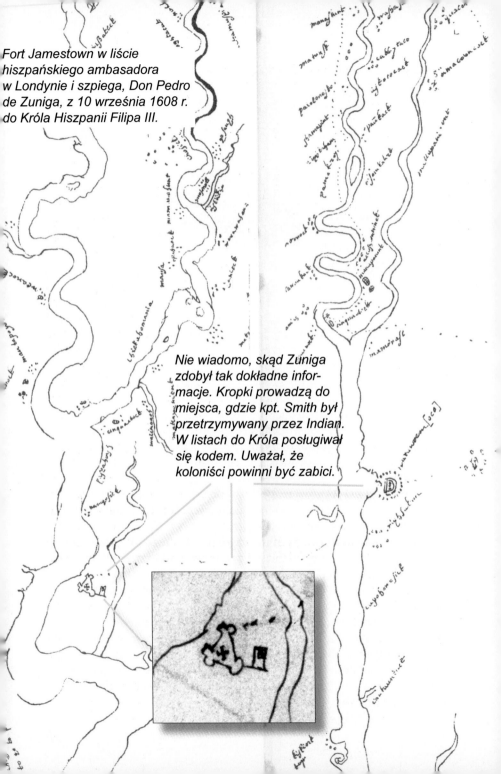

Fort Jamestown w liście
hiszpańskiego ambasadora
w Londynie i szpiega, Don Pedro
de Zuniga, z 10 września 1608 r.
do Króla Hiszpanii Filipa III.

Nie wiadomo, skąd Zuniga
zdobył tak dokładne informacje. Kropki prowadzą do
miejsca, gdzie kpt. Smith był
przetrzymywany przez Indian.
W listach do Króla posługiwał
się kodem. Uważał, że
koloniści powinni być zabici.

Croatoan było nazwą lokalnego, indiańskiego plemienia. Czy ten ślad na drzewie miał oznaczać sprawców masakry? Czy może zbawców? Czy to możliwe, aby zgłodniali przybysze postanowili przyłączyć się do Indian? I jeśli tak, to co się z nimi stało?

Po z górą 400 latach od tamtych wydarzeń historia nie ma odpowiedzi na te pytania.

☆ ☆ ☆

Jest druga w nocy. Przestaję pisać. Znów jestem w Nowym Jorku. Otwieram okno i spoglądam w niebo, na którym miejskie łuny gaszą światła gwiazd. Jak w piosence Leonarda Cohena: W Nowym Jorku jest zimno, poza tym w porządku. Z głośników Sony gra siedemnastowieczne *Chacony* Henry Purcella.

Ameryka A.D. 2002 otrzymuje kolejne ostrzeżenie o czyhających na nas terrorystach. Pakuję walizki, wrzucam je do bagażnika. Jadę do Jamestown, śladami kapitana Smitha. Świat ma dla nas boeingi i 400-konne jeepy. Terrorystów i Wodzów. Penicylinę i łańcuchy DNA. Telefony komórkowe i prom kosmiczny nazwany, jak siedemnastowieczna Łódka Smitha: Discovery.

Jeszcze kilkaset lat temu w miejscu, gdzie stoję, nie było nikogo. Nad rzekę Potomac, nad którą wznosi się dziś gmach Kapitolu, zawitał kapitan Smith. Zszedł na ląd w punkcie dziś zwanym The Mall. Tu, gdzie teraz dzieci puszczają latawce, trochę sobie pospacerował. Potem nakreślił coś na mapie, która rozkłada się teraz przede mną na stole, niczym kapsuła, zamkniętego przez wieki czasu.

– "Discovery...– wspomina kapitan Smith, pochylając się nad mapą – To była dobra łódź... Z dwudziestoma ludźmi popłynęliśmy w górę rzeki, niewielkie osady Indian napotkawszy po drodze. Dnia szóstego dotarliśmy do wioski zwanej Powhatan, złożonej z jakichś dwunastu domostw, zgrabnie usytuowanych na wzgórzu... Do tego miejsca rzeka do żeglugi się nadawała, ale milę wyżej za sprawą skał i wysepek, przejścia dla statku nie było...".

To gdzieś w tym czasie, w osadzie zostawionej przez Smitha 20-letni Thomas Gore otarł pot z czoła i raz jeszcze przymierzył się do swojego nowego muszkietu.

Odkąd tylko stanął na lądzie w Virginii, fascynującej nieznanej ziemi w Ameryce, marzył o walce z Nikczemnikami - jak się powszechnie określało Indian zamieszkujących ten ląd.

Rozkazy komendanta kolonii były jednak jasne i dla młodego panicza z brytyjskiego hrabstwa Kent nudne - ścinka i układanie pni drzew

Fort James, pierwsza europejska kolonia w Ameryce - rok 1607

w półksiężyc, z którego powstać miał pierwszy, stały angielski fort dla osadników na amerykańskiej ziemi, Jamestown. Fort był w kształcie trójkąta z trzema wartowniami na każdym rogu.

O czym krewki Thomas Gore i ponad setka pierwszych angielskich zdobywców Ameryki nie wiedziała, Amerykę czekała największa susza od 800 lat. On zaś i jemu podobni budowali miejsce, które późniejsi przybysze omijać będą z trwogą, nazywając je Kostnicą.

Po dwóch dodatkowych ekspedycjach z 214 osadników, którzy postawili stopę na otoczonej wodą wyspie, susze, ataki Indian i plagi komarów przeżyło tylko 60. Wśród pierwszych trzech grup osadników, którzy postawili nogę na amerykańskiej ziemi było, jak wykazują zapisy „ośmiu Holendrów i Polaków"- pierwszych Odkrywców Ameryki.

Thomas Gore wiedział, że Indianie bali się muszkietów. Zresztą sami Anglicy bali się muszkietów, nie bardzo wiedzieli, jak ich używać. Była to broń nowa. Szesnastowieczna Europa znała dwie formy broni palnej: arkeubuz i muszkiet. Arkebuz, broń lontowa, była nieduża, ale szalenie mało celna. Muszkiet był celniejszy, ale za to duży i ciężki. Częste były przypadki niewypałów, w czasie deszczu o strzelaniu w ogóle nie było mowy. Siedemnastowieczna instrukcja obsługi muszkietu obejmowała

20 czynności, zanim można było podać komendę „Strzelaj!". Po niej 21. punktem instrukcji było: "Porzuć Muszkiet!", aby wyjąć szpadę i zacząć prawdziwą walkę. Anglia była tym czasie w trakcie debaty: czy broń palną powinny zastąpić łuki. Była to debata narodowa na miarę tej, którą przeżywała Polska, modernizując swe siły zbrojne, by odpowiadały standardom NATO.

Strzały były tanie, a na treningach można było ich używać wielokrotnie, proch zaś dosłownie puszczał pieniądze z dymem. Łuki były też pięć razy szybsze do załadowania niż muszkiety. Łuk mógł wypuścić 12 strzał w czasie potrzebnym do naładowania muszkietu, który był wówczas czymś, co we współczesnym myśleniu uważa się za działo: mógł wystrzelić 20 pocisków na godzinę bez przegrzania broni. W praktyce było jeszcze gorzej. W czasie bitwy pod Kissingen z 1636 roku oficerowie donosili, że ich muszkieterowie strzelali średnio siedem razy w czasie każdej z ośmiogodzinnych batalii. Strzały łuczników wyposażone w metalowe końce mogły przebić zbroję. Smutną lekcję dostały wojska hiszpańskiego kolonisty Panfilio de Narvaeza w 1527 roku, kiedy strzały Indian z powodzeniem przebijały rycerskie pancerze. Łuki wydobyte po ponad 400 latach z wraku Mary Rose były nadal sprawne i były w stanie przebić kukłę z odległości ok. 300 metrów. Zasięg skuteczny palnej broni ręcznej w tym czasie to ok. 8 -10 metrów.

Thomas Gore z dumą ustawiał swój muszkiet mierząc do celów. Był pionierem i wierzył w siłę techniki. Razem z przyjacielem, Anthony Gosnolem, czyścili zatem muszkiety i mierzyli do wróbli. W miejscu, gdzie dziś rozpościerają się duże amerykańskie miasta: Baltimore, Annapolis, Washington, stały wigwamy Indian należących do grupy plemion Algonquian. Łącznie 14 tysięcy skłóconych ze sobą ludzi. Plemiona skupiały

16 czerwca 1608 roku, szpieg Zuniga donosił Królowi Hiszpanii:
"Kpt. Newport z Virginii powrócił i przywiózł ze sobą kilka rzeczy małej wagi. Widocznym się być zdaje, iż głównym tam ich zajęciem okopanie się będzie i żeglowanie stamtąd jako piraci. Są w tarapatach finansowych do wyobrażenia trudnych, ale mimo tego znaleźli środki jakoweś do nowej podróży tego Newporta o dwóch statkach i załogach i w dwa miesiące wyruszyć się mają. Ten Newport przywiózł stamtąd chłopczyka (Indianina Virginii zwanego Namontack), o którym mówią, że jest synem Cesarza tamtych Krain, i poinstruowali go, żeby Króla ujrzawszy, kapelusza nie zdejmował, i inne podobne cuda robił, tak że ubawiło mnie, z jakim szacunkiem się z nim obnoszą, myśląc sobie, że z pewnością całą, musi być on osobą zaiste pospolitą."

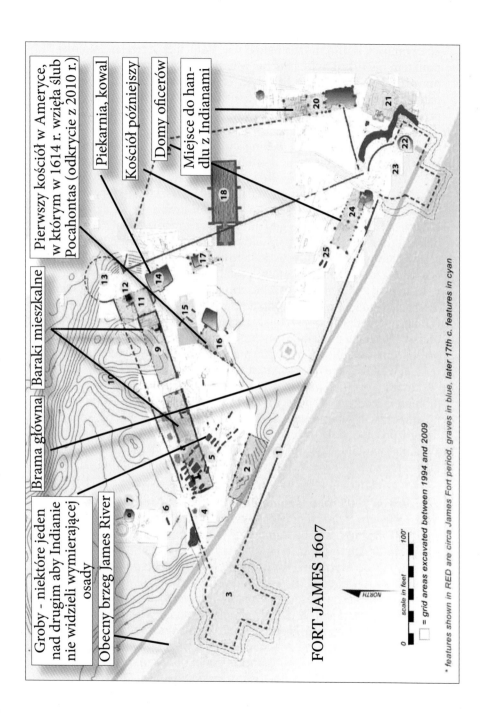

Groby – niektóre jeden nad drugim aby Indianie nie widzieli wymierającej osady

Obecny brzeg James River

Brama główna

Baraki mieszkalne

Pierwszy kościół w Ameryce, w którym w 1614 r. wzięła ślub Pocahontas (odkrycie z 2010 r.)

Piekarnia, kowal

Kościół późniejszy

Domy oficerów

Miejsce do handlu z Indianami

FORT JAMES 1607

NORTH

0   scale in feet   100'

* features shown in RED are circa James Fort period, graves in blue, later 17th c. features in cyan

☐ = grid areas excavated between 1994 and 2009

się wokół rzek i jezior, które były ich żywicielami. Korzystali z ziemi w sposób obcy kulturom europejskim: uprawiane pole zasiewali tak długo aż przestawało być płodne. Wtedy przenosili się w inne miejsce. Ziemia w ich pojęciu nie miała charakteru terytorium. Stąd też stale popadali w konflikty z białymi osadnikami, którzy zajmowali ziemię w myśl prawa *Discovery* (Odkrycia) uważając "odkryte" ziemie za swoje. Osadę Jamestown Indianie początkowo traktowali z ciekawością, przychodzili, wymieniali towary i odchodzili w pokoju. Ale lato tamtego roku było suche, żywności mało. Osadnicy nie mieli co jeść, nie znali się na rolnictwie, wędrowali więc po okolicy, plądrując kukurydziane pola.

26 maja 1607 roku obudził osadę śpiewem ptaków i czerwonym niebem wschodzącego nad James River słońca. Thomas Gore otworzył oczy. Była piąta rano. Mokra od potu koszula kleiła się do ciała. Thomas wstał, sięgnął po gliniany garnek przyniesionej znad rzeki wody. Chciał się z niego napić, ale kiedy przysunął twarz, zauważył w środku garść utopionych komarów. Wylał wodę na siebie, westchnął i poszedł w kierunku bramy fortu. Osada leżała tuż nad rzeką, ale najlepszy dostęp doń znajdował się nieco powyżej. Tam też kierował się Thomas. Położył się w sitowiu i długimi haustami łykał czystą wodę rzeki.

"Fajna ta Ameryka", pomyślał. Dziki kraj, o jakim zawsze marzył. W starej Anglii wszystko było jasne: ziemie podzielone, ludzie i układy zastane. Tu mógłby podnieść głowę i krzyknąć: jestem królem Jamestown! I może Indianie by mu uwierzyli... Potem ożeniłby się z tą piękną i tajemniczą Indianką... Poca-coś tam... wołali na nią... W grupie osadników nie było żadnych kobiet i myśl o śniadej Indiance odzianej w skąpe, lisie skóry podnieciła Thomasa. Zbliżył głowę do tafli wody i zdało mu się, że widzi tam jej odbicie. Zanurzył głowę... Chciał z radości wykrzyknąć jej imię. Odrzucił mokre, długie włosy i... zamarł.

O kilka metrów od niego przesuwały się cienie. Białe i czarne znaki na pomalowanych na czerwono od stóp do głów skórach Indian, uzbrojonych w łuki i kamienne topory, przesuwały się wśród wysokich traw sitowia. Thomas pobladł, jego serce zaczęło bić szybciej, ale nie z powodu tajemniczej kochanki. Nie miał przy sobie nic, prócz glinianego garnka. Nie spodziewająca się ataku osada Jamestown spała snem sprawiedliwego.

– Myśl, myśl! – powtarzał Thomas, powoli, centymetr po centymetrze wycofując się z sitowia. Jeżeli krzyknie, być może obudzi strażników, ale niechybnie zginie, jeżeli zacznie biec. być może nie zdąży. Zawsze był szybki na 100 metrów, ale tu były wertepy, Indianie zaś podobno potrafili z kilkudziesięciu *yardów** trafić strzałą w szylinga. Ale Thomas w hrabstwie Kent mieszkał nad rzeką, gdzie jako mały chłopiec nabierał w płuca powietrze i nurkował chowając się, ku przerażeniu matki, na długie minuty pod wodę.

Złamał źdźbło sitowia i jak wąż wśliznął się w nurt rzeki. Płynął głębiej i głębiej, aż poczuł smagające go sitowie dna. Potem wypłynął tuż pod powierzchnię, odwrócił się na plecy i jak współczesny nurek wsunął rurkę sitowia do ust. Minęło kilka minut odkąd zanurzył się pod wodę i ten pierwszy oddech przywrócił mu jasność myślenia. Dał się ponieść nurtowi, kiedy zobaczył kątem oka wbite w dno rzeki pale, dwoma ruchami ramion znalazł się na brzegu. Ociekający wodą wpadł do szałasu budząc swego przyjaciela Gosnola.

– Indianie okrążają wioskę – wyszeptał. Zbudzili pozostałych towarzyszy, w milczeniu szykując muszkiety.

– Nareszcie! – klepnął kolegę Henry i pobiegł w poprzek dziedzińca. Thomas chciał popędzić za nim, ale zapomniał zabrać proch. Nagle Henry zatrzymał się. W niezrozumiałym geście złapał się za usta, jakby chciał krzyknąć, po czym niemal w zwolnionym tempie opadł na kolana i osunął się na ziemię. Z piersi wystawała mu połowa strzały. Ktoś zaczął krzyczeć. Thomas krzyczał też. Pierwszy raz zobaczył śmierć przyjaciela. Krzyczeć zaczęli Indianie. Strzały śmigały zewsząd, atakujących było z dwustu i byli dobrze przygotowani. Rozległy się wystrzały z muszkietu. Thomasowi tak trzęsły się ręce, że przesypywał proch i za każdym razem wystrzał z muszkietu zamieniał się w niekontrolowany wybuch, który kopcił mu twarz, czyniąc wśród atakujących Indian więcej dymu niż szkody. Thomas w końcu chwycił muszkiet i popędził na dziedziniec. Wywijając nim jak maczugą, zrzucił z ostrokołu kilku Indian. Ci, zaskoczeni siłą białego, krępego osiłka, wzięli nogi za pas. Ze statku ktoś odpalił działo. Strzał był kompletnie niecelny, zresztą, nie było do czego celować. Przypadek jednak sprawił, że kula uderzyła w rozłożyste drzewo, ścinając je w pół. Indian zdjął strach. Biały człowiek był nieprzewidywalny i potrafił czynić cuda, o jakich im się nie śniło. Rzucili się do ucieczki. Czarny od sadzy Thomas, rozgrzany walką i pałający chęcią zemsty, popędził za nimi. Rozentuzjazmowani osadnicy wreszcie opanowali swe muszkiety. Rozległo się kilka strzałów. Nie wiadomo, czy była to ślepa kula, czy też w ferworze walki ktoś wziął biegnącego za Indianami, czarnego od sadzy Thomasa Gore z hrabstwa Kent za Powhatana.

Thomas Gore upadł. Pocisk trafił go w nogę poniżej kolana, wykręcając piętę do przodu. Thomas patrzył przez chwilę na swoją nogę, usiłując

---

*yard = 91 cm

pojąć, co widzi. Dopiero kiedy złapał za stopę i spróbował przywrócić jej dawne miejsce, twarz oblała mu buchająca z tętnicy krew i Thomas opadł na plecy.

Od chwili, kiedy marzył o opalonych nogach Indianki, której odbicie widział w tafli rzecznej wody, minęło zaledwie kilka minut. Słońce ciągle rozmawiało z nocą. Thomas leżał na plecach i patrzył w niebo. Był zły na siebie, że on, który mógł pokonać każdego na rękę, teraz nie ma nawet siły, żeby się unieść. Jednocześnie było mu dobrze tak leżeć. Bólu nie czuł niemal zupełnie, nie czuł nic poniżej pasa.

Odwrócił głowę i dostrzegł ją raz jeszcze: tajemniczą Indiankę, tak jak ją zawsze widział z opuszczonym skromnie wzrokiem i dzbanem pełnym kukurydzy. Teraz jednak uniosła głowę i spojrzała na niego. Zaczęła coś mówić uśmiechając się, i Thomas przez moment usiłował czytać jej słowa.

Zdawało mu się, że rozumie. Zdawało mu się, że dziewczyna się nad nim nachyla i zamyka mu usta pocałunkiem. Miała mokre i silne usta, które zaparły mu dech.

Poddał się jej i zamknął oczy....

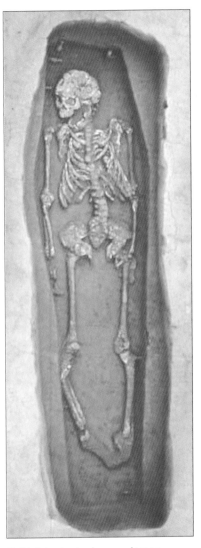

Szkielet odnaleziony w Jamestown. Jak widać na zdjęciu, ma przestrzeloną prawą nogę. Siła uderzenia niemal odwróciła nogę nieszczęśnika o 180 stopni,co najprawdopodobniej stało się przyczyną zgonu

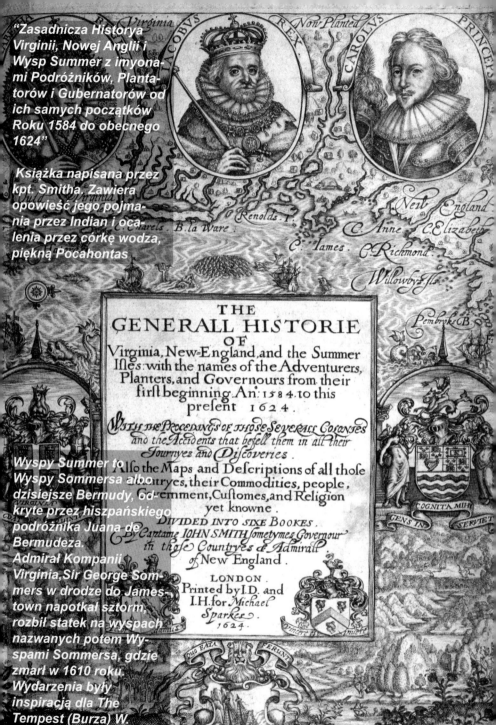

"Zasadnicza Historya Virginii, Nowej Anglii i Wysp Summer z imyonami Podróżników, Plantatorów i Gubernatorów od ich samych początków Roku 1584 do obecnego 1624"

Książka napisana przez kpt. Smitha. Zawiera opowieść jego pojmania przez Indian i ocalenia przez córkę wodza, piękną Pocahontas

Wyspy Summer to Wyspy Sommersa albo dzisiejsze Bermudy, odkryte przez hiszpańskiego podróżnika Juana de Bermudeza.
Admirał Kompanii Virginia, Sir George Sommers w drodze do Jamestown napotkał sztorm, rozbił statek na wyspach nazwanych potem Wyspami Sommersa, gdzie zmarł w 1610 roku. Wydarzenia były inspiracją dla The Tempest (Burza) W. Shakespeare'a

Pocahontas

iedy przybyliśmy do fortu nazajutrz – wspomina Kapitan Smith, uważnie kaligrafując litery na pergaminie – 17 rannych i chłopca zabitego przez Dzikusów zastaliśmy i gdyby ze statku nie strzelono z działa, drzewo w pół strącając, wszyscy nasi ludzie niechybnie by zginęli."*

Przerywa pisanie i zamyśla się. Potem sięga do komody i wyciąga z niej zwój papierów. Prostuje jeden z nich i przez moment na starej twarzy podróżnika widać w oku iskrę.

„Pocahontas... – zamyśla się – Tak miała na imię dziewczyna w której kochał się Thomas Gore. Pocahontas. Kilkunastoletnia córka indiańskiego wodza. Kobieta, która uratowała mi życie..."

Sześć lub siedem tygodni trzymali Indianie Kapitana Smitha jako więźnia, kiedy w grudniu 1607 roku pojmali go w czasie drugiej wyprawy w górę rzeki. Było z nim krucho. Indianie przywiązali go do pala, cała wieś uczestniczyć miała w torturach. Ale wódz Powhatanów był człowiekiem rozważnym. Pierwszą rzeczą, która wzbudziła w nim uznanie i podziw dla białego przybysza, było tajemnicze pudełko z dziwną przykrywką, kompasem zwane. Powhatan wolał zdecydowanie mieć kapitana Smitha po swojej stronie niż po drugiej, w krainie umarłych. Grupka osadników nie była dla niego kłopotem, za to sąsiednie plemiona indiańskie – tak.

---

* fragmenty dziennika kpt. Smitha z 1624 roku

Kiedy napięcie w wiosce sięgnęło zenitu, polecił swej najpiękniejszej córce, Pocahontas, zarzucić ręce na ramiona półżywego ze strachu nieszczęśnika, znak, iż za mąż pojmać go chce, zbawiając Smitha od niechybnej śmierci.

Legenda Pocahontas rozpowszechniała się szybko. Oto XIX-wieczny druk przedstawiający ocalenie Smitha przez Pocahontas. Zauważ góry, których nie było w rejonie oraz indiańskie tipi, których nie używali tamtejsi Indianie.

Po powrocie Smitha do fortu nastoletnia Pocahontas stała się maskotką kolonistów, którzy odtąd ułożyli sobie stosunki z Indianami. Romans trwał dwa lata. W tym czasie jednak z kolonistami było bardzo krucho. Amerykę nawiedziła olbrzymia susza. Koloniści nie mieli co jeść, wielu umierało z głodu. Ciała zmarłych chowano niemal co dzień.

Od założenia kolonii w 1607 roku statki z Anglii z prowiantami i nowymi kolonistami przybyły tylko raz. Kapitan Smith daremnie wypatrywał na horyzoncie żagli. Któregoś dnia, o zgrozo, przypadkowy wybuch prochu dotkliwie go zranił. Odtąd pojawienie się statku stało się dla niego kwestią życia i śmierci.

Statek do Jamestown płynął, ale niepomyślne wiatry zagnały go na Bermudy. Kiedy w końcu zawitał do Jamestown był sierpień. 300 nowych kolonistów zeszło na ląd, wśród nich, po raz pierwszy, Polacy. W sierpniu za późno było jednak na uprawę pola. Kapitana Smitha umieszczono na pokładzie statku w drodze powrotnej do Anglii. Kiedy fort, jak zwykle odwiedziła Pocahontas, nie było już ani statku, ani jej opiekuńczego kapitana. Indiance oznajmiono, że kapitan zmarł. Rozpacz Pocahontas nie miała granic.

Angielska osada w Ameryce musiała teraz wyżywić jeszcze większą grupę ludzi. Jeść nie było co. Głód i śmierć zaglądały kolonistom w oczy. Jeden z osadników zabił swą żonę i zjadł ją po kryjomu uprzednio „ciało posoliwszy".

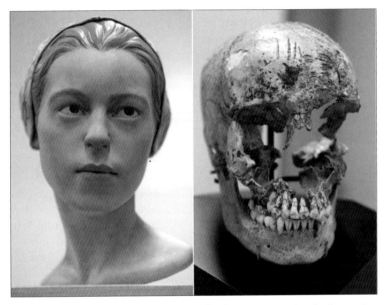

W 2012 roku Ameryka przeżyła szok. Podczas prac archeologicznych w Forcie James odkopano czaszkę 14-letniej dziewczynki z okresu Wielkiego Głodu - 1609/1610, w którym z 500 kolonistów przetrwało 60. Zauważ rysy na szczycie czaszki i rozłupany tył głowy. Oznaczać to ma, że wydobyto z niej wnętrze nadające się do zjedzenia. Pierwszy udokumentowany przypadek kanibalizmu w Ameryce. Twarz dziewczyny zrekonstruowano na podstawie fragmentów czaszki.

Osadnicy usiłowali handlować z Indianami, ale tym susza także zniszczyła plony. Wtedy przypomniano sobie o ukochanej córce wodza Powhatanów, Pocahontas. Osadnicy pojmali ją i wysłali wiadomość do wodza z żądaniem okupu.

Pocahontas spędziła 4 lata w niewoli. To wtedy poznała Johna Rolphe'a, energicznego osadnika, który zwrócił uwagę na możliwość uprawy tytoniu na porzuconych przez Indian polach. Pomysł okazał się być wielkim sukcesem. Rolphe rychło stał się pierwszym amerykańskim biznesmenem, śląc do rodzinnej Anglii, jeden po drugim, transporty poszukiwanego tam tytoniu.

W tym czasie osadnikom wiodło się już lepiej, Pocahontas nie była już im potrzebna, ale udobruchanie wodza Powhatanów – tak. Wysłano ją do wioski jej ojca, ale ona oznajmiła, że kocha Johna Rolphe'a. Małżeństwo tych dwojga dałoby osadnikom możliwość spokojnej uprawy tytoniu. Rolphe, długo się wahał. Jak przyjmie Anglia małżeństwo chrześcijanina z Dzikuską? W końcu podjął decyzję. Pocahontas została ochrzczona. Otrzymała imię Rebeka. Ślub pierwszej mieszanej pary Ameryki odbył się 5 kwietnia 1614 roku w pierwszym, amerykańskim kościele w Jamestown.

Dwa lata po niej para przybyła do Anglii, gdzie córka indiańskiego wodza stała się sensacją, Przedstawiono ją nawet królowi Jamesowi I. Któregoś dnia podczas dworskiego przyjęcia dostrzegła w tłumie gości dawno zapomnianą twarz...

Kapitan Smith z trudem podnosi się znad dębowego stołu. Jego oddech jest ciężki, kiedy powoli przysuwa się do okna. Nieuważne ręce strącają zapisane karty pamiętnika ze stołu. Obejmuje mocno okienną futrynę i spogląda w gwiaździste niebo siedemnastowiecznego Londynu.

„Nie mogłem z siebie wydusić ani słowa. Była piękna jak amerykańskie słońce tamtego lata."

Owej nocy kapitan Smith ujrzał płaczące indiańskie słońce. Pocahontas była ciężko chora. Miała zapalenie płuc. „Wszyscy musimy umrzeć" – powiedziała i były to jej ostatnie słowa. Pochowano ją na cmentarzu w Gravesand w Anglii. Miała 22 lata.

Kapitan Smith zamyka okno i z trudem układa się na sienniku. Chce pamiętać o tym, żeby zgasić świece przed snem. Chce pamiętać, żeby pozbierać z podłogi pergaminy i oddać je do drukarni. Chce wstać i zrobić to i tyle innych istotnych rzeczy. Ale tym razem sędziwy kapitan nie robi nic. Odchyla ciężko głowę i wtedy w świetle dopalającej się świecy dostrzegamy łzę, która powoli stacza się wąwozem zmarszczki policzka.

Nim wyschnie, kapitan Smith pożegluje daleko na poszukiwanie swej ukochanej.

Siedzę u Lucy w biurze i dopijam kawę. Choć jestem w Jamestown, kawa jest „nowojorska": słaba lura z domieszką cukru, jedyna, jaką pijam. Przede mną leży podsunięta przez Biuro Turystyki Historycznego Jamestown kartka papieru.

„Cel wizyty dziennikarza... – kropki czekają na długą i wyczerpującą odpowiedź, która umieści moje nazwisko na statystycznej liście *media relations*.

Bębnię długopisem po papierze, z radia dobiega ulubiony Springsteen w piosence *Glory Days*:

Yeah, they'll pass you by!   *Mijają piękne dni!*
Glory Days!   *W mrugnięciu oka*
In the wink of a young girl's eyes...   *pięknej dziewczyny...*

Czuję na sobie spojrzenie Pocahontas. Nie chcę się odwrócić, ale wiem, że tam za mną, na ścianie, wisi jej portret. W grobie, kilkadziesiąt metrów ode mnie, leży odkopany właśnie szkielet Thomasa Gore'a, który „równych sobie w sile ręki nie miał". Telewizor podaje, że Bill Clinton zapewnił sobie drugą kadencję jako prezydent Stanów Zjednoczonych. Mówią, że za cztery lata kandydatem z ramienia partii demokratycznej w prezydenckich wyborach będzie Al Gore.

Pocahontas, portret, 1616 rok.

Thomas Gore, któremu Pocahontas zamknęła usta po raz ostatni, byłby dziś dumny. Obok niego spoczywa tajemniczy kobiecy szkielet, o którym nikt nic nie wie.

Raz jeszcze przymierzam się do kwestionariusza.
Rubryka „Cel wizyty dziennikarza" ciągle czeka na odpowiedź.

Jamestown Virginia, Motel 6, jesień 1996

Te 25.tonowe drzwi broniły
wejścia do tajnego bunkra wybudowanego
w ramach Prejektu Grecka Wyspa

Tajemnice zimnej wojny

P rzez 30 lat amerykański rząd utrzymywał w tajemnicy istnienie bunkra dla członków amerykańskiego Kongresu w podziemiach Hotelu Greenbrier – ekskluzywnego ośrodka zaszytego w Appalachach w Zachodniej Virginii.

Kiedy w 1992 roku sprawa wyszła na jaw, władze dysponowały już inną placówką na wypadek atomowej zagłady. W dwa takie miejsca, przypuszczalnie w promieniu 500 kilometrów od Kapitolu, oddelegowano członków administracji Busha po tragedii 11 września na wypadek katastrofalnej zagłady. Gdzie te placówki się znajdują – nie wiadomo. Niewykluczone jednak, że największy sekret amerykańskiego rządu może ukrywać się, tak jak przed laty, za uśmiechem hotelowego odźwiernego...

Kiedy zjeżdżam z autostrady 81. na północ, gdzie za masywem Appalachów leży Zachodnia Virginia, jest już środek nocy. „Dziwne" – myślę, kiedy z radia John Denver zaczyna nucić swoje *Country Roads*. Skręcam i tankuję na stacji po raz ostatni. *Bluuue Ridge Mountains Shenandoooo-ah River* – śpiewam razem z WORX 92.5. To zabawne, bo rzeka, o której śpiewał Denver, zaczyna rześki bieg po górskich kamieniach kilkanaście mil stąd. Masyw Blue Ridge nie jest wcale niebieski. Jest czarny. Czarniejszy od nieba.

Przypomina mi się jak umawialiśmy się na nagranie. W Colorado ...zjedź z drogi w kierunku Basalt...– słyszę, jakby to było wczoraj. Ja dojechałem. On nie. Coś mu wypadło. Potem przeczytałem nagłówki w prasie: *John Denver Dies in A Plane Crash*. John Denver ginie w katastrofie lotniczej. Zabił się w eksperymentalnej Cessnie. *Misty Taaaste of Moooshine, Tear drops in my eeeeeye....*Klik! Pompa się wyłącza. Pełen bak. 11 dolarów 38 centów. *No kiddin'.* Bez żartów – mówię – Ameryka jest stworzona dla samochodów."

Łapię łyk kawy i po chwili śmiga mi po obu stronach okien czerń. Wiem, że to las. Jeden z piękniejszych i dzikszych w Ameryce. Włączam długie i przenoszę się 42 lata wstecz. Mnie nie było jeszcze na świecie. Ameryką rządził Eisenhower. Światem targała zimna wojna.

Hotel Greenbrier - schron dla członków kongresu USA

Na biurku Szefa kompanii cementowej Superior Supply w Calowell w Zachodniej Virginii, zadzwonił telefon. Randy Wickline słuchał i papieros zaczynał parzyć mu usta. Kiedy odłożył słuchawkę powiedział tylko" *Wow!* Ktoś po drugiej stronie oferował mu kontrakt życia. 50 tysięcy

Przez dwa i pół roku ciężarówki Randy'ego Wickline'a jeździły do "dziury" cztery tysiące razy. To zdjęcie z 1959 roku jest jedynym znanym zdjęciem budowy bunkra pod Hotelem Greenbrier

ton betonu! Na już. Ceny rynkowe. Liczy się czas. Wkrótce jego betoniarki ruszyły w drogę. Adres budowy: potężna dziura wykopana za zachodnim skrzydłem ekskluzywnego Hotelu Greenbrier w White Sulphur Springs, w Zachodniej Virginii.

Ciężarówki jeździły non stop i ciągle było mało. Randy dokupił jeszcze dwie betoniarki. Jeździły tak pełne, że zarywały się okoliczne drogi. Policja się połapała i wlepiała mandat na mandatem. Randy płacił i płacił. Najważniejszy był czas.

Łącznie wlały w dziurę 50 tys. ton betonu. Randy i jego ludzie myśleli, że budują nowe skrzydło hotelu. Któregoś dnia przybiegł do jego biura zdyszany kierowca. „Szef lepiej to zobaczy sam..."

Owa „dziura" zaczęła przyjmować kształt. Powoli wyłaniały się korytarze, rozległe sale i schody. W sumie 153 pokoje na dwóch poziomach. Ale ścianami tej konstrukcji był żelazobeton, gruby na ponad pół metra! Potem całość pokryto betonowym dachem i zasypano siedmioma metrami ziemi.

Randy Wickline nigdy nie zapytał, co buduje. Kiedy beton przestał się lać, odebrał ostatni czek i zapomniał co widział.

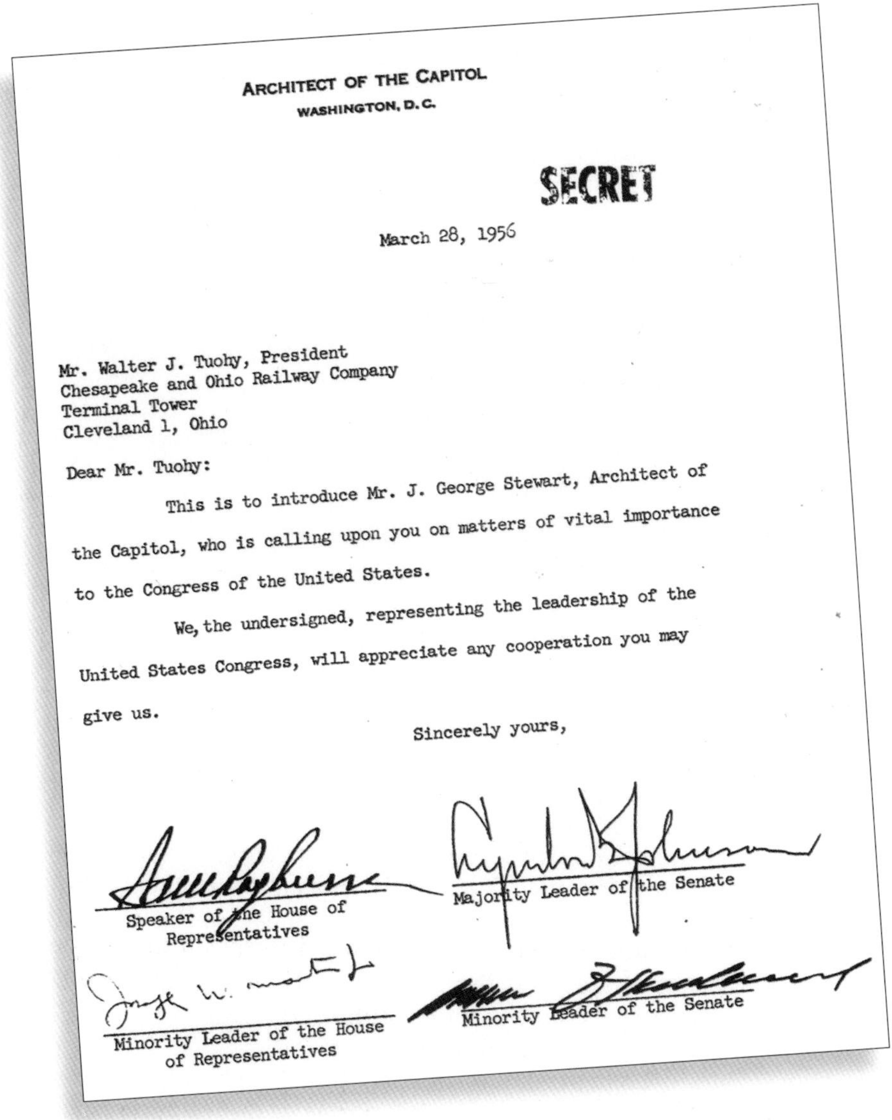

ARCHITECT OF THE CAPITOL
WASHINGTON, D. C.

March 28, 1956

Mr. Walter J. Tuohy, President
Chesapeake and Ohio Railway Company
Terminal Tower
Cleveland 1, Ohio

Dear Mr. Tuohy:

This is to introduce Mr. J. George Stewart, Architect of the Capitol, who is calling upon you on matters of vital importance to the Congress of the United States.

We, the undersigned, representing the leadership of the United States Congress, will appreciate any cooperation you may give us.

Sincerely yours,

_____
Speaker of the House of
Representatives

_____
Majority Leader of the Senate

_____
Minority Leader of the House
of Representatives

_____
Minority Leader of the Senate

Jedyny dokument, który łączy Kongres USA z budową bunkra Greenbrier. Nosi nagłówek Głównego Architekta Kapitolu, gdyż to on był bezpośrednio zaangażowany w ten projekt.

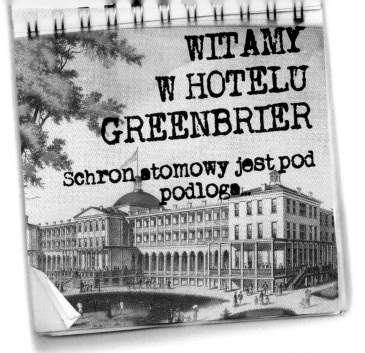

WITAMY W HOTELU GREENBRIER

Schron atomowy jest pod podłogą...

est 6 rano. Początek marca 2002. Za oknem Appalachy śpią. Przewracam się w pięciometrowym łóżku. Nie chce mi się wstać. Ulotka hotelowa informuje mnie, że za 30 dolarów mogę się obłożyć Węgierskim Błotem o niebywałych właściwościach leczniczych. Za 3 razy tyle obłożą mnie Ziołową Parafiną. Pokój, jak i cały hotel, wystrojony jest w *decor* jak z filmu *Shining**. Brakuje tylko dzieci śmigających po korytarzach na rowerkach. Wnętrza zaprojektowała żona osobistego lekarza Roosevelta, Dorothy Draper. 45 tysięcy metrów materiału i 15 tysięcy rolek tapety w tajemnicze wzory liści rododendronu powodują, że miejsce jest dziwne. Przejmujące. Nieprawdziwe. Jakby za chwilę miano tu kręcić jakiś thriller Hollywodu.

Ale Hotel Greenbrier jest prawdziwy. Jak piersi recepcjonistki. Myślę o niej, kiedy zamiast błotem okładam się poduszką i zapadam w bezpieczny sen. Cztery piętra pode mną drzemie 30-letni sekret Ameryki. Betonowy schron dla członków amerykańskiego Kongresu.

---

* Lśnienie – klasyczny thriller Stanleya Kubricka (1980) oparty na powieści ojca chrzestnego współczesnych horrorów, Stephena Kinga, którego akcja rozgrywa się w obrzymim hotelu ukrywającym tajemnice z przeszłości. W filmie wykorzystano hotel the Timberline Lodge w Mt. Hood w stanie Oregon podobny rozmiarem do Greenbrier. Co ciekawe, pokój 217, w którym dochodzi do zbrodni, Kubrick zmienił na nieistniejący, 237, by turyści mogli spokojnie spać.

Budzi mnie terkot telefonu. *Wake up call.* Pobudka. Za kwadrans ósma. Głos w słuchawce uprzejmie przypomina mi, że o ósmej mam spotkanie w Sali Wystawowej. Ubieram się w pośpiechu, ślizgam po wielkiej, czarno-białej szachownicy łazienki. E2-E4 przerzuca mnie do umywalki. D7-D5 do wanny. Potem lecę do windy. Naciśnij w windzie literę E – przypomina mi się wskazówka producentki. Cztery piętra w dół. Ale winda nie wyświetla takiego poziomu. Sala Wystawowa nie istnieje. Drzwi się jednak otwierają. Krótki zakręt i widzę olbrzymi hall wspierany przez 18 kolumn. Wysoki na ponad siedem metrów sufit mierzy dobre 30 na 50 metrów.

„W Hotelu Greenbrier w tajnym bunkrze pod ziemią była sala, gdzie zbierać się miały połączone izby Kongresu – dźwięczy mi w uszach raport oglądany kiedyś na kanale historycznym. W tyle dostrzegam dwie mniejsze sale: większa z nich jest obliczona na 470 miejsc. "Wystarczy, by pomieścić 435 członków Izby Reprezentantów – myślę. Druga sala na 130 miejsc miała pomieścić nadzwyczajną sesję 100-osobowego Senatu.

– Sala Wystawowa była dostępna dla publiczności – słyszę już całkiem realny głos Lynn, mojej przewodniczki. – Tu odbywały się sesje General Motors. Można tu wjechać ciężarówką i podłoga się nie zawali. Prawdziwe drzwi do „placówki" znajdowały się tu, za rozsuwaną ścianą....

Ukryte drzwi do bunkra Greenbrier

– Musieliśmy podpisać papier, że nikomu nie powiemy, co się tu święci – mówi mi Paul Campbell. Był tu od samego początku. Pracował jako mechanik obsługujący wielkie jak beczkowozy kotły na ropę. – Groziło mi dwadzieścia lat więzienia za zdradzenie tajemnicy państwowej. – I Paul milczał. Nie powiedział nikomu, nawet żonie, która przez 30 lat myślała, że jej mąż pracuje w piwnicach hotelu. Jemu, podobnie jak i każdemu z ludzi pracujących przy budowie i obsłudze tego projektu

FBI zdjęło odciski palców, sprawdziło przeszłość. Olbrzymie zbiorniki kotłowni, każdy zdolny pomieścić 25 tys. galonów wody (prawie 95 tys. litrów), istnieją do dzisiaj i zasilają Hotel Greenbrier w ciepło. Do dzisiaj też pracuje tam Paul. Tak go też zresztą spotykam, na krześle z poranną gazetą.

Prowadzi mnie dalej w głąb bunkra. Ciasny skręt i widzę rząd elegancko zasłanych łóżek. Tu członkowie Kongresu mieli spać. – Takich pomieszczeń jest tu osiemnaście – mówi Paul. – Każdy z Kongresmenów po wejściu do bunkra miał otrzymać nowe ubranie. Wcześniej czekała ich odkażająca łaźnia – dodaje głosem przewodnika Orbisu. Wchodzę do środka i kręcę parę ujęć. Kilka kroków dalej szpital, gabinet dentystyczny, stołówka z zastawą godną Titanica. Widzę wielki piec przypominający martenowskie giganty. Pytam, co to jest.

– Tu palono skażone ubrania – słyszę odpowiedź Paula. Po chwili dodaje: – Możesz się domyślić, co palono by tutaj, gdyby na zewnątrz rzeczywiście doszło do skażenia...– Idziemy wąskim korytarzem. Nasze kroki odbijają się od pustych, pozbawionych *decoru* ścian o wyblakłym, sinym kolorze, w jakim zwykle maluje się szpitalne sale... bum... bum... bum..

Jeden z nielicznych, żyjących świadków tamtych wydarzeń,Paul Campbell, jak go znalazłem w piwnicach hotelu Greenbrier

Bang, bang, bang... Nikita Chruszczow wali butem w blat stolika na sesji Narodów Zjednoczonych. Ameryka chowa puszki zupy Campbell w ziemiankach, dzieci w szkołach uczą się chować pod ławkę w razie nuklearnego ataku. A wszystko przez październik 57. roku i Sputnik. Ameryka dostała stracha. Zaczęła się budować nie w górę, a w głąb. Już od 53. roku zarówno Sowieci, jak i Amerykanie dysponowali *nukami* (bronią nuklearną). Wtedy też powstała koncepcja *continuity of government* (ciągłości rządu). Chodziło o zapewnienie kontynuacji funkcjonowania głównych organów władzy państwowej na wypadek katastrofalnego w skutkach ataku nuklearnego.

Biuro Mobilizacji Obrony podlegające prezydentowi Stanów Zjednoczonych proponuje konstrukcję schronów w obrębie tzw. Łuku Relokacji Rządu, obejmującego obszar Dystryktu Columbii, Pensylwanii, Virginii, włączając Zachodnią, i Południową Karolinę.

PROJEKT GRECKA WYSPA

W dniu 27 marca 1956 roku lakoniczny, dwuzdaniowy list kilku wpływowych członków Kongresu do właściciela Hotelu Greenbrier w praktyce otworzył drogę do rozpoczęcia budowy. W kwietniu w Greenbrier pojawili się mierniczy, wywiercono próbki ziemi. Firma z Nowego Jorku zaczęła rysować projekt.

Podstawą umowy z właścicielami hotelu był „uśpiony" układ: Rząd USA weźmie hotel w nieokreśloną w czasie dzierżawę w razie poważnego zagrożenia państwa. Uśpiony układ mógł "obudzić" tylko rozkaz jednego z trzech ludzi: prezydenta, sekretarza obrony bądź sekretarza armii. W zamian rząd miał zbudować własnym nakładem środków (12 milionów dolarów) nowe skrzydło hotelu, pod którym ukryty byłby bunkier. Dla celów bezpieczeństwa projekt otrzymał nowy kryptonim: Grecka Wyspa. Trzy lata później, wiosną 59 roku w kompanii cementowej Randy Wickline'a zadzwonił telefon...

Hotel Greenbrier jest jednym z kilku miejsc, które administracja Eisenhowera rozpatrywała jako miejsce ewakuacji członków amerykańskiego Kongresu. Memorandum przechowywane przez Archiwa Amerykańskie wskazuje, że sprawdzano pod tym kątem stare kopalnie. Rządowe Biuro ds. Kopalń i Korpusu Inżynieryjnego obejrzało kopalnie w Nowym Jorku, Pittsburghu, Buffalo, St. Louis, miejsca w Colorado, tereny wokół Chicago. Teoretycy wojskowi wskazywali, że ówczesna bomba atomowa nie jest w stanie przebić twardej skały górskiej, choć wiedzieli, że żadna skała nie uchroniłaby przed uderzeniem bezpośrednim. Teoretycy wojskowi wskazywali, że ówczesna bomba atomowa nie jest w stanie przebić twardej skały górskiej, choć wiedzieli, że żadna skała nie uchroniłaby przed uderzeniem bezpośrednim. Tak powstało słynne NORAD*, wykute w litej skale Gór Cheyenne w Colorado.

Ale kiedy wchodziłem do NORAD, prześwietlono mnie jak laboratoryjnego królika. W Greenbrier ludzie dostawali miły uśmiech na dzień dobry i obiad na sześciu talerzach pozłacanej zastawy godnej Titanica. Na drodze dojazdowej do NORAD o mało nie otworzono do mnie ognia, tu odźwierny otwiera drzwi z miłym uśmiechem, a hotel jest jednym z nielicznych dziś miejsc, gdzie na jednego hotelowego gościa przypada dwóch ludzi obsługi. NORAD jest na liście głównych celów rosyjskich rakiet SS, a Hotel Greenbrier był przez 30 lat placówką ukrytą w podziemiach czynnego hotelu, w którym ani goście, ani obsługa nie domyślała się niczego.

Inną tajną placówką było słynne Mount Weather. Obiekt zagrzebany w łańcuchu Gór Blue Ridge niedaleko miejsca, w którym się teraz znalazłem, miał chronić prezydenta, członków rządu i przedstawicieli Sądu Najwyższego. Jest to w istocie opróżniona ze skały góra. O istnieniu tajnego bunkra świat dowiedział się przypadkiem, kiedy w 1974 roku nieopodal rozbił się samolot linii TWA.

Cztery lata kuto skałę w górze Raven Rock, ponad 6 mil od Camp David na granicy Pensylwanii i Maryland. Tzw. Obiekt R miał stać się Podziemnym Pentagonem, skąd miała być kontynuowana walka na wypadek, gdyby Pentagon i Waszyngton przestały istnieć...

---

* NORAD - *North American Aerospace Defense Command* - Dowództwo Obrony Północnoamerykańskiej Przestrzeni Powietrznej

DRZWI ATOMOWEGO GROBOWCA

iedy wychodzimy na zewnątrz zachodniego skrzydła hotelu, jest marcowy świt. Czas stoi w miejscu. Ptaki ciągną swoje szkliste wodospady rozmów. Idziemy wzdłuż wyasfaltowanego podjazdu, wśród drzew na tyłach hotelu. Mijam niepozorny, owinięty niebieską tarpoliną kwadrat dwa na trzy metry. Pod plandeką – o czym jeszcze nie wiem – znajdują się rozsuwane automatycznie metalowe drzwi. W razie nuklearnego ataku wysunie się stąd, wysoka na 20 metrów antena. Z jej pomocą znajdujący się w schronie kongresmeni będą badać zawartość skażenia na zewnątrz.

Po niewielkim zakręcie droga wjeżdża w ziemię. Staję przed stalowymi drzwiami pięć na pięć metrów z napisem „Niebezpieczeństwo. Wysokie napięcie". Rozumiem. Te drzwi miały kryć prawdziwe wejście do bunkra. Lynn otwiera małą furtkę w tej bramie. W środku jest półmrok, przede mną piętrzy się wielka, szara ściana metalu. A więc tak wygląda słynne wejście – myślę, przypominając sobie jego opis: 28-tonowe drzwi, grube na ponad pół metra, spoczywają na półtoratonowych zawiasach. Kiedy jednak kręcę korbą – ta – jak w sejfie, otwiera i zamyka je bez większego wysiłku. Koło kręci się jednak tylko od środka. Raz zamknięty bunkier staje się niedostępny z zewnątrz. Drzwi zaprojektowała słynna firma Mosler. Jej projektanci twierdzą, że są to jedyne drzwi, które są zdolne wytrzymać siłę fali uderzeniowej powstającej po wybuchu bomby atomowej. W testach na pustyni w Nevadzie w 57 roku drzwi Moslera wytrzymały falę uderzeniową bomby atomowej eksplodującej nieco ponad pół kilometra dalej. Ich tajemnica polega na przenoszeniu naprężeń z drzwi na obramowanie i dalej na trzymający ramy beton.

Ten kolos zamykam z łatwością, kręcąc półmetrową korbą. Słyszę głośny, spotęgowany gardłem tunelu huk. Robi się ciemno. Podwieszone pod sufitem żarówki rozświetlają długi, ginący za zakrętem korytarz. Idziemy do środka. Słyszę nasze kroki. Bum, bum, bum... Pod ścianą piętrzą się kartony paczkowanych zup i suszonych polinezyjskich kurczaków. Miały żywić kongresmenów i obstawę, tysiąc ludzi łącznie przez 60 dni. Co jedzono by potem – nie wiem. Nie wiem też, czy byłoby jakieś potem. Kiedy tak idę tym historycznym już tunelem czuję, jakbym odbywał podróż w czasie.

Drzwi zaprojektowała firma Mosler. Projektanci twierdzą, że są to jedyne drzwi zdolne wytrzymać siłę fali uderzeniowej powstającej po wybuchu bomby atomowej. W testach na pustyni w Nevadzie w 57. roku drzwi Moslera wytrzymywały falę uderzeniową bomby atomowej eksplodującej zaledwie pół kilometra od bunkra.

Bum... bum... bum... przenosi się echo, jak *stacatto* jakiegoś złowieszczego, dziejowego zegara: 50 lat wstecz, 100, 150...

Jedną z najbardziej fascynujących dla mnie obserwacji, jakich dokonałem w Ameryce, jest zadziwiająca przejrzystość historyczna, z jaką ten kraj wyświetla swe przemiany. Nigdzie indziej 50 lat nie jest tak widoczne, sto lat, nie jest bardziej niebotyczną podróżą w czasie niż właśnie tutaj, co powoduje, że wymarłe już niemal pokolenie 100-latków, kiedy spogląda w przeszłość, może doznać zawrotu głowy. Także dziś podróżuję w czasie, kiedy choćby jadę z Denver na południe w kierunku Colorado Springs. Widzę stepy zamieniane w równo pocięte kartony domostw okrążonych wstęgami autostrad, po których prują ludzie z zaciśniętymi zębami spoglądający na zegarki, a gdzie jeszcze dekadę temu widziałem rude kępy *sage brush (bylicy)*.

Dziki Zachód

West Virginia

ROUTE 60

Powoli pompuję hamulec, zjeżdżając z drogi numer 60, niegdyś zwanej Kanawha Turnpike, a potem, w latach 20. naszego stulecia Szlakiem Midland. Spoglądam na szary masyw na horyzoncie. Tu, na łańcuchu Gór Alleghany, skąd roztacza się widok na dolinę Ohio, w XVIII wieku kończyła się Ameryka. Dwieście trzydzieści lat temu, zanim pojawił się Max Kolonko w swoim jeepie, po okolicznych wzgórzach stąpały mokasyny indian Shawnee, którzy wydeptali tu ścieżki, wąskie dróżki, jak szlaki turystyczne w dzisiejszych Tatrach. Nie oni byli tu jednak pionierami. Szli tropami *buffalo*, bizonów. To natura była prekursorem Route 66, Matki Wszystkich Dróg, New Jersey Turnpike i Kanwaha Turnpike, na którym teraz sprzedawca oferuje mi „Lody Zimne Jak Cycki Eryki".

Shawnee szli tropem *buffalo*, bo wiedzieli, że zwierzyna ma ten sam cel: przetrwać, dotrzeć do strumienia, pokonać najkrótszą drogą skalny grzbiet. To po nich stąpały potem buty traperów, by ustąpić osiom zaprzęgów, a potem kołom samochodów. Tak powstała większość dróg w Ameryce: nowojorski Broadway jest jedyną biegnącą skośnie ulicą na Manhattanie, ponieważ biegnie śladem starej, indiańskiej ścieżki.

Shawnee byli sprawnymi wojownikami. To ten naród wychował słynnego Tecumseha – zwolennika panindianizmu, jednego narodu amerykańskich Indian. Shawnee mieli jednak na północy niepokojących, ruchliwych i agresywnych sąsiadów: Irokezów.

Kiedy w Polsce Król Michał Korybut Wiśniowiecki pojmował za żonę arcyksiężniczkę Eleonorę Marię, siostrę cesarza Leopolda I, Irokezom zabrakło bobrów w strumieniach wiodących do Wielkich Jezior. Poszli więc na południe, do dolin Ohio, wypierając Shawnee w góry.

Być może to wtedy właśnie człowiek po raz pierwszy zanurzył ręce w ciepłych strumieniach bijących z ziemi koło rzeki, dziś nazywanej Greenbrier, w miejscu, gdzie dziś stoi Dom Wiosenny należący do hotelowej posiadłości. Indianie Shawnee dostrzegli ich dziwną właściwość: leczyły reumatyzm i bóle kości. Z czasem wody lecznicze stały się magnesem przyciągającym osadników w te odległe zakątki łańcucha Nieskończonych Gór (Endless Mountains).

Historia Hotelu Greenbrier jest historią osadnictwa amerykańskiego. W podobny sposób powstawał Manhattan, Philadelphia i każde większe miasto w Ameryce.

Wokół źródła siarczanego ktoś zbudował drewnianą chatę, gdzie podróżni mogli zatrzymać się na noc. Okoliczna ziemia była w zasadzie „niczyja" do czasu, aż niejaki Nicholas Carpenter założył fort nad rzeką Jackson. W miejscu tym dziś stoi miasteczko Covington. Carpenterowi spodobał się kawał ziemi w dolinie na zachód od fortu. Nabył go siejąc tam kukurydzę. Według ówczesnego „Prawa Kukurydzianego", każdy, kto posieje pierwszą kukurydzę na ziemi – stawał się właścicielem gruntu.

Góra Katarzyny znad Howard's Creek - w Harper's Weekly z 1878 roku

Ale malutki fort Carpentera nękali Indianie. Ktoregoś dnia ściągnęli z osadnika skórę. Przerażona żona, Kathy, z córeczką w ramionach uciekła w okoliczne góry chowając się w pustym pniu dębu. Cudem uszła z życiem, zaś ku jej pamięci okoliczna ludność do dziś nazywa górę *vis-a-vis* głównego wejścia do Hotelu Greenbrier - Górą Katarzyny.

Córeczka Kasi Carpenter, kiedy dorosła, wyszła za mąż w 1766 za zamożnego Michaela Bowyer'a (tak z „tych" Bowyerów: Edmund Bowyer był jednym z pierwszych amerykańskich osadników).

Bowyer niezupełnie doceniał potencjał inwestycyjny tkwiący we właściwościach leczniczych tryskających z jego ziemi wód, ale prowadził w pobliżu gospodę. Ludzi docierało w rejon mało. W końcu XIII wieku, zaledwie 200 lat temu, Zachodnia Virginia, to były antypody. Ameryka w 1756 roku miała nieco ponad jeden (!) milion mieszkańców z czego 1/3 stanowili niewolnicy.

Do rzeki Grenbrier wiodła jedna droga, właśnie szlakiem *buffalo*, nazywająca się zresztą do dziś, Buffalo Trail. W 1790 roku drogę poszerzono, aby poprzez sieć dróg, kanałów i zapór wodnych połączyć Wschodnie Wybrzeże poprzez Dolinę Ohio, aż do rzeki Missisipi. W owych czasach było to przedsięwzięcie na miarę dzisiejszej budowy tunelu pod Kanałem La Manche. Z planu nic nie wyszło, ale w 1820 roku do Greenbrier można było dość, jak na owe warunki, znośnie dojechać.

Podróżowanie na 200 lat przed jeepem było trudnym zajęciem. Konno posuwałeś się 25 mil dziennie, przeciętna szybkość zaprzęgu to 6 mil na godzinę.

Jazda wynajętym zaprzęgiem była czymś porównywalnym z jazdą PKP z czasów jakie pamiętam w PRL-u. Niejaki Edward Hill wspomina w swoim dzienniku z 1836 roku: wyjechał ze swego domu koło Fridericksburga, by po 9 godzinach siedzenia tyłem do kierunku jazdy dojechać do tawerny w Gordonsville, gdzie uraczono go „niebywale mizernym posiłkiem". Następnego dnia obudzono go o 3 rano, by dopiero po trzech godzinach zatrzymać się na śniadanie. Szedł spać o 10., aby znów wstać o 3. itd. Trzeciego dnia 15 godzin jazdy w kurzu drogi przeniosło go tylko 70 mil. Czwartego dnia w czasie zjeżdżania z wielkiej stromizny wóz się rozleciał i wszyscy gentlemeni w pojeździe musieli zabrać się za naprawę kół. Po przyjeździe do tawerny Greenbrier podróżny mógł wynająć chatę, zwykle należącą do kogoś zamożnego, którą w czasie nieobecności właściciela Bowyer dzierżawił podróżnym."

Liżę "Lody Zimne Jak Cycki Eryki" i raz jeszcze wchodzę w białe objęcia bramy Hotelu Greenbrier. Lasy miasteczka Sulphur Springs dawno wytrzebili drwale, łąki przecięły asfalty dróg. Okoliczne domy, jak znużona tańcem kochanka, odepchnęły dziewicze lasy dalej od siebie, zrobiło się jaśniej i jak na opustoszałym parkiecie: samotniej. Greenbrier jednak nie zmienił się wiele od czasów Bowyera. Powstały nowe skrzydła hotelu, chaty zamieniono na ekskluzywne wille, ale las pozostał. Świadek mimo woli.

Czuję na sobie czyjeś spojrzenie. Zadzieram głowę. Długie zachłanne ramiona 300-letniego dębu obejmują mnie. Kołyszą. Snują dalej swój wątek...

Ameryka, Here I come

czym dziś w Ameryce się nie mówi – w czasach kolonialnych Murzyni nie byli jedynymi niewolnikami tego kraju. Ocenia się, że co najmniej połowa emigrantów, którzy w połowie XVIII wieku przybywali do Ameryki, to byli tzw. „zakontraktowani pracownicy": w zamian za podróż za ocean zobligowani byli do pracy dla tych, którzy zapłacili za ich bilet. Co ciekawe, ten rodzaj niewolnictwa istnieje do dzisiaj. Utrzymywany jest m.in.przez kastowe organizacje chińskich przedsiębiorców.

Chińska emigracja do Ameryki zaczęła rozwijać się zwłaszcza po tym, jak Anglicy pobili Chińczyków w wojnach opiumowych z połowy XIX wieku. Pod koniec 1880 roku było ich w Ameryce 110 tysięcy, głównie z prowincji Canton. Odegrali pewną rolę w budowaniu kolei z San Francisco do Promontory Point w Utah, gdzie w 1869 roku kolej Central Pacific połączyła się z Union Pacific, przecinając Amerykę na pół. Chińscy emigranci w końcu XX wieku przybywali jednak zgoła inaczej i nie kolej była im w głowie.

Mój niegdysiejszy sąsiad, stary Chińczyk, opowiadał mi, jak sprowadził do Stanów kilkunastu swoich rodaków, wystawiając dla nich zaproszenia, wpłacając na ich chińskie konta amerykańskie pieniądze, udzielając pożyczki na otwarcie Laundromatu (pralni) albo WOK-u (chińskiej restauracji) po to, aby mieć w ten sposób wiernych, bo zdanych na łaskę sponsora, pracowników.

Przypomina mi się teraz, że sąsiad miał na imię Lee. Zresztą myślę, że dziś w Stanach co drugi Chińczyk ma na imię Lee. Pewnie z tego powodu któryś z nich wpadł na pomysł, aby przenieść się za rzekę Hudson do New Jersey, właśnie do małego „białego" miasteczka o nazwie Fort Lee.

Kiedy niepostrzeżenie, w końcu lat 90., całe miasteczko zaczęło zmieniać barwę na żółtą, zaniepokojeni mieszkańcy usiłowali stawić opór nasyłając władze emigracyjne i telewizję. Pojawiły się raporty, że prowadzone przez Chińczyków sklepy prowadzą podwójną politykę cenową: jedną dla "swoich", drugą dla białych. Pojawiły się pogłoski, że chińskie jedzenie, to nic innego, jak pies sąsiada, który zaginął raptem bez wieści. Wszak psie mięso, to ulubiony przysmak Koreańczyków. Wskazywano, że Azjaci nie angażują się w sprawy miasteczka, żyją jak pasożyty, dla siebie, i że Amerykę i *Stars & Stripes* mają gdzieś. Kiedy jednak w niezamożnym sąsiedztwie pojawia się silna liczebnie mniejszość, jedyne, co możesz zrobić, to zacząć pakować manatki.

Myślę, że Amerykanie są tu sami sobie winni. Rozpowszechnienie się sklepów serwujących *chinese take-out,* czyli żarcie na wynos, stało się wykładnią standardu amerykańskiego życia opartego na wygodzie. Swojego *take-out* nie dorobili się Francuzi. Nie widziałem też nigdzie podawanych na wynos gołąbków. Włoska pizza jest monotonna i wysokokaloryczna. Stąd wykluć się zresztą miała California Pizza Kitchen z nigdzie indziej nie podawanym ananasem zamiast grzybków.

Ameryka 1947. Ludzie oblegają hot dogi sprzedawane prawdopodobnie przed seansem filmowym. Napis na ścianie reklamuje "Yearling" z Gregory Peckiem

Podobnie monotonny jest także amerykański *hot-dog*. Co ciekawe, już ponoć pięć lat wcześniej, nim Columb wyruszył na poszukiwanie Ameryki, w niemieckim miasteczku Frankfurt sprzedawano frankfurterki, które przywoził z Coburga rzeźnik Johann Georghehner. Zwyczaj przywieźli niemieccy emigranci. Wózki sprzedające *hot-dogi* widać na zdjęciach z ulicy Bowery na Mahattanie, pochodzących z 1864 roku. *Hot-dogi* sprzedawały się ciepło na uniwersytecie Yale w 1894 roku. Wtedy to najprawdopodobniej niemieckie słowo *Dachshund* (jamnik) doczekało się wreszcie stosownego i celnego amerykańskiego odpowiednika – *Hot-dog*. Zapewne jest to aluzja do rzekomej proweniencji mięsa. Także i dziś sami dwukołowi sprzedawcy rarytasów opowiadali dla ABC, jak klientom nie zdarzało się dojeść nawet do końca kiełbaski, żeby zaraz pędem lecieć do toalety. W corocznym konkursie na szybkość połykania *hot dogów* nie wygrywają już grubasy z Coney Island, a chudzielcy z Japonii (24 w rekordowym czasie), zaś *hot-dog* doczekał się nawet filmu dokumentalnego o nazwie *Footlong*.

Nie. Sądzę, że żadna potrawa na szybko nie równa się chińskiej, nie jest bardziej rozmaita w smaku i nie jest tańsza niż ta, serwowana przez Pana Chunga. (Chung to drugie najpopularniejsze w Ameryce nazwisko azjatyckiej proweniencji). Tu pierwowzorem jest znienawidzona prezenterka telewizyjna Connie Chung, żona prezentera CBS, Mary Povicha. Znienawidzona zaś za słynną wpadkę z sędziwą mamusią spikera Izby Reprezentantów, Newta Gingricha.

Otóż... Connie Chung, wówczas Gwiazda Polarna (bo wskazująca drogę i wyznaczającą kurs telewizji) sieci CBS, prowadziła wywiad *one on one* z mamą Newta Gingricha, spikera Izby, jednego z najważniejszych ludzi w Ameryce, człowieka, o którym mówiło się, że ma szansę kandydować w prezydenckich wyborach. Otóż Connie

Connie Chung - najmłodsza z 10. dzieci chińskiego imigranta politycznego. W CNN zarabiała $2 miliony rocznie. Jej karierę zakończyła babcia Gingricha.

w trakcie programu, mrużąc swe skośnie podmalowane oczęta, zapytała sędziwą, ale krewką mamusię Newta: A co też syn mówi o pani prezydentowej Hilary Clinton? Mamusia, że nie może powiedzieć głośno. Na to Connie: To niech pani wyszepcze. I mamusia Newta w przerażającej ciszy, że słychać było jak obraca się taśma Ampex w Betacamie wyszeptała: *She's a bitch...*(to suka). Sformułowanie, jak i cały incydent, przeszło do annałów Amerykańskiego *qui pro quo*, imię Connie zaś stało się ulubionym imieniem azjatyckich mam, stawiających Connie za wzór dochodzenia do celu za wszelką cenę. Azjatki w biznesie telewizyjnym są zresztą takie jak Hilary w opisie mamy Gingricha. Niezależnie, czy pojadę na Florydę, do Los Angeles, czy Chicago, wszystkie panie reporterki skarżą mi się na swoje skośnookie konkurentki, które nie dają im złapać w płuca powietrza, dyszą w szyję i podkładają, także zresztą skośne, nóżki.

Pogoń za *american dream* w azjatyckim wydaniu oznacza także posiadanie białego chłopca. *Go behind the big river and come back with a white boy* – Idź za wielką rzekę i wróć z białym chłopcem, głosi żartobliwe powiedzenie o nauce, jaką przed wyjściem z domu na Queensie obdarzają ambitne córki chińskie mamusie, kiedy w *the City* – jak się mówi o Nowym Jorku, zaczyna się weekend.

Wiem coś o tym, bo liczba azjatyckich piękności, które biegają po Manhattanie koło 3 nad ranem, kiedy dogasa życie w barach, przypomina obrazki z placu Tiennamen.

Liczba Chinek, które mrużyły do mnie swe skośne oczęta, idzie w ze dwa zera. Trochę było mi ich żal, bo mimo starań i wysiłku nigdy mnie nie brały. Miały z reguły krzywe nogi (złośliwi mówią, że to w wyniku wieków noszenia dzieci na plecach przez pola ryżowe) i oczy, które zamykały się w kreseczki przy każdej próbie konfrontacji. Jedyne, co u nich lubiłem, to piękne, proste, kruczoczarne włosy, które dodawały im *sex appealu*, który powodował, że np. mój kamerzysta przywiązywał je do krzesła. Pamiętam, jak kiedyś pojechał na zdjęcia i o związanej Chince zapomniał. Do czasu, aż zadzwonił telefon z policji. Okazało się, że przywiązana do krzesła, zdesperowana Azjatka, śmignęła obcasem na wskroś pokoju. Pierwszy, 4-calowy *Bergdoff* nie trafił. Wbił się w tekturę ściany i tak pozostał. Dopiero drugi i ostatni cień szansy Connie poleciał, gdzie powinien, wybijając szybę i wywołując alarm.

Całe to zamieszanie w Forcie Lee (z podwójnymi cenami dla białych), od którego zacząłem moją chińską przypowieść, spowodowało, że Ameryka zaczęła zaglądać w skośne oczy nieco uważniej. Kiedy w połowie lat 90. LFO w *Summer Girls* śpiewali: *Chinese Food Makes Me*

Sick... (chińskie żarcie mnie mdli), ludzie rzadziej dziubali w tek- turowych skrzydełkach torebek, przerzucając się na zdrowsze i bardziej wykwintne japońskie *sushi*. Co prawda Chińczycy szybko połapali się, o co chodzi, i wykorzystując nierozeznanie białych w skosach Dalekiego Wschodu, zaczęli udawać Japończyków serwując *ungari*. Jednak moda na chińskie minęła, jak obietnica wygrania miliona w szczęśliwe numery, serwowana w chińskim *cookie* (produkowanym nb. w Texasie) o smaku budowlanej tektury.

Ale mówiłem o moim sąsiedzie Lee. Otóż nie uwierzycie, ale jak mnie zapewnił (a nie mam powodów, żeby mu nie wierzyć), każdy z 19 „spon- sorowanych" przez niego azjatyckich braci spłacił mu ową pożyczkę co do grosza, czyniąc z niego przy okazji dość zamożnego człowieka. Jeśli dodamy do tego fakt, że każdy z 19 ściągniętych w ten sposób do Ziemi Obiecanej Azjatów podjął się po wyjściu na prostą „sponsorowania" 19 kolegów, zrozumiemy, dlaczego w końcu lat 90. ludność miasteczka Fort Lee w stanie New Jersey obudziła się pewnego dnia na przedmieściach Hongkongu.

America Here I Come

200 Florenów

Marzenie

a zachodnim nabrzeżu Manhattanu stoi lotniskowiec Intrepid zamieniony w pływające muzeum. Na lotniskowcu znajdziecie SR 71, czyli słynny Blackbird, samolot, który 1 lipca 1965 roku ustanowił rekord szybkości lotu: 3,331 km na godzinę. Kiedy właściciel lotniskowca Zachary Fisher dał zgodę, żebym usiadł w jego kabinie, czułem się, jakbym wchodził do świątyni.

SR 71 to właściwie RS 71. Litery zamieniły się po tym, jak prezydent Lyndon Johnson, oznajmiając o nim światu w 64 roku, w trakcie przemówienia przypadkiem przestawił litery. Jako że rzecz działa się w czasach, kiedy także w Ameryce przed wizytą polityka w mieście malowano trawniki, producent samolotu, słynne Skunk Works, musiał potem przestawić literki na 29 tysiącach stron projektów. Kiedy skończyli pracę Blackbird SR71 stał się faktem. Kiedy dotykam jego czarnego tytanowego kadłuba trudno jest mi uwierzyć, że ten w trakcie lotu rozciągał się o kilkanaście centymetrów.

Do dziś Blackbird należy do największych osiągnięć technologicznych światowego lotnictwa. Tylko prototyp X15 Lockheed Martin i prom kosmiczny są w stanie konkurować z technologią SR – fakt doceniony w 97. roku, kiedy Blackbird stał się znów częścią czynnych sił USAF.

30 lat temu Blackbird leciał 60 razy szybciej niż najszybszy z samolotów US Air Force i 8 mil wyżej niż właściciel dotychczasowego rekordu, szpiegowski U2. Blackbird leciał trzy razy szybciej niż dźwięk, od Nowego Yorku do Los Angeles w mniej niż godzinę na jednym zbiorniku paliwa.

Słynny Blackbird SR-71. Z Polski do Nowego Jorku w nieco ponad godzinę

Samolot pasażerski potrzebuje dziś godzin sześciu. Gdybym leciał tym do Polski z Nowego Yorku potrzebowałbym nieco ponad godziny.

Jeszcze w 1927 roku Lindbergh pokonał Atlantyk w samolocie, którego silnik ledwie napędziłby dziś snopowiązałkę. Lindbergh leciał nim przez ocean 33 i pół godziny ze średnią prędkością ok. 200 km na godzinę.

Ale w 1756 roku niebo było tajemnicą. Ocean niebezpieczeństwem. Morska podróż do Ameryki zajmowała pół roku. Była droga. Bilet istniał tylko w jedną stronę i kosztował w sumie 200 florenów, czyli ponad 30 funtów.

W Bibliotece amerykańskiego Kongresu natknąłem się kiedyś na listy Gottlieba Mittelbergera, mieszkańca Wurtenbergii, który w 1750 roku przybył do Filadelfii, aby 4 lata później powrócić do Europy. Otóż Gottlieb pisze, że każdy powyżej 10. roku życia musiał zapłacić za podróż z portu w Rotterdamie do Filadelfii 10 funtów (60 florenów). Dzieci od pięciu do 10 lat płaciły połowę. Tak długo, jak długo statek płynął, mieli zapewnione wyżywienie.

Ale to nie wszystko. Aby dotrzeć do portu w Rotterdamie, załóżmy z Mosel nad rzeką Ren, trzeba było zapłacić dodatkowe 40 florenów, czyli ok. 6 funtów. Skromnie licząc, cała podróż do Ameryki kosztowała emigranta ok. 200 florenów. Było to sporo. W owych czasach niemal tyle (25 funtów) kosztował niewolnik. Jak wyliczał jeden z obrońców niewolnictwa, zwykły pracownik przez rok zarabiał u właściciela tyle, ile ten wydałby na dobrego niewolnika. „Zwykły pracownik, biały czy czarny, jeśli cię stać na niego, zarabia 1 sterling dziennie, cieśla 2 sterlingi, nie licząc wydatków drobnych i kosztów noclegu"– wyliczał przedsiębiorca. „W sumie za obiboka noszącego drzewo i wodę wydasz pan 19 funtów rocznie, dodasz 7-8 funtów ekstra i masz niewolnika na całe życie".

Niewolnictwo nie było zatem niczym innym niż formą przywiązania pracownika do właściciela według obowiązujących na rynku stawek pracy. Na tej koncepcji zresztą opierała swoje przekonania grupa obrońców niewolnictwa, wskazując, że nieraz całe grupy ubogich emigrantów z europejskich portów zaciągały się na statek w podróż za ocean, płacąc za przejazd jedyną walutą, jaką dysponowali: własnym czasem w późniejszej służbie u pana.

Każdego dnia, kiedy do portu w Filadelfii zawijał statek z Europy, wchodzili na pokład pykający fajeczki przedsiębiorcy, nieraz przybywający z daleka, aby wśród smrodu niemytych przez miesiące ciał wybierać najzdrowszych, najsilniejszych emigrantów, których nie stać było na bilet.

Reguły gry, jak podaje je Gottlieb Mittelberger w *Podróży do Pensylwanii* z 1756 roku - były twarde:

– Każdy dorosły, kto drogę do Ameryki pokona, a na zapłatę za przeprawę środków nie ma, musi cyrograf podpisać, pracę przez lat trzy, cztery, pięć lub sześć dla swego wykupiciela obiecujący.

– Jeśli mąż lub żona umrze w podróży i jeśli statek przebył więcej niż drogi połowę, ten z rodziny, kto przeżyje, zapłacić musi albo w gotówce, albo w służbie nie tylko za swój przejazd ale i za przejazd zmarłego.

– Jeśli oboje rodzice zmarli w podróży, ich dzieci, zwłaszcza jeśli za przeprawę czym zapłacić nie mają, swój i rodziców bilet odpracować muszą, do czasu aż lat 21 ukończą. Kiedy odpracują bilet swój i rodziców, prawo do nowego ubrania, odrobek zakończywszy, mają i – o ile tak stypulowano – chłopiec konia dziewczyna zaś krowę na odchodne w użytkowanie dostanie.

Często rodzice decydowali się sprzedać dzieci niewolniczej służbie po to, aby te pracą odkupiły wolność. Nie było to jednak takie proste. Jak pisze Gottlieb:

– Dziecko między piątym a rokiem życia dziesiątym nie może przejąć długów rodziców. Samo pracą do 21 roku życia wolność odpracować musi.

– Dopiero dzieci, które skończone 10 lat życia mają, odrabiać długi rodziców mogą.

– Mąż musi przejąć długi żony, jeśli ta przeprawę przeżyje chorowita, tak sześć lat długu swego odpracować musi, by potem żony dług odpracować.

Gottlieb, pisze też o pierwszej myśli, która, mówiąc ówczesnym ozdobnym językiem, dzisiejszemu emigrantowi do łba przychodzi :

„Jeśli zakontraktowany ucieknie od swego pana, dobre prowizje baczenie mają, aby właścicielowi rychło przywrócony został. Jeśli winowajca dzień pracy takoż opuści, jako karę tydzień pracy więcej dodany mu będzie, za opuszczony zaś tydzień: jeden miesiąc więcej, a za każdy miesiąc – pół roku kary dodany mu będzie."

Praca w owych czasach polegała głównie na ścinaniu drzew, obróbce pni. Wycinka była systematyczna, zaś po niej las zamieniano na uprawne pole. Drzewo służyło wszystkiemu: budowie chat, zagród, płotów i ogrodzeń. Słowem, była to twarda robota, w której nie było miejsca na *American Dream.*

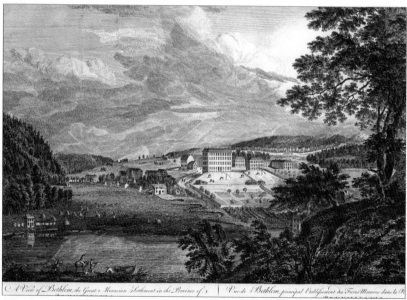

Widok miasta Betlejem w Pensylwanii założonego przez Braci Morawian, imigrantów z Czech i polskiego Leszna. Rok 1761

Podroz do Pennsylvanii 1750.
Gottlieb Mittelberger

Statki plynac musza 8,9, 10 do 12 tygodni zanim siegna Filadelphii. Ale nawet z najlepszymi wiatrami podroz trwa tygodni siedem. W trakcie podrozy okropne nieszczescie jest na tych statkach, smrod, odor, horror, wymioty, rozne rodzaje morskiej choroby, goraczki, bole glowy, gorac i inne od starej i mocno solonej zywnosci i miesa pochodzace i starej i smierdzacej wody, tak ze wielu umiera nedznie.

Wsrod zdrowych, niecierpliwosc urasta nieraz tak wielka i okrutna, ze jeden przeklina drugiego albo siebie i dzien swych urodzin czasem niemal do zabicia nawzajem sie zblizajac. Nedza i zlo chodza czesto w parze, takze oszukuja i rabuja sie nawzajem. Zawsze ktos ma pretensje do drugiego ze na podroz go namowil. Czesto dzieci na rodzicow glos podnosza, mezowie na zony i zony na mezow, bracia na siostry, a najczesciej na handlarzy dusz. Wielu rozpacza i lamentuje: Gdybym mogl byc wnowu w domu, chocbym mial spac ze swiniami. Albo mowia: Ach Boze, gdybym tylko kawalek chleba mial albo i swiezej kropli wode. Wielu ludzi kwili, wzdycha i placze zalosnie za swymi domami. Wiele setek ludzi od tego umiera i ginie w takim nieszczesciu i w morzu chowani byc musza, co doprowadza ich rodziny albo tych, co do podrozy ich naklonili, do takiej rozpaczy ze jestprawie niemozliwym ich ukoic. W jednym slowie, wzdychania, placze, lamenty roznorakie na pokladzie statku noc i dzien trwaja. Takze i najtrwardsze serca nawet krwawia kiedy rzeczy te slysza.

Wolnosc w Pennsylvanii tak daleko siega, ze kazdy jest wolnym od wszelakiego podatkowania i przeszkadzania jego wlasnosci, biznesu, domu, i majatku. Za 100 akrow ziemi, podatek nie wiekszy nizli szyling angielski jest placony, gruntowym podatkiem tu zwany.

Kraina byla nadana przez Krola Anglii kwakrowi zacnemu imieniem Penn, od ktorego ziemia Pennsylvania sie wywodzi. Do dzis nawet sa mlodzi panicze zwani von Penn, ktorzy szaliz, tam nie zyja, a w Londynie. W Starej Anglii. Roku Panskiego 1754, mlody Lord Penn przybyl w te ziemie. Odnowil wszystkie dawne wolnosci podpisem swoim potwierdzil i Indianom i dzikusom byl przedstawil.

JAK POZNAĆ *Elizabeth Taylor*

I CZEGO W TAKICH PRZYPADKACH NIE ROBIC...

lizabeth Taylor poznałem na parkingu samochodowym na 57. Ulicy na Manhattanie. Wracałem z nagrania z Prezydentem Kwaśniewskim i biegłem po odbiór auta, kiedy nieomal nie wpadłem na Liz, ścigając się z nią do okienka. Ona była tam pierwsza i w marszu zmierzyła mnie od stóp do głów z tym swoim lekko ironicznym uśmieszkiem nie pozostawiającym wątpliwości, *who is who and what is what*, kto jest kto i co jest co, ale było mi przyjemnie i ciepło, kiedy tak mnie zaocznie przeleciała.

Stałem za nią przed okienkiem po auto i zastanawiałem się, czy to jest w istocie Oryginał, czy też Podróbka. Wyglądała rewelacyjnie w zielonym kombinezonie i bez wielkiego makijażu, w jakim zwykle pojawiała się na różnych galach, i wyglądała tak, że mógłbym w ciemno być jej "Numerem Dziewięć". Miała ładny profil, piękne oczy, kruczoczarne włosy i wszystko, co Elizabeth Taylor mieć powinna i jej nagłe objawienie się przede mną w letnie nowojorskie popołudnie na krzykliwym Manhattanie, snującym swoją codzienną opowieść, było jakby wyjęte z filmu czy bajki i chciałem, żeby tak było. Nie było wokół nas żywego ducha i mógłbym być przez chwilę Humphreyem Bogartem w scenie z *Casablanki*. Ja wiem? Zapalić papierosa, spojrzeć na nią przeciągle i powiedzieć nisko: – *Hey baby...* Ale papierosów nie miałem, a ona na mnie nie patrzyła, to znaczy patrzyła i nie patrzyła, jak to kobiety robią czasami, miała uśmiech zastygnięty w kącikach ust i wiem, że to był uśmiech dla mnie, bo nie było, kurwa, nikogo dokoła. Kiedy tak stała, zastanawiałem się, co powiedzieć, i ze wszystkich możliwych wariantów, które przemknęły mi przez mój głupi łeb, wybrałem najgorszy.

– *You look like Joan Collins.* Pani wygląda jak Joan Collins – wypaliłem. Prawdę mówiąc, liczyłem na to, że to Joan. Byłoby to mniej nieprawdopodobne niż spotkanie Liz Taylor. Sęk w tym, że one się nie lubią. I tu byłem pogrzebion.

– *I am not Joan Collins.* Nie jestem Joan Collins – odparła Liz bez straty uśmiechu i tempa, spoglądając ciągle przed siebie.

Przełknąłem ślinę. *Il cretino* – myślę sobie. Jesteś totalny *il cretino!* W międzyczasie gość od samochodów się pojawił i Liz z wdziękiem otworzyła swój notesik, taki babski notesik w bordową skórę upstrzony adresami i kontaktami, o których marzyłby zapewne niejeden hollywoodzki *wannabie.* Liz wyjęła z nich zbiór pocztowych znaczków. Każdy miał cenę i jej podobiznę i wart był pewnie tyle, ile całe moje auto. Myślę sobie, że na pewno na nim jest napisane, kim jest ta tajemnicza postać, która nie jest Joan Collins, a jest za młoda i za piękna (uff), żeby być Liz Taylor.

– *Can I get one too?* (Czy ja też mogę prosić o jeden?) – zapytałem przez jej ramię i Liz z wdziękiem i uprzejmym „proszę bardzo" wręczyła mi swój znaczek. Podetknąłem go zaraz do oczu jak ślepiec, ale nigdzie nie dojrzałem objawienia, kim jest Miss Zjawa.

Liz, myślę teraz, doskonale czytała w moich rozterkach i bawiła się dobrze. Trochę z przekory , trochę z litości wyjęła folderek fotografii.

– To jest Larry (Larry Fortensky – jej ówczesny mąż numer 8), a to nasi kochani, kudłaci siostrzeńcy...

Liz Taylor, jedna z największych legend Hollywoodu, kobieta, której piękność niegdyś uważano za nieporównywalną z żadną z żyjących na ziemi kobiet, stała tu przede mną z albumem fotografii w dłoni, w garażu pod jej wieżowcem i cieszyła się jak dziecko z moich oh! i aha! I pomyślałem sobie, że musi być strasznie samotna z tą swoją sławą i twarzą zatrzymującą uliczny ruch, kiedy tak wyciąga te swoje skarby z torby przed odpalantowanym gówniarzem udającym Włocha z filmu Casablanca, który mógłby być jej synem.

Podjechał Mercedes z lat 70. Nie zobaczyłem jej już nigdy więcej.

Znaczek, który dostałem od Liz Taylor

W Parku Sekwoja
w Californii -
Mówię Jak Jest
przekroczyło 400 000
subskrybentów

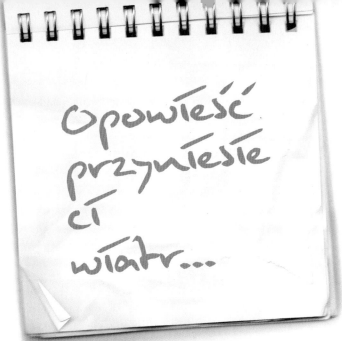

Opowieść przyniesie ci wiatr...

est już marcowe południe. Słońce plącze się między konarami. Zwalnia swój bieg. Zawiązuje się supłami na pąkach 300-letniego dębu stojącego przed wejściem do Hotelu Greenbrier. Opieram się o jego pień, dotykam zmarszczek kory. „Stary jesteś, mój przyjacielu" - mówię mu, choć wiem, że przeżyje i mnie. Siedzę i spoglądam w górę, widzę jak opiera się o szafirowe niebo Virginii...

"Patrząc na stare drzewa, dziwić się można tylko, że się nie dziwimy"- powiedział filozof i poeta Ralph Woldo Emmerson. Niepostrzeżenie przerastają nasze domy, którym miały dodać cienia, przerastają tych, którzy ich doglądali, potem patrzą z wysoka, jak umieramy, aby dla kolejnych pokoleń po prostu być. Tych, które istnieją, jest kilkaset.

W 1785 roku George Washington przed swoim domem w Mount Vernon zasadził własną ręką pewną odmianę topoli. Stoi do dzisiaj. Jest tak wysoka, że trzeba ją sztucznie zapylać, bo pszczoły nie dolatują aż tak wysoko. W 1806 roku Zdobywcy Ameryki, podróżnicy Lewis i Clark, z jednej ze swych podróży przywieźli niewielkie sadzonki, z których jedna wyrosła na gigantyczne drzewo pomarańczowe, które rośnie przed domem Głosu Amerykańskiej Rewolucji, jak się go określa, Patricka Henry'ego, będąc dziś jednym z najstarszych drzew w Ameryce. Kiedy będziesz na Florydzie, zawitaj koniecznie do Pierson, gdzie rozpościera ramiona potężny kilkusetletni dąb.

Misjonarz John Chapman, zwany Appleseed, na początku XVIII wieku zasiał w Ameryce tysiące jabłoni. Tylko jedna z nich wszystkich stoi do

Jedno z ostatnich rosnących do dziś Drzew Telegraficznych, wykorzystywane w czasie wojny secesyjnej do wieszania drutów telegraficznych. Rośnie przy drodze 64E między Fort Smith i Little Rock w Arkansas

dzisiaj na farmie w Ohio.

Drzewo jaworu przy moście Burnside Bridge nad rzeką Antietam Creek w Maryland ma do dziś ślady krwawej bitwy z 1862 roku, w której zginęło 23 tys. ludzi. Jest stary jesion, który rośnie przed domem pisarki Hariet Beecher Stowe – abolicjonistki i autorki *Chaty Wuja Toma*.

Postrach Dzikiego Zachodu, szeryf Dodge City Wyatt Earp, dawno nie żyje, ale drzewo, pod którym się urodził, czarny orzech, tak... W Massachusetts ciągle istnieje Złoty Staw (Golden Pond) i klony, w cieniu których Henry David Therou pisał swe traktaty. Choć nie ma już króla Rockendrola – jest płodne drzewo z Graceland w Tennessee. Amerykańskim Dębem Rogalińskim jest ponad 30-metrowy „Jawor Lafayette'a", jak się określa drzewo królujące nad polem historycznej bitwy o niepodległość Stanów Zjednoczonych w Parku Brandywine w Chadds Ford w Pensylwanii. Drzewo miało już 168 lat, kiedy chroniło w swym cieniu żołnierzy Waszyngtona i Lafayette'a podczas bitwy pod Brandywine w 1777 roku. To o ten właśnie pień, liczący dziś prawie sześć metrów średnicy, opierał się ranny markiz Lafayette.

Kiedy 3 lipca 1863 roku w trzecim i ostatnim dniu największego konfliktu Wojny Secesyjnej, bitwie pod Gettysburgiem, opadł nieco dym, na pole bitwy wyszło 11 tysięcy konfederatów. Mieli do pokonania jedną milę szczerego pola dzielącego ich od zwycięstwa. Z niewielkiej kępy drzew odezwały się nagle strzały: 7 tysięcy żołnierzy unijnych zebranych wokół tych drzew otworzyło ogień, zmuszając wojska do ucieczki. Ta kępa to dziś grupa wspaniałych dębów, dumnie rosnąca wzdłuż Wzgórza Cmentarnego w Parku Wojskowym Gettysburga.

Dziś sporo z tych historycznych drzew może szumieć nad Twoją głową za sprawą Amerykańskiej Organizacji ds. Leśnictwa. Otóż instytucja ta wpadła na świetny pomysł sprzedawania sadzonek otrzymywanych ze sztucznego zapylania owych historycznych gigantów, włączając Księżycowy Jawor, który rośnie na trawniku Uniwersytetu Stanowego w Missisipi – wyrósł z nasionka zabranego w podróż w kosmos na pokładzie Apollo 14.

Resztę opowiem ci jutro, jestem zmęczony... – mówią liście dębu. Wstaję, zgadzam się, choć wiem, że jutro mnie tu już nie będzie. Drzewa kiwają na pożegnanie głowami, kiedy odchodzę, zostawiając zapisaną w zmarszczkach kory historię tej ziemi.

Będzie się ciągnąć jutro i pojutrze – myślę, zostawiając w tylnym lusterku samochodu Hotel Greenbrier i jego tajemnice. Po Hitlerze, po Stalinie czy Chruszczowie, który miał nas wszystkich zrównać z ziemią, po Bin Ladenie i po terrorystach al-Kaidy. Po mnie. A pewnie i po was.

Przy jednym z największych drzew na ziemi – General Sherman Tree w Parku Sekwoja w Californii. 2011 r.

POLSKI SYNDROM

YOU DONT DO THAT !

Polski
Syndrom -
raz
jeszcze

ierwszą rzeczą, którą słyszałem od nowojorskich tubylców po przyjeździe, było: naucz się myśleć po amerykańsku. Prawdę mówiąc, nie wiedziałem, o co im chodzi. Początkowo myślałem, że znaczy to, iż powinienem formułować moje myśli w języku obcym. Tę zdolność przyswoiłem sobie niezauważalnie gdzieś między czwartym a piątym rokiem pobytu. Potem zauważyłem, że teorią tą posługiwano się, ilekroć szef nie dawał mi zapłaty albo coś z niej zabierał.

Dopiero po latach zrozumiałem, że ludzie ci starali się ująć bardzo interesujące, acz ulotne zjawisko, które nazwałem później Polskim Syndromem. Określam go jako zespół właściwych Polakom cech, które powodują, że jako narodowość nie możemy się dopasować do amerykańskiej rzeczywistości. Co za tym idzie, jako grupa etniczna w Ameryce mamy niewiele do powiedzenia, jako jednostki zaś nie odnosimy tam spektatularnych sukcesów właściwych przedstawicielom innych narodowości.

Syndrom Pierwszy - Brak umiejętności small talk.

Amerykanie specjalizują się w uprawianiu tzw. towarzyskiego *small talk*, często przez Polaków krytykowanego jako rozmowy o niczym. Jak się masz? Dobrze, a ty? Albo: Co tam słychać? Jak leci? Albo: Hej, co się dzieje? (*How you doing? What's up, What's happening?*)

Otóż te proste Sformułowania Zaczepne spełniają w amerykańskiej kulturze kolosalną rolę komunikacyjną, są zaś niestety zupełnie nieznane i niepraktykowane w kulturach postkomunistycznych, gdzie drugi człowiek, jak i komunikowanie, z reguły do czegoś służy.

Pamiętam, że kiedy po kilku latach mojego pobytu przyjechał do mnie w odwiedziny kolega, zagadałem do niego: "Jak się masz?" On na to: "A wiesz, trochę mnie głowa boli, nie spałem za dobrze, a potem zadzwoniła żona i jak się obróciłem po telefon, wylał mi się na nogę garnek wrzącej wody więc kiedy przyjechało pogotowie potknąłem się o sznur od żelazka i zwichnąłem stopę..."

Odpowiedź Amerykanina brzmiałaby: "Dziekuję, dobrze!"

Nie dlatego, że tak jest w istocie, ale z prostego założenia, że nikogo nie interesują twoje kłopoty, bóle zaś mogą np. wskazywać, że nie nadajesz się do pracy, masz niestabilną sytuację w domu i w dodatku jesteś fajtłapą, co kosztować będzie twego pracodawcę kupę szmalu w opłatach na wydatki medyczne.

Odpowiedź nie oznacza jednak, że dialog się kończy bądź że toczy się o pogodzie. Oto bowiem w zależności od intonacji, pytania, uśmiechu, spojrzenia rozmówcy możesz, a raczej powinieneś, zadać Pytanie Kontrzaczepne, na przykład:

– Skąd wracasz, taki opalony?

Interlokutor może, ale nie musi odpowiedzieć, bo pytanie jest dość osobiste. Jeżeli odpowie, odwzajemnisz mu się zdradzeniem z kolei swojego „sekretu", na przykład:

– Ja też jeżdżę *upstate* (w górę stanu - to znaczy zwykle na jakiś kawałek rekreacyjnej działki) z moją żoną (to dobrze czasem podać, żeby nie myślał, że go interesujesz homoseksualnie, chyba że tak jest w istocie).

On na to może powiedzieć:

– A gdzie to macie (tę ziemię znaczy się)? Bo moja leży nad Hudson River...

– W Havestraw. Znasz tę restaurację na rogu Pratt i Webster...?

I tak pomału, bez zbytniej wścibskości posuwacie dialog do przodu, zawiązując nić niezobowiązującej przyjaźni , którą zaraz może przerwać otwarcie się drzwi do windy. Za to następnym razem, kiedy na siebie wpadniecie (a świat jest, oj, mały), może się okazać, że jesteście już prawie dobrymi przyjaciółmi, a to w dzisiejszym świecie znaczy bardzo wiele.

Otóż wydaje mi się, że ten schemat komunikacyjny jest dla nas, Polaków, odległy. Pamiętam, że kiedy po 11 latach w Ameryce wybrałem się z siostrą Dorotką na spacer po Warszawie, ta złapała mnie w pewnym momencie za rękę:

– Mały, nie mów, proszę, jak wejdziemy do sklepu, Hej, co u pani słychać, bo wszyscy się na nas gapią jak na wariatów.

Po namyśle przyznać musiałem, że rzeczywiście, miała rację. Pytam więc:

– A co mam w takim razie mówić?

– Mów: Dzień dobry!

Idziemy więc po Placu Zamkowym. Patrzę, a tu po chodniku zasuwa ksiądz. Mówię mu:

– Dzień dobry!

Dorotka daje mi kuksańca:

– Teraz mówi się: Niech będzie pochwalony...

W kraju zawsze doskwierała mi polska hucpa, jakieś takie chciejstwo, którego nie potrafiłem nazwać. Kiedy zderzyłem się z Ameryką zrozumiałem, że można obalić komunizm, wejść do Europy, kupić sobie lodówkę i Mercedesa, i pozostać w średniowiecznym małomiasteczkowym pieprzniku, gdzie każdy Odmieniec budzi emocje i zlot gapiów na miarę podróżnika przybywającego do Macondo.

Jeśli tu się oburzyłeś to znaczy, że podlegasz pod drugą kategorię Polskiego Syndromu:

Syndrom Drugi – (Narodowa) Duma – Etnocentryzm.

To jest cecha paskudna i z dumą patriotyczną nie ma nic wspólnego. Pewnie przez grzeczność nikt nam tego od razu nie powie, ale w Ameryce – czy tego chcemy czy nie – Polska kojarzy się z Czterema Znakami Głównymi: Papieżem, Wałęsą, Kiełbasą i Kawałami o Czterech Polakach Wkręcających Żarówkę. Wielu Amerykanów nie wie nawet, gdzie leży Polska. Można by na głupich Amerykanów machnąć ręką, gdyby nie fakt, że ci doskonale wiedzą, gdzie leży np. Rosja i Czechy.

Otóż my, Polacy, mamy w sobie zakorzenione pojęcie mesjanizmu, Dziejowej Misji, odziedziczone po spuściźnie literackiej i historycznej. Podobne zresztą przesłanie niesie sobą Ameryka, Nowy Świat, ale interpretuje je zgoła inaczej.

Przykładem Syndromu Drugiego była skala zamieszania, z jakim wysyłano narodową jedenastkę Polski na Mistrzostwa Świata w Korei. Był hymn, zagrzewająca do boju pieśń, której nie powstydziłby się Stalin, było błogosławieństwo prezydenta i Kościoła. Koszulki, co z dumą podkreślano, mające oryginalne polskie literki, a nie jakieś tam spolszczone nazwiska. Chłopaki jechali do Korei po narodowy tryumf

Nowomilenijnej Polski, choć w sumie chodziło tylko o rozgrywane co cztery lata zawody sportowe. Ale Naród domagał się zwycięstw. W ruch poszły ikony: biało-czerwone flagi i Orły. Łopocące sztandary zwycięstwa i rozwiane grzywy walecznych do ostatka dzielnych Naszych Chłopaków. Ci ostatni tak się przejęli, że zdjął ich strach i grali jak potłuczeni przegrywając wszystko z kretesem.

Często koledzy z redakcji TVP prosili mnie, żebym im zrobił relację o tym, co mówi się w Ameryce na temat np. ostatnich strajków w Polsce. Pamiętam, że spędzałem całe godziny szukając po sieciach kablowych informacji na ten temat, aż w końcu machnąłem ręką. – Nikogo to tu nie obchodzi – powiedziałem i poszedłem spać. Sęk w tym, że ktoś inny znalazł informację w jakimś lokalnym dzienniku związkowym i ta, powtórzona potem przez polskie publikatory utwierdzała naród polski w przekonaniu, że Ameryka i świat żyje ich problemami.

Owszem, tak było kiedyś. Peter Jennings (nieżyjący już prowadzący główne wydanie dziennika ABC), nb. bardzo liberalny w poglądach dziennikarz, przywitał się kiedyś ze mną, ku mojemu zaskoczeniu po polsku. Okazało się, że był korespondentem w Polsce w czasach, gdy wprowadzono Stan Wojenny i polska tematyka szła w czołówce każdego niemal dziennika na świecie. Kilka lat później zainteresowanie spadło, o dokonaniach polskiej Solidarności w obaleniu komunizmu zapomniano, jak o kwiatach danych w szczycie zauroczenia. Wałęsa, Papież to były i są polskie ikony w Ameryce. Ale świat zajął się Rosją i Bin Ladenem, Chinami i światową ekonomią. Polska, kraj demokratyczny wychodzący na prostą przestał fascynować, jako romantyczny Janek z barykady strzelający z procy do czołgów.

Czas Polski do odegrania historycznej, przełomowej w dziejach tego świata roli minął i to zresztą z pożytkiem. Historia doceni Polskę i Polaków. Sobieskiego i Jagiełłę, Wałęsę i Solidarność, Polski Kościół i Papieża. Dzisiejsza Polska jest już tylko jednym z szeregu tancerzy pląsających po międzynarodowym parkiecie narodów i nikt nie zwraca już uwagi na nasze świeżo odrestaurowane trzewiczki i eleganckie wyszprycowane, brzęczące szabelki. Sama duma historyczna nie wystarczy. Teraz imponuje się dobrobytem, technologią, uzbrojeniem i kulturą obycia i rozwinięcia społeczeństwa. W żadnej z tych dziedzin nie jesteśmy mocni. Raport Międzynarodowego Banku Światowego z 2002 roku sytuował Polskę wśród krajów atakujących wtedy drzwi do Unii Europejskiej na samym końcu kandydackiego ogona, obok Turcji.

Kiedy po 11 latach w Ameryce przyjechałem do Warszawy i poszedłem z siostrą, Dorotką na spacer, bądź kiedy w geście radości po otrzymaniu

Wiktora dla Najlepszego Dziennikarza Roku zbiegłem ze sceny do najważniejszej rangą na sali kobiety – prezydentowej Kwaśniewskiej i wręczyłem jej kwiaty, obrywając potem w prasie i dostając dziesiątki pytań „co chciałem sobie tą drogą załatwić", zrozumiałem, że Greenpoint i Warszawa nie różnią się w mentalności mieszkających tam ludzi niczym. Są to struktury zatrzymane w czasie, mentalne *freeze frames*, stop klatki. Zrozumiałem też, że trochę z tego powodu nigdy nie zbrataem się z amerykańską Polonią, nie chadzałem na piwo z rodakami z emigracji, skądinąd bardzo miłymi nieraz ludźmi. I zrozumiałem też, dlaczego dostaję ścisku żołądka, ilekroć jechać mam do Polski i dlaczego właściwie nie byłem w tym kraju 11 lat z rzędu.

Jak łososia pędzącego w górę Clear River, instynkt przetrwania pchał mnie i mi podobnych z nurtem czasów. Wolałem łapać pociąg, który odjeżdża ze stacji w nieznane i jechać, nawet wisząc na stopniach, niż siedzieć wygodnie w wagonie ale za to stojąc na stale tym samym peronie. Dla ludzi takich jak ja, zastała i skłócona polska emigracja nie stworzyła alternatywy, grupy odniesienia, z którą ja i mnie podobni „intelektualno-technokratyczni emigranci" mogliby się identyfikować. Polonia serwuje nam stale dancing w niedzielę i wystawę prac jakiegoś polskiego artysty, połączoną z zagrychą. W efekcie młodzi emigranci, którzy odnoszą sukces, tracą korzenie, wchłania ich Ameryka, mają amerykańskie żony i dzieci mówiące *What's up* na dzień dobry.

Ktoś pytał mnie, jak to można zmienić.

– Niestety, tego zmienić się nie da – mówię i tej prostej konstatacji my, Polacy, również nie rozumiemy. Polak nie rozumie słowa Nie. Na „Nie" Polak pyta zaraz: Dlaczego?

– Musi być na to jakiś sposób – usłyszałem w odpowiedzi.

– Sposób, owszem, jest – odpowiadam – Wymarcie pokoleniowe pewnego Szczególnego Typu Człowieka stworzonego przez lata komunizmu: Homo Sovietikusa.

Syndrom Trzeci – Homo Sovietikus.

John F. Kennedy w jednym ze swoich najsłynniejszych przemówień powiedział: „Nie pytaj, co twój Kraj może zrobić dla ciebie, ale co ty możesz zrobić dla swojego Kraju."

W Ameryce ten świetny cytat zamieniłem w mojej firmie na „Nie pytaj, co Firma może zrobić dla ciebie, ale co ty możesz zrobić dla Firmy". Zauważyłem bowiem, że ludzie przychodzą do pracy u mnie po czek, a nie po to, żebym ja zarobił na ich pracy i oddał z tego zarobku należną im działkę. Jest to założenie, w którym Amerykańskie Myślenie widoczne jest najjaskrawiej, a różnice stanowisk – najbardziej widoczne. Jest to stan odziedziczony po latach polskiego komunizmu – najgorszego eksportu Rosji, kraju pięknego i fascynującego, ciągnącego się przez pół globusa, o interesującej historii.

Cecha Pierwsza- Negacja Sukcesu.

Kiedyś poszedłem na randkę z fajną Niemką. Miała na imię Krista i wyglądała jak rozwinięta fizycznie wersja Nicole Kidman. Podobała mi się i zaprosiłem ją na obiad. Tak się złożyło, że miałem przy sobie akurat egzemplarz „Cosmopolitan" ze mną na okładce. Kelnerka, która nas obsługiwała, była Polką i znałem ją dobrze. Bez zastanowienia wyciągnąłem pismo i podałem do poczytania. Mówiąc krótko: pochwaliłem się. Ona zaś ucieszyła się niezmiernie. Była w Ameryce już 10 rok. Niemka natomiast, była raptem tym gestem bardzo zdegustowana

– *You don't do that*. Tego się nie robi – powiedziała z niesmakiem.

Zapytałem ją, niby dlaczego tego się nie robi, i nie miała tu sensownej odpowiedzi. Nie robi się i już. Człowiek nie chwali się. Nie wypada mu. Jest to człowieka niegodne. Sukces prędzej czy później ocenia się sam. Albo w ogóle oceny takiej nie potrzebuje. Wystarczy, że jest. W świadomości twórcy. Albo coś takiego.

Nie rozumiałem tylko, jak Niemka, przedstawicielka kraju w końcu cywilizowanego, może tak ekstremalnie operować socjalistycznymi pojęciami.

– A z których Niemiec ty jesteś, wschodnich, czy zachodnich? – zapytałem podstępnie.

– Wschodnich – odparła Krista i świat uporządkował mi się, jak powinien.

Pamiętam, że kiedy na studiach byłem dziennikarzem Trójki – przygotowywałem samodzielną audycję do bloku na Święto Zmarłych. Potem powszechnie na korytarzu realizatorzy mówili, że z całego bloku był to materiał najlepszy. Nie ukazał się jednak w całości. Wycięto z niego moje nazwisko. Zapytałem potem „oprawcę" (w rzeczy samej), dlaczego ów rzecz skrócił. Odparł, że materiał był za długi i coś musiał wyciąć. Wyciął więc moje nazwisko, bo uznał, że jest za długie.

Koledzy z telewizji niezmiennie wycinali z końca moich telefonicznych korespondencji moje nazwisko, a ja niezmiennie nagrywałem ten tak naturalny i nieodzowny w amerykańskim dziennikarstwie *signoff*

– sygnowane zakończenie telefonicznej relacji: Z Nowego Jorku– MMK. Polskie dziennikarstwo ma tendencję do anonimowości. Programu nie wypełniają osobowości, a obrazkowe kolaże. „Lecenie ryjem" jest ciągle przywilejem niewielu starych wyjadaczy. Tematu nie sygnuje ani twarz, ani często nazwisko, za to niektóre tematy są wytworem kolektywnym, czasem dwóch twórców i dwóch kamerzystów wymienionych drobnym maczkiem w podpisach (tzw. *supers* albo *lower thirds* – od miejsca, gdzie się te napisy umieszcza).

Otóż myślę, że u nas w Polsce, na ogół, nie uznaje się pojęcia sukcesu i afirmacji jednostki. Sukces – jeżeli przychodzi – jest albo kolektywny albo anonimowy. Albo też, jak wskazuje przykład powyżej, jest niewarty wzmianki, pomija się go i omija jak niewygodną i niepotrzebną dziurę w jezdni. W Polsce sukces ma wpisane w siebie pojęcie bólu jako nagrody: przychodzi, ale po latach wyrzeczeń – ideologia, którą usiłował Polakom ze zrozumiałych względów zaszczepić komunizm bazując na szanowanych społecznie kanonach: jak wskazywał etymologicznie Norwid, zarówno sukces, jak i piękno (p-jęk-no) rodzi się po-jęku, po pracy i cierpieniu.

W Ameryce sukces jest tematem dnia. Na sukces jednostki składa się praca wielu. Bohater jest poklepywany przez wszystkich, nawet wrogów, bo jeśli jemu się udało, oznacza to, że tobie uda się też. Promocji kultury sukcesu służą rozmaite konkursy, nominacje i nagrody, uroczystości, których styl i organizację Amerykanie opanowali do perfekcji, a gdzie chodzenie po krzesłach (Roberto Benini po otrzymaniu Oskara za *La Vie Est Bella*) czy jednoręczne pompki na scenie (72-letni Jack Pallance na uroczystości rozdania Oskarów) należą do kultowego savoir vivre'u z utęsknieniem oczekiwanego przez wyrozumiałą i żądną igrzysk, publiczność.

Otóż polska publiczność zwykle nie oczekuje po takich imprezach fajerwerków, uwielbia natomiast potknięcia i wpadki. Przypomina mi trochę takich dwóch mupetów na balkonie, którzy stale się chichrają, kiedy w dole ktoś coś spieprzy. Podobnie występy telewizyjnych dziennikarzy są traktowane jak popisy gladiatorów w rzymskim Koloseum, gdzie po programie każdy, od sprzątaczki po najtęższe głowy intelektualistów nie omieszkuje dodać coś od siebie, co powoduje, że w polskich domach, po dziennikach, kciuki fruną w górę lub w dół.

Telewizja jest w Ameryce takim samym zjawiskiem jak uliczny ruch. Wręcz niemożliwe jest do wyobrażenia, że ktoś miałby czas i ochotę stać na moście i trącać się łokciami komentując do drugiego; Ty, patrz: beemka zajechała drogę... i tu pokazać beemce środkowy palec.

Sukces w Ameryce to także dobre ubieranie się i dobry wygląd. Są tu całe biznesy uczące sztuki ubierania się Po Sukces. Kiedyś koledzy z NBC zrobili pewien interesujący eksperyment. Polecili producentkom, aby złożyły swoje podania o pracę. Jedna z nich miała świetne resume, ale za to jakieś 10 kilo za dużo. Druga miała mierne resume, ale wyglądała tak, że kiedy siadła i skrzyżowała nogi, drzwi do tej firmy się nie zamykały. Jak myślicie, która z nich dostała pracę?

Cecha Druga – Dydaktyzm.

W Belkowie zepsuł się ciągnik. Temat zaangażowany przedstawia reporter jednej z polskich stacji telewizyjnych. Na koniec gra *standupper* (czyli pojawia się twarz gościa z mikrofonem w garści) i mówi: „PGR pozbył się ciągnika. A szkoda, bo ciągnik mógłby jeszcze trochę pojeździć. Ciekawe, czy wszyscy radni w Belkowie głosowali za? Bo jeśli tak, nie powinni piastować tak odpowiedzialnych funkcji. Z Belkowa Taki i Taki."

Otóż nie wiedzieć czemu, wielu dziennikarzy w Polsce uważa się w obowiązku wygłoszenia na koniec swojego materiału „Czegoś Mądrego" jakiejś maksymy, kilku „przełomowych" słów, jakiejś takiej mądrości od której zależeć będzie przyszłość świata. Mądrość ta najczęściej obraca się wokół sformułowania „a szkoda, bo", konstrukcji, która wyrażać ma nacechowaną paternalizmem troskę o ład tego świata. Faktu zburzenia tego ładu telewidz najwyraźniej nie jest w stanie sam pojąć.

Kiedyś jedna z moich przyjaciółek przybyłych do Nowego Jorku z Polski przez pięć minut uczyła Murzyna – motorniczego podziemnej kolejki nowojorskiego metra – jak się poprawnie wymawia nazwę stacji metra Kościuszko. Murzyn się plątał, Kolsciasko mówił niezmiennie.

– Ko- ściu... – perorowała koleżanka tracąc czas mój, swój, Murzyna i z pół tysiąca ludzi w metrze, którzy stali, czekając, aż zaatakowany przez Polkę zdziwiony motorniczy-Murzyn zamknie buzię i drzwi.

Kiedy przychodziłem do różnych szefów w warszawskich redakcjach z propozycją stworzenia czegoś Nowego, otrzymywałem cios prosty: I co z tego pomysłu ma wynikać? Był to strzał perfidny i wyjątkowo celny. Kiedy pyta się artystę, po co tworzy, ów staje przed materią, której nie rozumie i nie potrafi intelektualnie ogarnąć. Jest jak tancerz baletu, którego zepchnięto na parkiet lokalnej dyskoteki. Pamiętam, że tą drogą skutecznie pozbywano się niewygodnych, ambitnych Młodych, których pomysły zagrażały zawodowemu establishmentowi.

Potrzeba Służenia Czemuś jest m.in. dziedzictwem kulturowym socrealizmu. Do Czegoś służy również rozmowa z obcym. Do Czegoś służy drugi Człowiek, którego jeśli poznamy, natychmiast chcemy coś sobie załatwić.

Cecha Trzecia – Hucpa.

Hucpa jest tu umiejętnością podporządkowania sobie otoczenia dla potrzeb realizacji swojego. Jak każda umiejętność, ma swoje pozytywne strony i może być twórcza. Dzieci „mają hucpę", kiedy w piaskownicy zabierają zabawki innym dzieciom, mimo że mają swoje. Hucpę prezentuje sąsiadka, która ściąga podwyższone komorne od inwalidy, bo wie, że ten nie ma gdzie mieszkać.

Hucpa często używana jest wymiennie z zachłannością, ta pierwsza jednak ma znacznie bardziej ciężkie, rasistowskie (antyżydowskie) zabarwienie i takąż genezę.

Cecha Czwarta – Stadność i wynikający z niej Sangwinizm.

My Polacy, dobrze się czujemy w grupie. Wtedy najłatwiej nam wszystko „wychodzi." Polak stadny czuje się bezpieczny, bo anonimowy. Polak stadny jest w stanie podbić świat albo przynajmniej tak mu się wydaje.

Myślę, że ten element jest odpowiedzialny najbardziej za to, że Polacy w Ameryce, a być może i w kraju, sukcesu w sensie, w jakim ten termin powszechnie znamy, nie odnoszą. Tak, jakby wejście w biznes, czy targnięcie się na jakieś przedsięwzięcie było łatwiejsze w warunkach wynikającej z kolektywizmu, rozmytej odpowiedzialności. Robienie biznesu w pojedynkę jest trudne – nie ma się z kim podzielić wątpliwościami, zaś snucie kolegialnych planów naraża cię na przecieki idei do konkurencji. Zawsze mówiłem, że najgorsza jest w biznesie samotność.

Kiedy przygotowywałem program dokumentalny dla jednej z amerykańskich stacji, przyjąłem do pracy wielu producentów, zresztą nie tylko polskich. Byli fantastyczni, pełni zapału. Niestety na tym się kończyło. Polacy w dodatku najlepsi byli, jak sobie nieco wypili. Wtedy wszystko było łatwe i proste, scenariusze do Hollywoodu pisały się same, drzwi do Sukcesu otwierały się bez najmniejszego oporu. Dopiero potem, kiedy otrzeźwieli i trzeba było zabrać się do codziennej, żmudnej pracy, na jakiej każdy biznes polega, okazywało się, że tracili ochotę. Mówili: A właściwie to co to za pieniądze? Albo: zrobię to jutro. Obiecuję. Pojutrze gonili już następny Sen.

Prostym testem na Cechę Czwartą jest *Business Cards Test* (Test Wizy-tówek). Kiedy idziesz na jakieś przyjęcie uzbrojony w wizytów-ki i je następnie wymieniasz, zastanów się, na ile z tych wizytówek odpowiedziałeś po powrocie do domu? Jeżeli mając 10 wysłałeś 10 zwrotnych emaili – wróżę przed toba świetlaną przyszłość. Jeżeli odpowiedziałeś na 5 – masz szansę 50 na 50. Jeżeli nie odpowiedziałeś na żadną – Ameryka będzie dla ciebie trudną poprzeczką.

Jeżeli zaś zastanawiasz się, dlaczego miałbyś to w ogóle robić – uważaj – tkwi w tobie Homo Sovieticus. Oddzwanianie na telefony i odpowiadanie na otrzymane wizytówki należy do dobrego tonu nowojorskich *yuppies*. Rzecz jasna w samej Ameryce zwyczaj ten praktykowany jest również nieczęsto, zwłaszcza wśród kobiet, które w Ameryce mają kłopoty z koncentracją i czasem umawiają się na randki z dwoma facetami na raz... Kiedyś jedna z dam poprosiła mnie o wizytówkę. Zaoponowałem. Powiedziałem jej, że założę się o tysiąc dolarów, że do mnie nie od-dzwoni. Zakład wygrałem. Nie było ani telefonu, ani zresztą pieniędzy.

Odpowiadanie na wizytówki i telefony jest ważne, bo czyni z ciebie osobę odpowiedzialną, kogoś, kto jest *focused* (skoncentrowany). To jest w amerykańskim biznesie bardzo ważny termin. Ludzie skoncentrowani mogą nadrobić brak talentu i odnieść sukces wymykający się utalento-wanym, ale mniej skoncentrowanym. Dla pracodawcy są to ludzie po-szukiwani, bo odpowiedzialni.

Cecha Piąta – Brak Dystansu i Perspektywy.

Dystans i perspektywa to cechy wyznaczające przestrzeń, po jakiej po-rusza się inteligencja. Egzemplifikacją Cechy Piątej był rozmiar zacięcia z jakim społeczeństwo polskie chlastało Edytę Górniak po odśpiewaniu przez nią hymnu polskiego na otwarcie meczu Mistrzostw Świata Ko-rea – Polska latem 2002 roku. Otóż Górniak zrobiła coś, co robią gwia-zdy estrady z mniejszym lub większym powodzeniem na całym świecie: odśpiewała swoją interpretację hymnu państwowego, tu Mazurka Dąbrowskiego – utworu pięknego, który jednak, umówmy się, nie daje wielkich możliwości interpretacyjnych. Bardziej spolegliwy jest w tym sensie np. hymn amerykański *Star Spangled Banner*, który w wersji Whitney Houston, wykonanej w czasie Superbowl w 1991 roku, sprzeda-je się do dziś na singlu, a w wersji gitarowej Hendrixa na Woodstock (ze słynnymi „zjeżdżaniami" po gryfie gitary, imitującymi spadające na Wietnam bomby), przeszedł do kanonów rocka.

Otóż Edyta Górniak dokonała majstersztyku. Zaśpiewała Mazurek Dąbrowskiego swingując takt ¾, w jakim pierwotnie utrzymał tę kompozycję Wybicki. Zrobiła to na żywo, utrzymując tempo i tonację mimo echa odbijającego się w takich przypadkach od ścian stadionu i kilku tysięcy fanów, którzy wyli swoje w tempie lokomotywy. Polska jednak przegrała mecz i swoje szanse na narodowy i piłkarski *come back*. W internetowych portalach zastałem roztrzęsiony tłum rodaków, którzy przywiązali artystkę do palu i wzniecili narodowe ognisko.

O Polskim Syndromie mógłbym mówić długo, ale wiem, że reakcją na takie słowa (zgodnie zresztą z samym Syndromem) jest zwykle obraza. Nie dajmy się zwariować. Jasne, że swój Syndrom mają też Amerykanie. Ale to już jest ich problem.

Był styczeń 2003 roku. Mój jeep toczył się gładko po gorącym asfalcie I-95 na Florydzie. Autostrady w Ameryce są fenomenem, którego nie spotkałem nigdzie indziej na świecie. Odmierzają czas. Kiedy pytasz, jak daleko do Miami, nikt nie powie: 170 mil. Tu każdy powie ci: dwie godzi-ny. Tyle potrzeba jazdy samochodem po *highwayu*. Albo *parkwayu*, jeśli jedziesz na rejestracji niekomercyjnej*. Te z kolei w Californii nazywają się *freeway*. Bo tak się tam czujesz. *Free. And On the Way.* Wolny i w drodze...

Autostrady tutaj są prosto zorganizowane. Te, które ciągną się z północy na południe, mają oznaczenia nieparzyste np. I-95. Te ze wschodu na zachód mają oznaczenia parzyste, np. moja ulubiona W80 z Nowego Jorku do Chicago. Trzycyfrowe numery dróg jadą do miasta, kiedy zaczynają się od cyfry nieparzystej, np. 1-95. Kiedy zaś chcesz wyjechać z miasta, musisz szukać trzycyfrówki zaczynającej się od cyfry parzystej. *As simple as that.* Banalnie proste. Więc kiedy jedziesz i widzisz numery, wiesz przynajmniej, czy jedziesz w dobrą stronę. Kiedyś jechałem do Chicago bez map, kierując się tylko na zachód. *No problem.*

Choć jest jeden problem. Monotonia jazdy jest tak duża, że po sześciu godzinach widzisz nie sześć pasów, a dwanaście. Więc kiedy w styczniu 2003 roku mój jeep toczył się gładko po rozgrzanym słońcem betonie Florydy i zaczynałem widzieć rozciągniętą przede mną afrykańską zebrę, nic dziwnego, że nie zareagowałem zrazu, kiedy po lewej dostrzegłem na horyzoncie, wznoszącą się na pióropuszu dymu, cieniutką igiełkę. Pamiętam, że pomyślałem sobie: tak wygląda start rakiety Minuteman. Albo promu kosmicznego Columbia… Columbia? Oprzytomniałem. Mijałem Cape Canaveral. Spojrzałem na datę w zegarku: 8 Stycznia. A więc tak. To była Columbia. W niebo wznosiła się trumna.

Start promu Challenger, 1986 rok

114

OSTATNIE CHWILE CHALLENGERA

B
                 ył 28 stycznia 1986 roku. Floryda. W promie kosmicznym Challenger na platformie 39. Centrum Lotów Kosmicznych Kennedy'ego siedmiu astronautów zapinało pasy. Nie wiedzieli, że za niecałe trzy minuty wszyscy przestaną istnieć w jednej z największych tragedii amerykańskiego programu kosmicznego. Oto zapis ich ostatnich przed śmiercią rozmów tak, jak je zarejestrował magnetofon, włączający się automatycznie na dwie minuty i pięć sekund przed startem promu:

T-1:58............
-*Two minutes downstairs; you gotta watch running down there?*
- Dwie minuty do startu; kręci się wam zegarek?

Scobee

T-1:47............
- *OK there goes the lox arm.*
- OK. Odstawiamy tlen.

Smith

Odsuwa się ramię podające ciekły tlen do zewnętrznych zbiorników Challlengera.

---

* T minus 1:58 oznacza dwie minuty pięć sekund do startu

Scobee

T-1:46............
- *Goes the beanie cap.*
- Idzie przykrywka.

Odsuwa się przykrywka na wentylator LOX.

Onizuka

T-1:44...........
- *Doesn't it go the other way?*
- Czy to nie ma iść w drugą stronę?

T-1:42............
Laughter. (śmiech)

Onizuka

T-1:39............
- *Now I see it; I see it.*
- Teraz widzę, widzę.

Smith

T-1:39............
- *God, I hope not Ellison.*
- Boże, mam nadzieję, że nie, Ellison.

Onizuka

T-1:38............
- *I couldn't see it moving; it was behind the center screen.*
- Nie widziałem, jak się odsuwa, był poza głównym ekranem.

Resnick

T-1:33.............
- *Got your harnesses locked?*
- Macie zapięte pasy?

Beanie cap

ET - Zbiornik paliwa
- ciekły wodór i tlen.
Podaje paliwo trzem
silnikom promu

SRB - wspomagacze
startu rakiety. Pracują
pierwsze 2 minuty
startu, dając 83% mocy.
Każdy składa się z 7
części łączonych fabry-
cznie uszczelką O-ring.
To uszczelka na
prawym SRB "puściła",
stając się przyczyną
tragedii

Trzy silniki
promu

Smith

T-1:29............
-*What for?*
- Po co?

Scobee

T-1:28............
- *I won't lock mine; I might have to reach something.*
- Ja nie zapnę; gdybym miał po coś sięgnąć.

Smith

T-1:24............
- *Ooh kaaaay.*
- W pooooorząsiu.

Onizuka

T-1:04............
- *Dick's thinking of somebody there.*
- Dick ma kogoś tam na myśli.

Scobee

T-1:03............
- *Unhuh.*
- Aha.

Scobee

T-59..............
- *One minute downstairs.*
- Minuta do startu.

Resnick

T-52..............
- *Cabin Pressure is probably going to give us an alarm.*
- Ciśnienie w kabinie da nam pewnie alarm.

Rutynowy alarm przed startem.

Scobee

T-50.............
- *OK.*
- OK.

Smith

T-43.............
- *Alarm looks good.*
- Alarm wygląda dobrze.

Ciśnienie kabiny w normie.

Smith

T-40.............
- *Ullage pressures are up.*
- Ciśnienia wyciekowe podnoszą się.

Wycieki ciśnieniowe z przepełnionego zewnętrznego zbiornika - normalne zjawisko.

Smith

T-34.............
- *Right engine helium tank is just a little bit low.*
- Zbiornik helu na prawym silniku troszeczkę niski.

Scobee

T-32.............
- *It was yesterday, too.*
Scobee: Wczoraj też tak było.

Scobee

T-30.............
- *Thirty seconds down there.*
- 30 sekund do startu.

Smith

T-25............
- *Remember the red button when you make a roll call.*
- Pamiętaj o czerwonym przycisku, kiedy wchodzimy w obrót.

Scobee

T-23............
- *I won't do that; thanks a lot.*
- Nie zapomnę. Dzięki.

Scobee

T-15..............
CDR   Fifteen.
Scobee: Piętnaście.

Piętnaście sekund do startu.

Scobee

T-6...............
- *There they go guys.*
- Odpalają nas.

Zapłon.

Resnick

- *All right.*
- OK.

Scobee

- *Three at a hundred.*
- Trzy na sto.

100 % odrzutu na wszystkich trzech silnikach.

Resnick

T+O...............
- *Aaall riiight.*
- Doooobrze.

Smith

T+1.............
- *Here we go.*
- Ruszamy.

Challenger rusza.

Scobee

T+7.............
- *Houston, Challenger roll program.*
- Houston, Challenger podaje program obrotu.

Początek obrotu promu na trajektorię okołoziemską.

Smith

T+11.............
- *Go you Mother.*
- Jedź cholero.

Onizuka

T+14.............
- *LVLH.*

Zmienia konfigurację w kabinie z pionowej w czasie startu na poziom potrzebną za chwilę.

Resnick

T+15.............
- *Fucking hot.*
- Ciepło, kurwa.

Smith

T+19.............
- *Looks like we've got a lotta wind here today.*
- Mamy dużo wiatru dzisiaj.

Scobee

T+20..............
- *Yeah.*
- Taaa

Scobee

T+22..............
- *It's a little hard to see out my window here.*
- Trochę tu słabo widać z mojego okna.

Smith

T+28..............
- *There's ten thousand feet and Mach point five.*
- 10 tysięcy stóp i półtora Macha.

Scobee

T+35..............
- *Point nine.*
- Koma dziewięć

Raport prędkości statku = 0.9 Macha

Smith

T+40..............
- *There's Mach one.*
- Jest mach jeden.

Scobee

T+41..............
- *Going through nineteen thousand.*
- Przechodzimy 19 tysięcy.

Wysokość = 19 tys. stóp - ok. 7 km wysokości.

Scobee

T+43..............
- *OK we're throttling down.*
- OK, spuszczamy.

Zmniejszenie pracy silników podczas wejścia w okres największych sił ciśnieniowych.

Scobee

T+57..............
- *Throttling up.*
- Podkręcamy.

Smith

T+58..............
- *Throttle up.*
- Pełna para.

Scobee

T+59..............
- *Roger.*
- Rozumiem.

Smith

T+60..............
- *Feel that mother go.*
- Ale idzie...

T+60............ Woooohoooo.

Smith

T+1:02............
- *Thirty-five thousand going through one point five*
- 35 tysięcy przez jeden koma pięć.

35 tys. stóp i prędkość półtora macha.

Scobee

T+1:05............
- *Reading four eighty six on mine.*
- Cztery osiemdziesiąt sześć u mnie.

Rutynowe odczytanie szybkości.

Smith

T+1:07............
- *Yep, that's what I've got, too.*
- Taa. U mnie też.

Scobee

T+1:10............
- *Roger, go at throttle up.*
- Rozumiem, idziemy pełną parą.

Smith

T+1:13............
- *Uhoh.*
(Niezrozumiały okrzyk.)

T+1:13....................
LOSS OF ALL DATA.
(Strata wszystkich danych.)

☆ ☆ ☆

Było lato 99 roku. 13 lat od tamtej tragedii. W Nowym Jorku ciepło. Jak mawiał mój dziadek, powietrze stało jak snopki. W moim mieszkaniu zadzwonił telefon. Yvette, producentka, spisała się: mam extra wejście do centrum lotów kosmicznych Kennedy'ego. Extra wejście oznacza pełen dostęp wszędzie i, jeśli się spodobam, może kilka tajemnic, których "w NASA jest masa." Pakuję się z jakimś dziwnym dreszczykiem emocji; gdzie tym razem zaprowadzą mnie moje amerykańskie przygody?

Do Kennedy Space Center na Florydzie przyjeżdżam o siódmej rano. Czeka już na mnie przepustka, kamerzysta i Bill Williams – szef prasowy ośrodka. Mamy dwa dni na zdjęcia: to tak jakby zwiedzać piramidę egipską w kwadrans – mówi.

Parę minut potem koła naszego jeepa toczą się po betonowej drodze legendarnej bazy. Centrum Kennedy'ego leży nad Atlantykiem w połowie stanu Floryda. Po jednej stronie rezerwat przyrody z rzadkimi gatunkami flory i fauny, po drugiej wieże najnowocześniejszej technologii kosmosu, jaką stworzyła ludzkość. Bill w drodze opowiada o koegzystencji jednego z drugim, ale nie biorę go dosłownie, dopóki jeep nie staje dęba w miejscu: W poprzek betonu noga za nogą, powoli paraduje półmetrowy żółw.

Podbiegam i unoszę zbója do góry, ale ten nie zmienia nawet rytmu. Nóżki trą mi o palce: *Let me go!* Puść mnie! Zastanawiamy się przez chwilę, *gdzie let'm go,* żeby nie rozjechał go pojazd pancerny albo coś takiego.

– Zostaw go w połowie drogi –mówi Ion, kamerzysta. – Niech sam zdecyduje, gdzie chce iść. Ja na to, że pół drogi do przejścia dla żółwia to bardzo dużo i wyrażam obawę, czy go nie rozjedzie jakiś łazik, zanim dotrze do zieleni po drugiej stronie. Bill odpowiada, że skoro szedł z tej strony na tę, to znaczy, że miał tam jakiś interes, więc może wypadałoby zrobić mu podróż w czasie i umieścić go w miejscu, do którego zmierzał...

Mija kwadrans, słońce podnosi się wyżej i wyżej, płyn borygo grzeje się w jeepie, żółw pedałuje w moich rękach, a my nadal nie wiemy, co zrobić z tym przykładem na koegzystencję techniki i fauny. W końcu Bill mówi, że zanim zaczniemy dzwonić do ONZ-u, może należałoby żółwia rzeczywiście zostawić w przydrożnej zieleni po drugiej stronie drogi, czyli w miejscu przeznaczenia. Jak pomyśleli, tak zrobili. Odjeżdżamy zadowoleni z salomonowej decyzji, kiedy dostrzegam w tylnym lusterku mały prostokącik z wypustkami, wypadający z powrotem na jezdnię. *There you go...*

Trochę jak z tym żółwiem na drodze – tak było ze mną w KSC. Jak przyjechałem tu, chciałem być tam. Jak byłem tam, chciałem być już gdzie indziej, gdzie o mało nie rozjechały mnie gąsienice 700-tonowego pełzacza. Czasu było mało, miejsce było olbrzymie i zupełnie nie z tej ziemi. Włączając wypalone, zarastające trawą wyrzutnie pionierów kosmosu, programu Apollo i Gemini, legendarnego kompleksu 34, gdzie spalił się Gus Grissom, a które pomału pożera przyroda, nie zostawiając dla historii nic.

Ta zaczęła się za Trumana, który w 49. roku założył tzw. Eastern Range: ponad 5 tys. mil kwadratowych Atlantyku od Przylądka Canaveral do Wyspy Ascension, gdzie miały latać nie ptaki, a rakiety amerykańskiego programu kosmicznego. O dziwo pierwsze, co poleciało w powietrzu w tym amerykańskim programie, było niemiecką rakietą V2. Rzecz działa się pięć lat po wojnie i nikt dziś nie umiał mi powiedzieć, jak V2 znalazła się na Florydzie. Podobno w sprawę zamieszany był Werner von Braun, jeden z ojców chrzestnych niemieckiego programu V, którego amerykanie po kryjomu przemycili po wojnie do Stanów.

HOUSTON MAMY PROBLEM

- Ruski malują księżyc na czerwono...
- Weźcie białą farbę i napiszcie na tym Coca-Cola.

putnik, aluminiowa kula wielkości plażowej piłki *made in Soviet Union*, wystrzelona została przez Sowietów 4 października 1957 roku. Rozpoczęła się wojna o kosmos, która była też walką Dwóch Światów o przeżycie. Jeśli można wystrzelić rakietę, można również, zamiast w kosmos, skierować ją na wroga. Oto idea, potwierdzona dwa dni później buńczuczną wypowiedzią Chruszczowa dla Jamesa Restona z New York Times'a, w którym sowiecki przywódca stwierdzał, iż Związek Radziecki dysponuje „każdym rodzajem rakiety, jakiego wymaga współczesna wojna".

Miesiąc później Eisenhower, który początkowo ignorował Sputnik jako „osiągnięcie naukowe", zmienia zdanie, dając programowi rakietowemu amerykańskiego Departamentu Obrony absolutny priorytet.

Nim Pentagon zabierze się na dobre do roboty, Rosjanie mają w kosmosie drugi sputnik, tym razem z kundlem Łajką w środku. Rosjanie do 2002 roku podawali, że psina była wyposażona w system, który zapewniał jej życie przez ok. tydzień, minimum kilka dni. Tymczasem w czasie zakończonego w 2002 roku kongresu World Space w Houston w Teksasie jeden z rosyjskich ekspertów kosmicznych Dymitr Małaszenkow z Instytutu Problemów Biomedycznych z Moskwy ujawnił, że system telemetryczny Sputnika 2 wysiadł już między piątą a siódmą godziną lotu. Po czwartym okrążeniu Ziemi Łajka nie dawała już znaków życia. Potem stwierdzono, że prawdopodobną przyczyną śmierci Łajki było przegrzanie. Łajka przegrzała się na dobre 162 dni później, kiedy po 2570 okrążeniach ziemi Sputnik 2 spalił się w atmosferze.

6 grudnia 1957 roku amerykański konkurent sowieckich rakiet, Vanguard wznosi się na półtora metra i... eksploduje na wyrzutni. Ostatni dzień stycznia 1958 roku przynosi największy dotąd sukces amerykańskiego programu kosmicznego: wystrzelenie satelity Explorer 1. Ważył tyle, co mój wypchany żarciem plecak, z którym zwiedzałem kiedyś Londyn.

Rok później powstaje NASA. W 1961 roku prezydent Kennedy mówi o locie na Księżyc: „Wierzę, iż nasz naród powinien zobowiązać się do osiągnięcia tego, aby przed końcem tej dekady postawić człowieka na Księżycu i sprowadzić go bezpiecznie na ziemię."

Odtąd Przylądek Canaveral drży od startujących rakiet. W ferworze pracy zapomina się znaleźć jakąś *cool*-awą nazwę dla projektów przygotowywanych na kreślarskich deskach. Pierwszy program kosmiczny Ameryki nazwano Merkury, bo był to najlepiej znany dla przeciętnego Amerykanina bóg antyczny. Gemini (konstelacja dwóch bliźniaczych gwiazd: Kastora i Polluksa) to określenie dwuzałogowego programu lotów kosmicznych. Co do Apollo, Noble Wilford w książce *We Reach The Moon* podaje, że ojcem chrzestnym tej nazwy był Abe Silverstein, dyrektor programu pierwszych lotów kosmicznych. „Była to po prostu atrakcyjna nazwa"– powiedział potem, choć pewnie mityczna siostra Apollina, Diana, jako bogini Księżyca byłaby bardziej *a propos*. Powszechnie jednak wiadomo było, że dla przeciętnych zjadaczy chleba, nie mówiąc o amerykańskich kongresmenach, Apollo był kudłatym cherubinkiem strzelającym celnie z łuku na znaczne odległości.

Jak mi powiedział kiedyś T. Sorensen, były doradca Kennedy'ego, dla ówczesnego prezydenta Stanów Zjednoczonych kosmos był nowym wyzwaniem, Nowym Pograniczem, na którym „naród dzielnych i odważnych" powinien zatknąć amerykańską flagę.

Pierwszym amerykańskim programem kosmicznym jest program Mercury. Pamiętam takie zdjęcie: siedmiu astronautów programu Mercury w pełnym kosmicznym umundurowaniu. Pełna gala, Siedmiu Wspaniałych. Kiedy kręciłem serię "Odkrywanie Ameryki", to właśnie zdjęcie spowodowało, że wystąpiłem do EMI o zakup licencji na muzykę z westernu *Siedmiu Wspaniałych*. Takie właśnie zdjęcie Siedmiu Zdobywców Kosmosu. W niecałą połowę życia jednego człowieka z wyrzutni Merkurego nr 14 nie zostało nic prócz rdzewiejących barierek.

Virgil Grissom, czyli Gus, jak go nazywali, był takim właśnie bohaterem kosmosu. Jako młody człowiek przewracał burgery w MacDonaldzie – zajęcie, które dziś dla wielu czarnych ludzi w Ameryce uważane jest za niegodne człowieka. Ale Gus przewracał te hamburgery i to mu nie

Lipiec 1962. Pierwszych siedmiu astronautów Ameryki w programie Mercury. Od lewej w pierwszym rzędzie: Walter M. Schirra Jr., Donald K. Slayton, John H. Glenn Jr. i M. Scott Carpenter. Z tyłu od lewej: Alan B. Shepard Jr.,Virgil I. Grissom i L. Gordon Cooper Jr. spośród ludzi na tej fotografii:Virgil Grissom spłonął 27 stycznia 1967 roku w kabinie Apollo 1 Saturn 204 na Przylądku Kennedy'ego na Florydzie. Slayton zmarł 13 czerwca 1993 roku. 77-letni senator Glenn uczestniczył w locie promu kosmicznego. Pozostali astronauci są dziś na emeryturze przeszkadzało. Gus był zatem zwykłym człowiekiem, aż pewnego dnia postanowił przestać nim być. Zapisał się do Sił Powietrznych. Wkrótce latał nad Koreą. W tamtejszej amerykańskiej bazie panował następujący zwyczaj: w autobusie, który przewoził pilotów do ich maszyn, siedzieć mogli tylko ci piloci, którzy otrzymali serię z miga. Reszta musiała stać. Gus siedział po dwóch zaledwie lotach.

Kiedy Gus Grissom wrócił z Korei, latał jako instruktor, aż pewnego dnia otrzymał wojskowy telegram z napisem *top secret*. Miał się przebrać w cywilne ubranie i stawić pod pewnym adresem w Waszyngtonie. Taki sam list otrzymało tego dnia 110 innych pilotów USAF. Nie wiedzieli, gdzie idą i po co. Na miejscu poddano ich badaniom i serii testów przypominających obrazki z *Archiwum X*. Po miesiącu została z nich połowa, po kolejnym, dwudziestka. Z tej dwudziestki 13 kwietnia 1959 roku USAF wybrało siedmiu. Siedmiu Najlepszych. Siedmiu Wspaniałych. Mieli uczestniczyć w ściśle tajnym programie Merkury, który miał otworzyć Ameryce drzwi do kosmosu.

Ludzie ci przestali właściwie istnieć. W owym roku aż 305 dni z 365 spędzili poza domem. Równo dwa lata później Gagarin obleciał Ziemię. Mniej niż 30 dni później NASA podjęło decyzję: pierwszy z siódemki poleci Alan Shepard. Gus Grissom był drugi. Shepard leciał w kosmosie niecały kwadrans. Grissom miał lecieć po nim. Nazwał swą kapsułę Liberty Bell, bo – jak mówił – przypominała mu słynny dzwon. Dzwon miał jednak pewną modyfikację: odpalany ręcznie właz.

Kiedy Grissom po piętnastu minutach lotu chlupnął w końcu do oceanu, Liberty Bell był jak korek, nad którym unosiły się teraz trzy helikoptery. Grissom odpiął pasy i przewody z tlenem, kiedy raptem właz odpalił sam! Do środka zaczęła wlewać się woda... Grissom wydostał się przez otwór, ale zaplątał się w linki, którymi zamocowane były worki z barwnikiem ułatwiającym helikopterom lokalizację statku na wodzie. Kabina napełniała się wodą i pomału zaczęła tonąć, a wraz z nią zaplątany w linki Grissom. Kiedy się w końcu uwolnił, pilot helikoptera, który miał wyciągnąć kapsułę na brzeg, zauważył na pulpicie pulsujący czerwony sygnał WARNING! Przeciążenie! Wypełniona wodą kapsuła była za ciężka, by ją gdziekolwiek unieść.

Piloci konsultują się z bazą. Tamci zastanawiają się, co zrobić dalej. Grissom tymczasem dryfuje w oceanie, jednak po chwili zauważa, że jego skafander także nabiera wody! Okazuje się, że wychodząc z kapsuły, zostawił otwarty przewód tlenu prowadzący do kombinezonu, przez który do środka wlewała się teraz woda.

Grissom ma poważne kłopoty, żeby utrzymać się na powierzchni. Na domiar złego kieszenie ma wypełnione kilkoma tuzinami monet, które po locie zamierzał rozdać dzieciarni jako pamiątki z kosmosu. Teraz ten balast ciągnie go na dno. Baza decyduje tymczasem, aby odciąć Liberty Bell i tak też się staje. Po chwili zamyka się nad nim czasza oceanu. Grissom daje pilotom rozpaczliwe znaki, że tonie, ale ci nie podejrzewają nawet, że może mieć jakiś problem i w odpowiedzi również machają do niego powitalnie rękami. Grissom ma w gardle wodę oceanu, w oczach zaś śmierć.

Helikopter marynarki wojennej daremnie usiłuje podnieść Liberty Bell po wodowaniu. Kilka minut później kabina Liberty tonie w oceanie

„Przeleciałem w kosmosie – myśli – po to, żeby teraz tutaj, na oczach tych wszystkich ludzi, zwyczajnie utonąć". Wreszcie dostrzega koło ratunkowe, wchodzi w nie i półżywy ląduje na pokładzie helikoptera.

Wiele lat potem zastanawiano się, czy incydent był rzeczywiście przypadkowy i czy aby Gus Grissom sam nie odpalił owego włazu Liberty Bell? Ćwierć wieku od tamtych wydarzeń wyprawa Curta Newporta wydobyła Liberty Bell na powierzchnię...

Nie był to jednak koniec przygód Gusa Grissoma. Po 10 latach programu Gemini, NASA uruchomiło program Apollo, który miał umieścić człowieka na Księżycu. Shepard już wówczas zaczął cierpieć na zaburzenia równowagi. Numerem jeden NASA stał się teraz Grisssom. Czekały go długie godziny żmudnego treningu. To pewnie dlatego przed wyjściem z domu, wybrał największą cytrynę jaka rosła na jego drzewku w jego ogrodzie i powiesił ją na rakiecie, którą za miesiąc miał polecieć w kosmos...

11 lipca 1999. Liberty Bell wyciągnięty po 38 latach z dna oceanu, po 14 latach starań, w czasie ekspedycji Curta Newporta dla Discovery Channel

ŚMIERĆ NA PLATFORMIE 34

NARODZINY PROGRAMU APOLLO

był piątek rano, 27 stycznia 1967 roku. O 13:06 Gus Grissom wszedł do kabiny statku kosmicznego po raz ostatni. Obok niego siedzieli astronauci White i Chaffee.

Załoga od początku miała problemy z mikrofonami. Kłopoty te przeciągnęły właściwy trening do wieczora. Astronauci byli do tego przyzwyczajeni. Choć trudno w to uwierzyć, całą technologię pierwszego Apollo można było zamknąć w kalkulatorze, jakiego dziś używają dzieci. Wówczas jednak technologia często działała na zasadzie: puknij w to czerwone światełko, może alarm przestanie się świecić.

Jest 6:30. Gdyby wszystko szło OK, byłoby już po teście. W tzw. „Białym Pokoju" czyli pomieszczeniu przylegającym bezpośrednio do włazu kapsuły, znajdowało się trzech techników. Piętro niżej sytuację w kabinie monitorowało kilku innych inżynierów. W kabinie było już ciśnienie, jakie panuje w statku znajdującym się na orbicie. Całe popołudnie jednak przyrządy wykazywały za dużą ilość tlenu.

Taśma magnetofonowa zarejestrowała ostatnie słowa astronautów:

Grissom:
– Czuję zapach spalenizny. Coś się pali.

White (dwie sekundy później)
– Pali się! Mamy tu pożar!

Szef platformy z przerażeniem dostrzega płomienie buchające z wnętrza kabiny. Na monitorze widać, jak za szybą w kabinie srebrne rękawice gorączkowo walczą z włazem.

– Wywalcie właz! Dlaczego nie wywalicie włazu? – Krzyczy w przerażeniu bezsilnie spoglądając na ekran.

Nie wie, że po przypadkowym odpaleniu Liberty Bell technicy zaordynowali, aby nie mógł być on wysadzony automatycznie, a ręcznie.

Na zewnątrz, ludzi znajdujących się w Białym Pokoju, ogarnia panika. Kiedy ze środka kabiny, poprzez szczelinę, bluzga pod ciśnieniem płomień, po prostu dają drapaka. Powiedzieli potem, że bali się, że w powietrze może wylecieć cała rakieta...

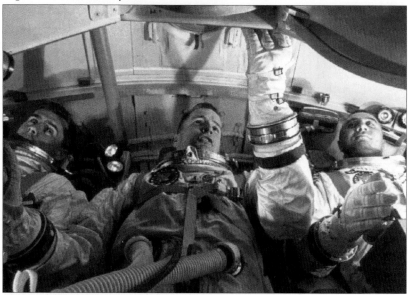

Astronauci Apollo1, od lewej: Roger Chaffee, Ed White i Gus Grissom, Nad głową siedzącego w środku White'a widoczny jest otwór włazu. Stamtąd zrobiono zdjęcie, które zamieszczam obok

Trudno powiedzieć, co przeżywali trzej astronauci Apollo 1, zamknięci w płonącej kabinie AS 204. Procedura awaryjna przewidywała wykonanie czynności awaryjnych w czasie 90 sekund. Przede wszystkim Grissom musiał obniżyć zagłówek, aby siedzący obok Chaffee mógł sięgnąć pokrętła włazu, znajdującego się za jego lewym ramieniem.

Procedurę tę, mimo rosnących oparzeń, astronauci wykonywali bezbłędnie. Jak się okazało, pokrętłu brakowało do otwarcia zaledwie pół obrotu. White tymczasem włączył prąd, dając światło w kłębiącym się dokoła dymie. Dopiero wiele lat później pożar na stacji Mir wykazał, że w warunkach kosmicznych spalanie dokonuje się bardzo gwałtownie i jest praktycznie nie do opanowania.

Tymczasem na zewnątrz sześciu ludzi przez pięć i pół minuty walczyło z włazem. Gdy go w końcu otwarto, ze środka buchnął na nich gęsty dym. Kiedy opadł, pięć minut później, ciało Chaffe'ego ciągle siedziało w fotelu. Jego skafander spalony był w 15 procentach. Ciała White i Gusa Grissoma leżały tuż obok włazu. Były tak splątane, że trudno było rozróżnić, kto jest kto. Skafander White'a był spalony w 25 %. Grissoma w 70 %. Zarówno nylon kabiny, jak i kombinezony stopiły się w jedno i długo nie można ich było z kabiny wydobyć*.

Kabina Apollo 1 i skafander White'a po tragicznym pożarze

Wdowy po astronautach wytoczyły proces wytwórcy kabiny, firmie North American. W 1972 roku otrzymały łącznie 650 tys. dolarów odszkodowań.

Tak zakończył się jeden z pierwszych rozdziałów amerykańskiego programu kosmicznego. Właśnie tu, na platformie 34 Cape Canaveral.

*Raport powypadkowy NASA. *The Report of Apollo 204 Review Board*, 5 kwietnia 1967 roku

30 lat później ja, Max Kolonko – dziennikarz z Polski, stoję na tej samej wyrzutni, na której spalił się Grissom. Nie zostało po niej wiele. Może to właśnie tu, na tej stalowej belce Gus zawiesił swoją cytrynę tamtego pamiętnego, styczniowego południa? Może tędy szli ramię w ramię ówcześni zdobywcy kosmosu?

Nie wiedzieli jeszcze nic o promie kosmicznym, Marsie, teleskopie Hubbla i dziennikarzu z dalekiego kraju, który przybędzie tu, w zarastające trawą miejsce, aby szukać zaginionych wspomnień. Pamiętam, że stałem tam i patrzyłem na to żelastwo, kiedy Ion i Bill patrzyli na zegarki: nie wiedzieć czemu, nie mogłem stamtąd odejść. Jakbym stał nad trumną, czy coś. Kantor zapytał kiedyś, dlaczego ludzie stoją nad trumną i się na nią gapią i gapią i nie mogą odejść. Myślę, że wtedy, nad platformą 34, nie mogłem odejść, bo chciałem zatrzymać w sobie ten moment jak najdłużej, wchłonąć go, zapamiętać, stać się nim, tym momentem, tą chwilą. Jakby wiedząc, że za 20-30 lat nie będzie tu już nic do oglądania. Nie będzie już trumny. Nie będzie nad czym stać.

Więc gapię się, cholera, na to żelastwo, aż Bill mówi – Jesteś OK. Pokażę ci podziemia. – Ion tylko czknął z zachwytu i choć nie wiedziałem, co mają na myśli, czułem, że dostąpię zaszczytu zobaczenia czegoś, co niewielu ludziom dane jest zobaczyć. Ion powiedział potem, że dziennikarze przyjeżdżają tu często i dostają rutynowy objazd, ale czasami, kiedy któryś z nich (a zdarza się to bardzo rzadko) przystanie nad którąś z historycznych platform, zamyśli się i zakręci w oku łzę – wtedy i tylko wtedy, wszechmocny Bill Williams sięga po klucze do drzwi, których NASA nigdy nie otwiera. Tak oto moja pasja dziennikarska znowu mi pomogła i chwilę później pędziliśmy do platformy 39.

Ze Stevem Bullockiem sprawdzam kosze ratunkowe astronautów. W tle platforma 39 A

16 lipca 1969 roku, godz. 9:32. Start rakiety Saturn V w pierwszym locie na Księżyc. Rakieta miała 110 metrów wysokości i startowała z Platformy A, kompleksu 39, który w Odkrywaniu Ameryki odwiedziłem z kamerą. Na pokładzie Apollo 11 byli: Neil Armstrong, dowódca statku, Edwin E. Aldrin Jr., pilot lądownika księżycowego Eagle, i Michael Collins, pilot modułu kosmicznego Columbia, pozostający na orbicie księżycowej

TAM GDZIE STARTUJĄ PROMY

iedy dojeżdżamy do platformy 39. jest południe, słońce bije cię w łeb prostopadle i zaczynam rozumieć, kto i dlaczego wynalazł kowbojski kapelusz, a zaraz potem sombrero. Wychodzimy z auta i raptem *freeze frame*, stop-klatka: rozpoznaję ujęcie – dokładnie to samo miejsce: siedmiu uśmiechniętych machających rękami astronautów Challengera w drodze do windy. Cofamy czas dalej.

Jest 9 Listopada 1967. W miejscu, w którym stoję, ponad stumetrowa rakieta Saturn V podpiera czyste niebo. Największa rakieta, jaką stworzyła ludzkość. Była olbrzymia, bo spalała paliwo ciekłe. Dużo paliwa. Rakieta miała moc, jaką wydzieliłoby z siebie pół miliona mercedesów. Ale Saturn V był mercedesem wśród rakiet. Zobaczyłem go rok później w bazie Wright Patterson i obejście tego złomu dookoła zajęło mi dobre pół godziny. Bill, który pamięta tamte czasy, powiedział, że kiedy pod rakietą Saturn V zapalały się płomienie, ziemia drżała na kilometr dokoła.

Z promem wcale nie jest lepiej. Steve Bullock, menedżer platformy, który po chwili dołącza do nas, ma u siebie w biurze zdjęcia poprzypinane pinezkami. Wszystko inne na jego biurku przewraca się od drgań. W rzeczy samej fale akustyczne wydzielane przez startujący prom kosmiczny kumulują się ok. 100 metrów nad platformą i rozerwałyby prom na części, gdyby nie 16 potężnych armat wodnych umieszczonych pod promem wystrzeliwujących tuż przed startem kaskady wody. Jeśli dobrze się przyjrzeć startowi promu, można zobaczyć, że pierwsze co widać pod silnikami, to lejące się strugi wody. To właśnie one są odpowiedzialne za olbrzymią kitę „dymu", który wytryskuje spod promu w czasie startu. W istocie jest to woda, zamieniona pod wpływem ognia, w parę.

16 lipca 69 roku rakieta Saturn V wyniosła na orbitę statek Apollo 11 w historycznym locie na Księżyc. Wchodzę do windy, do której w 69 roku weszli Armstrong, Aldrin i Collins. Jestem jak we śnie. Drzwi zamykają się i po chwili bezszelestnie suniemy do góry. Nie mówimy do siebie nic. Ion kręci w milczeniu zdjęcia. Czuję obecność historii. *No bullshit.*

Gdy tak jadę, nie wiedzieć czemu, przypomina mi się moment, kiedy jako kilkuletni chłopiec siedzę w domu w Bydgoszczy na osiedlu Siernieczko. Jest 10 rano i gapię się w czarno biały telewizor marki Tesla. Amerykanie chodzili po Księżycu. Do dzisiaj nie wiem, dlaczego komuniści zgodzili się w takich czasach na tak wywrotową transmisję. Może chcieli udowodnić, że lądowanie Amerykanów na księżycu to bujda? Do dziś zresztą 6% Amerykanów uważa, że lądowanie na księżycu było happeningiem spreparowanym przez propagandę Pentagonu.

Jeden z najczęściej podnoszonych przez „niewierzących" zarzutów dotyczy tego zdjęcia. Przedstawia ono Armstronga stojącego obok wbitej w Księżyc amerykańskiej flagi. Flaga najwyraźniej łopoce na wietrze, którego wobec braku atmosfery na Księżycu nie ma, a więc zdjęcie musi być podróbką. NASA tłumaczyło, że astronauci wkręcali flagę w grunt, stąd pojawiły się pofałdowania. Ale rządowi, w zależności od skali prosperity, raz się ufa, raz nie.

Czy to zdjęcie jest prawdziwe? Flaga wydaje się łopotać na wietrze, ale nie rzuca cienia na powierzchnię Księżyca. W archiwum NASA zdjęcie znajduje się pod numerem AS 11-40-5874 z podpisem: astronauta Edwin E. Aldrin Jr. salutuje amerykańskiej fladze. Zdjęcie miał wykonać astronauta Neil Armstrong 70-milimetrową kamerą Hasselblad na powierzchni Księżyca 20 lipca 1969 roku

9 września 2002 roku Bart Sibrel, który nakręcił film kwestionujący prawdziwość misji Apollo, przed hotelem Beverly Hills podszedł do Buzza Aldrina z Biblią w ręku i zażądał, by ten przysiągł, że w istocie chodził po Księżycu. 72-letni Drugi Człowiek na Księżycu zamachnął się i rąbnął filmowca prosto w ryja, aż ten się obalił. Sibrel wstał i popędził za Aldrinem, wymachując Pismem Świętym i wyzywając go od „tchórzy, złodziei i kłamców", po czym pobiegł do lokalnego sądu po pieniądze.

Sąd powiatu Los Angeles oddalił jednak pozew z braku dowodów. W tym samym miesiącu NASA postanowiło wyasygnować $15,000 dla inżyniera aeronautyki, Jamesa Oberga, by ten popełnił monografię udowadniającą, że Amerykanie wylądowali na Księżycu, raz na zawsze rozwiewającą krążące wątpliwości. Prawdę mówiąc, za jedną tysięczną tej kwoty byłem wtedy w stanie zapewnić NASA i Narody Zjednoczone, że Amerykanie chodzą po Księżycu, mimo że kiedy jako dziecko oglądałem transmisję z lotu, niewiele widziałem.

Pamiętam, że cały czas były usterki i zakłócenia na łączach. Moi rówieśnicy jeździli na rowerkach, ciągnęli za warkocze dziewczyny, kopali piłkę, ale ja, godzina za godziną, gapiłem się w napis PRZEPRASZAMY ZA USTERKI w nadziei, że za chwilę zobaczę białą plamę na szarym tle: Armstronga podskakującego na Księżycu jak piłeczka.

Zresztą w 69. roku na osiedlu w małym, polskim miasteczku nic nie było do roboty. Osiedle składało się z kilkupiętrowych domków pracowniczych. Stało wtedy na skraju miasta. Dokoła rósł las i zagajniki, gdzie chodziliśmy podglądać „parki". Całujące się pary, znaczy się. Nigdy nic nie widziałem. Inni zresztą też nie. Ale „na parki" chodzili wszyscy. Nieco dalej biegły tory. Nazywaliśmy je francuskie. Albo głębokie. Bo wykopane były tak, że można było na nie spoglądać z góry. Albo rzucać kamieniami w przejeżdżające składy towarowe z wystawionymi na cel nowymi fiatami towarzysza Gierka.

Wtedy pierwszy raz zadebiutowałem w telewizji. Zapalił się las koło torów. Poszliśmy to gasić. Pamiętam, że koło 3 po południu przyjechała telewizja i skręciła nas z komentarzem: na szczęście pożar ugasili pobliscy harcerze. Wtedy pierwszy raz przekonałem się, że telewizja kłamie: do harcerstwa nie chcieli mnie przecież przyjąć, bo rodziców nie stać było na harcerski mundurek. Miałem na sobie pomarańczowy golf i w nim odegrałem swojego pierwszego *standuppa* w lokalnych wiadomościach-brudny i umazany węglem od ucha do ucha. Mariusz Max Kolonko z gałęzią w garści. Lat 7. Chłopiec z Małego Miasteczka, który Znalazł się We Właściwym Miejscu i Właściwym Czasie.

Przypomniałem sobie ten obrazek właśnie tam, w windzie platformy startowej NASA. Z rozmyśleń wyrywa mnie gong. Drzwi windy otwierają się. Jesteśmy na szczycie. Idę po metalowej kratownicy prowadzącej do włazu Promu. Potem wąski pomost i drzwi jak w autobusie. Pcham je do środka, potem następne i jestem w tzw. Białym Pokoju, czyli nieskazitelnie czystym, pomalowanym na biało miejscu, do którego dostęp mają tylko astronauci i zakładający im skafandry technicy. Z rogów spoglądają na mnie kamery. Okrągły otwór przede mną to już drzwi promu. Drzwi do Nieba.

Kręcimy serię ujęć, ale ja ociągam się. Chcę przedłużyć ten czas. Nie zrozumiecie mnie pewnie, ale tamten moment, kiedy stałem w miejscu, gdzie stało tylu bohaterów Kosmosu, których nazwiska zapisane będą w trwałej świadomości cywilizacji aż po istnienia jej koniec, był jednym z najbardziej przejmujących doświadczeń, jakich zaznałem w swoim życiu. Tak szczególnie czułem się tylko chyba wtedy, kiedy pierwszy raz przyjmowałem Komunię Świętą, albo kiedy całowałem pierwszy raz, choć tego już nie pamiętam. Ten okrągły właz promu kosmicznego Atlantis był dla mnie Ołtarzem, jakimś magicznym otworem, *warm hole*, czarną dziurą przez którą można przedostać się na Drugą Stronę, do tajemnic Wszechświata.

Od lewej - Steve Bullock, Bill Williams i ja w "magicznej" windzie u Bramy do Nieba

Tato! Nad domem jest statek kosmiczny...

UFO -

TAJEMNICE
NIEBA
NAD SALIDA

ył letni ranek 1996 roku. Tim Edwards w swoim mieszkaniu w maleńkim miasteczku Salida w Colorado nie mógł się dobrze wyspać. Jego córka od samego rana przypominała mu, że tego dnia mieli pojechać w okoliczne góry pod namiot. Tim w końcu pozbył się małego natręta:

– Zobacz, czy są chmury na niebie. Może będzie padać.

9-letnia Sarah wróciła jednak szybciutko:

– Tato, nad domem jest statek kosmiczny.

Tim zrozumiał, że dzisiaj nie uda mu się wymigać. Westchnął, wyszedł przed dom, spojrzał w niebo... i zamarł.

Tuż poniżej jaskrawej tarczy stojącego już dość wysoko słońca, Tim zobaczył długi, płaski, świecący połyskliwie obiekt. Widok był tak nieprawdopodobny, że Tim przez moment myślał, że ciągle śni. Rozejrzał się dookoła: ten sam co zwykle szmer samochodów pobliskiej drogi, wiatr skrzypiący zardzewiałą furtką, wypełnione wiatrem prześcieradła suszące się na sznurze. Wszystko to samo co zwykle z wyjątkiem tego jednego, istotnego szczegółu, który nie chciał odejść: bezszelestnie unoszącego się wysoko na niebie, nieco poniżej słońca, płaskiego, Niezidentyfikowanego Obiektu.

Tim pobiegł po kamerę. To, co nakręcił, przeszło potem do historii ufologii, jako jeden z najbardziej interesujących i najbardziej niewyjaśnionych przypadków UFO, jakie kiedykolwiek zarejestrowała kamera. Sześć i pół minuty materiału, które wstrząsnęły światem.

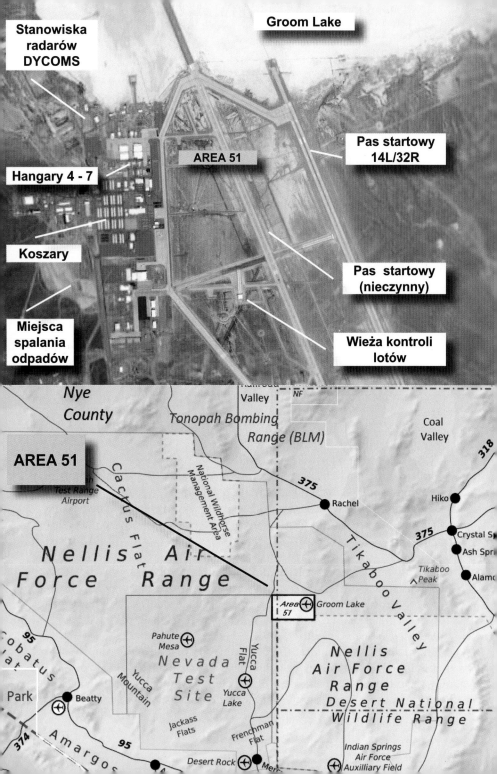

Stanowiska radarów DYCOMS

Groom Lake

Pas startowy 14L/32R

AREA 51

Hangary 4 - 7

Koszary

Pas startowy (nieczynny)

Miejsca spalania odpadów

Wieża kontroli lotów

Nye County

Railroad Valley

NF

Tonopah Bombing Range (BLM)

Coal Valley

318

AREA 51

Cactus Flat

Test Range Airport

National Wildhorse Management Area

375

Rachel

Hiko

375

Crystal S

Ash Spri

N e l l i s   A i r

F o r c e   R a n g e

Tikaboo Valley

Tikaboo Peak

Alamo

95

Area 51

Groom Lake

Cobatus Flat

Pahute Mesa

N e v a d a

T e s t

S i t e

Yucca Flat

N e l l i s
A i r   F o r c e
R a n g e

Park

Beatty

Yucca Mountain

Yucca Lake

Desert National
Wildlife Range

374

Jackass Flats

Frenchman Flat

Indian Springs
Air Force
Auxilliary Field

95

A m a r g o s

Desert Rock

Mer

KOSMICZNA

EUFORIA

O Timie Edwardsie i jego zdarzeniu dowiedziałem się od Michaela Curta i jego Mutual UFO Network (MUFON), najstarszej
i największej organizacji zajmującej się profesjonalnym badaniem
zjawiska. Firma powstała w 1969 roku i liczy dziś, jak zapewnia mnie
Michael, 5 tysięcy członków na całym świecie. Połowa z nich to polowi
inspektorzy, którzy mają za zadanie jechać na miejsce, zebrać relacje
i opracować raport ze zdarzenia.

Kilka dni poźniej Michael siedział już obok mnie w jeepie, pijąc kawę
i snując nieprawdopodobne UFO-historie na drodze numer 50 w kierunku Salida. Droga z Cannon City do Salida wzdłuż wschodnich zboczy
Gór Sangre De Christo (Krew Chrystusa) piętrzących się na kilka tysięcy
metrów, należy do tych, na których z pewnością nie można zasnąć za
kierownicą.

Po drodze mijamy maleńkie miasteczka znaczone historią Colorado:
Texas Creek, nazwane tak po tym, jak teksański *cowboy* stracił stado
krów po ataku niedźwiedzia, Cotopaxi, założone w 1860 roku w czasie
Gorączki Złota w Colorado. Legenda głosi, że jeden z poszukiwaczy
kruszcu Henry (Złoty Tom) Thomas uznał, że jeden ze szczytów Gibbs
Peak wygląda jak szczyt wulkanu Cotopaxi w Ekwadorze, gdzie niegdyś
szukał złota, więc taką dał miejscu nazwę. Gibbs Peak jest jednym z 54
czteroipółtysięczników, jakie stoją w Colorado. Wizyta na okolicznym
cmentarzu przypomina, że kiedy w 1881 roku zamordowano cara Ale-
ksandra II, jego następca Aleksander III rozpoczął pogromy rosyjskich

Na lewym zdjęciu szczyt Cotopaxi w Ekwadorze, na prawym Gibbs Peak w Colorado

żydów i Polaków. Pogromy doprowadziły do masowego exodusu Żydów z Rosji do Ameryki. Wykorzystał to portugalski Żyd, niejaki Emanuel H. Saltiel. Otóż wieści z Europy popchnęły go do Nowego Jorku, gdzie skontaktował się z żydowskim Towarzystwem Pomocy Emigrantom, proponując przyjezdnym z Rosji stworzenie w Colorado kolonii rosyjskich Żydów. Towarzystwo przejęło się pomysłem, ofiarowując $10,000, i 3 maja 1882 roku powitano pierwszą grupę 13 kolonistów. Łącznie przybyły 63 dusze, nim skończyło się tamto lato. Rychło zbudowano synagogę ale ponad 800 hektarów ziemi, które miał w swym posiadaniu Saltiel, nie nadawały się na pola. Zbiory były tak znikome, że niektórzy koloniści zmuszeni byli rozpocząć pracę w kopalniach Saltiela zarabiając zaledwie $1.5 dziennie. Saltiel pognębił nieszczęśników jeszcze bardziej, informując ich któregoś dnia, że w ogóle nie ma dla nich pieniędzy. Emigranci znaleźli się w potrzasku.

Na podróż z powrotem do Nowego Jorku nie mieli pieniędzy, tu pracy na kolei starczało dla niewielu. Ktoś napisał list do Żydów w Denver, że Saltiel sprzeniewierzył pieniądze. Ci skontaktowali się z Towarzystwem w Nowym Jorku, które wysupłało po 100 dolarów na osobę pokrywając koszt transportu do Salt Lake City, Californii, Południowej Dakoty, a nawet Rosji. Wielu z nich nie doczekało jednak tego dnia. Spoczywają na pobliskim cmentarzyku za zawsze otwartą bramą z napisem: Cotopaxi Cemetery, Est. 1882.

Do Salida, pięcioipółtysięcznego miasteczka zagrzebanego wśród gór piętrzących się wokół białych kapeluszy okolicznych gór, dojeżdżamy w południe. Micheal bez trudu odnajduje olbrzymi znak piętrzący się przy drodze: ET's Landing (Miejsce Lądowania UFO). Restaurację założył Tim Edwards. W środku żona Tima podaje nam z uśmiechem jadłospis: UFO-placki, UFO-ciastka, UFO-żarcie.

– Tim kończy obserwację nieba – oznajmia z powagą. – Będzie za chwilę. *Knock yourself out.* Rozgość się.

Gdzieś między trzecią Kosmiczną Parówką, a Jajkami Zielonego Ludzika trąciłem Michaela łokciem. Jak okiem sięgnąć, ze wszystkich ścian spoglądały na nas Niezidentyfikowane Obiekty Latające. Dyski małe, duże, kolorowe i czarno-białe z miarowo mrugającą tuż nad moją głową antenką olbrzymiego, malowanego ręcznie Jaja, w kształcie Latającego Spodka lub odwrotnie. Jedno stawało się pewne. Cokolwiek przydarzyło się Timowi Edwardsowi, zdrowo nim szturchnęło.

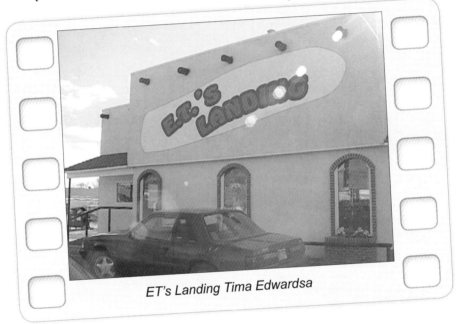

ET's Landing Tima Edwardsa

Kilkanaście minut później podjeżdżamy pod stojący u podnóża góry dom Tima. Porozrzucane dziecięce zabawki znaczą obecność 10-letniej Sary, która pierwsza wystawia ciekawą głowę zza drzwi. Chwilę później witam się z niepozornej postury człowiekiem w średnim wieku, którego Przybysze z Innych Cywilizacji uznali za Wybranego.

– Stanąłem o tu, w tym miejscu z kamerą i włączyłem nagrywanie – mówi, pokazując ręką niebo. – Sześć i pół minuty. Potem odłożyłem kamerę i zadzwoniłem po policję.

Tamtego dnia, 27 Sierpnia 1996 roku, Tim zadzwonił także do lokalnej stacji radiowej, telewizji, znajomego, straży pożarnej, żony i na pogotowie. Siedem telefonów łącznie. Ci, którzy wzięli go poważnie i spojrzeli we wskazywany przez Tima kwadrat nieba, zobaczyli to samo co on. *Click.* Pstryka przełącznik telewizora. Bez wielkich zapowiedzi, wstępu, zaczyna się kręcić taśma wideo. Widzę fragment dachu, błękit czystego nieba. Potem kamera, trochę koślawo, usiłuje zzoomować coś na niebie, ponad dachem. Raptem dostrzegam maleńki pasek białego Czegoś. To Coś zaczyna oscylować, błyskając białymi w kolorze światełkami przesuwającymi się z lewej strony Obiektu w prawą. Potem prostokącik raptem ginie, by odnaleźć się znów po chwili w oku kamery. W tle z *offu* dobiega głos rozczarowanej Sary:

– Czy statki kosmiczne mogą być większe?

– Że co?

– Czy statki kosmiczne mogą być większe?

– Aha.

To, co utrwalił na taśmie tamtego letniego ranka Tim Edwards zobaczyło w ciągu następnych 48 godzin, 21 osób w 13 różnych miejscach w Colorado. Inni, w Californii, Arizonie, Nowym Meksyku, Montanie.

Indianie odnotować mieli to samo. Siedzę przed ekranem jak zaczarowany. Tim pokazuje teraz inne, nakręcone później nad swoim domem zjawiska, fragmenty nici babiego lata, jakieś fruwające w powietrzu owady sfilmowane tak, by pod światło wyglądały jak maleńkie statki ET, czy wreszcie orły, które odtąd zaczęły krążyć nad dachem jego domu. Siedziałem jak zaczarowany, bo jako

Tim Edwards i jego kamera. Kilka minut, które wstrząsnęły światem

człowiek zajmujący się na co dzień obrazami wideo, wiedziałem, że poza serwowanym teraz *post factum bullshitem*, film Tima był prawdziwy.

Tamtego dnia wieczorem przed domem Tima Edwardsa doszło w końcu do lądowania statku powietrznego. Przyleciał helikopter NBC. Amerykę i świat obiegły jego zdjęcia. Tim stał się chlubą Salidy. Założył restaurację o kosmicznej nazwie ET Landing. (Lądowisko ET, *Extra Terrestial*). Udzielał wywiadów. Zaczął jeździć na konferencje i spotkania UFOlogów i dzwonić po redakcjach, opowiadając nieprawdopodobne dialogi z Kosmitami, które mu się rzekomo właśnie przydarzyły. Krótko mówiąc, Timowi odbiło.

Opowiadamy sobie o tym potem z Michaelem jadąc po zakrętach Pon-

Tajemniczy Obiekt zarejestrowany przez Tima Edwardsa

Tim Edwards do dziś jest przekonany, że zobaczył UFO

cha Pass, który przecina Góry Sangre De Christo na wysokości 3 tysięcy metrów. To właśnie tędy uciekał francuski traper, jedyny ocalały uczestnik ekspedycji, która nad źródłami rzeki Gunnison wypłukała tyle złota, że nie mogły go unieść muły. Powolnie snującą się kawalkadę zaatakowali Indianie Ute. Francuzi nie chcąc porzucić złota, walczyli do końca przez kilka dni. Ginęli po kolei, aż ostatni z nich rzucił się do ucieczki zabierając ze sobą, jak w grzecznej bajce, tyle złota, ile zdołał udźwignąć. Zginął gdzieś tu, na zboczach Round Mountain, wcześniej ukrywszy do dziś poszukiwany skarb na zboczach masywu, który właśnie mijam po lewej stronie.

Jedziemy z Michaelem do Creston, maleńkiej osady położonej w jednym z najpiękniejszych i najmniej zamieszkanych rejonów we współczesnej Ameryce. W Creston mieszka Chris O'Brien, autor wielu książek o Tajemniczej Dolinie, jak się nazywa San Juan Valley. Człowiek, który południowo-wschodnie Colorado zna jak własną kieszeń.

Dolina San Juan jest najwyżej położoną pustynną doliną na świecie. Gdyby umieścić ją w Polsce, byłaby na wysokości Tatr Wysokich i zajmowałaby obszar Małopolski. Leży pomiędzy dwoma masywami górskimi – Sangre De Christo na wschodzie i San Juan na zachodzie, których szczyty piętrzą się na wysokość 5 tysięcy metrów nad poziom morza wraz z potężnym Mont Blanca, jednym z największych szczytów w Ameryce. W granicach tej doliny można by spokojnie zmieścić cały stan Connecticut. Do dziś pasą się tam stada bizonów, zamknięte w potężnym *rancho* Zapata. To właśnie w górach San Juan bierze początek słynna rzeka Rio Grande, oddzielająca wiele mil później Amerykę od Meksyku na teksańskiej granicy.

W jej południowo-wschodniej części 12 tysięcy lat temu kończący się ostatni okres lodowcowy formował piaski Wielkich Piaszczystych Wydm. Dziś jest tu 78 kilometrów kwadratowych, wysokich nieraz na

200 metrów, piasków Great Sand Dunes. Amerykańska Sahara.

Michael opowiada mi o tych cudach niefrasobliwie, sącząc coca-colę przez słomkę i moje zdawkowe: *really?* naprawdę? och i uhm, zamieniają się w swojskie: o rany!, kiedy droga 285 wyprostowuje się i zza ciasnych urwisk przełęczy Poncha Pass otwiera się przed nami niebo i ziemia.

The Great Sand Dunes. W tle góry Krew Chrystusa (Sangre De Christo). Indianie Ute nazywali to miejsce Sowapophe-uvehe – Ziemia, Która się Przesuwa. Czy tutaj wojsko testuje pozaziemskie cywilizacje?

SKARBY DOLINY SAN JUAN

idzę olbrzymią przestrzeń ciągnącą się aż po horyzont z łagodnymi zboczami kilkutysięczników po lewej stronie i siną dalą gór po prawej, z nitką autostrady pomiędzy. San Luis Valley jest jak grobowiec z zamkniętą nad ziemią czaszą nieboskłonu. Niebo jest tu władcą, nieprawdopodobne w swych burych, burzowych odcieniach nadchodzącego sztormu. Kiedy słońce, za kratownicą chmur, strzela w nas wąskim, pochylonym jesienią promieniem, machinalnie zatrzymuję auto i kręcę kilka ujęć, choć wiem, że dwuwymiarowość telewizyjnego obrazu likwiduje głębię tej przestrzeni. Okolice zamieszkują jedynie kojoty i króliki, ale ziemia jest znaczona obecnością człowieka. Michael podaje mi lornetkę i raptem wśród dywanu traw dostrzegam Monolit. W istocie, jak w *Odysei 2001*, jego obecności nie tłumaczy żadna ze znanych nam teorii rozwoju ludzkości. Potężny transformator byłby w stanie zasilić sporych rozmiarów miasteczko, ale w pobliżu nie ma nikogo. Gdzie indziej dostrzegam wystający z ziemi kikut anteny napędzanej baterią słoneczną. Działka ogrodzona płotem i oznaczona literami SW54 z pozoru nie spełnia tu żadnej, dającej się wytłumaczyć, roli.

Kiedy skręcamy z drogi do Creston, słyszę pierwszy, daleki grzmot toczący się poprzez katedrę nieba. Potem goni nas cichy szmer. Deszcz powoli przesuwa się po trawie prerii coraz bliżej i bliżej, aż rozbija na masce olbrzymie krople. Siedzimy w aucie, pijemy kawkę i czekamy na Chrisa. Dopiero po chwili zauważam przykrytą kowbojskim kapelu-

San Juan Valley

szem nieruchomą sylwetkę siedzącą na żerdziach ogrodzenia *rancho*.

– *Howdy* – wita nas Chris, kiedy ściskamy ręce.

Chris O'Brian przeniósł się do Doliny San Luis kilka lat temu. Już po krótkiej rozmowie z nim rozumiem, że Chris jest u siebie w domu. Wsiadamy do jego wysłużonego *pick-upa* i po chwili zostawiamy za sobą rudą kurzawę w zmaganiach sam na sam z deszczem. Jedziemy na skos po prerii choć, kiedy uważniej przyglądam się trawie przed nami, zauważam ślady kolein, których daremnie by szukać na mapie.

– Trup ma dopiero kilka godzin – mówi Chris z charakterystycznym teksańskim twangiem. – Rancher nie miał chorych krów w stadzie. Tę znalazł nad ranem.

Uśmiecham się do siebie, bo uświadamiam sobie, że nigdy w życiu nie sądziłem, że będę jechać tutaj, w środku Ameryki, na przełaj przez prerię, z tymi dwoma lunatykami po bokach, którzy wierzą w Małego Zielonego Człowieka i mają tyle czasu i pieniędzy, że stać ich na to, by go szukać. Gdyby nie *pick-up* i fakt, że kończy się XX wiek, jechalibyśmy teraz pewnie konno i zamiast Ludzi Zielonych szukalibyśmy Ludzi Czerwonych albo czegoś takiego.

Jedną z pasji Chrisa jest zagadka tajemniczych mordów dokonywanych na krowach pasących się w przestrzeniach Doliny. Okoliczni farmerzy znajdowali od lat dorodne, na pozór zdrowe krowy raptem tknięte tajemniczą ręką śmierci. Potem ktoś dokonał autopsji i amerykańskie media obiegła sensacja: krowy miały rany – jakby sprawny chirurg skalpelem wycinał z komputerową precyzją różnego rodzaju organy, najczęściej rodne. Ktoś inny z kolei zauważył przelatujące bezszelestnie czarne helikoptery i Tajemnicza Dolina San Juan wzbogaciła się o jeszcze jedną Tajemnicę. Chris zdokumentował setki takich przypadków. Zrobił to z pietyzmem zawodowego reportera: miejsce, godzina, zdjęcie, opis i relacje świadków. Zdjęć jest kilkadziesiąt, Chris trzyma je jak rodzinne fotografie w albumie pod siedzeniem, spod którego wystaje również wypolerowana rękojeść *winchestera*.

"Wystawione w akcie skostniałej agonii kopyto strzela w nieboskłon"

Kiedy dojeżdżamy do celu, najpierw czuję, a potem dopiero dostrzegam, zwierzę. Śmierć wtapia je w trawę, żółciejąca skóra mieni się kolorami prerii. Wystawione w akcie skostniałej agonii kopyto strzela w nieboskłon, który znów złoci trawę smugami słońca, przypominającymi mi włosy Krystyny z Akademika na Szamarzewie w Poznaniu, malowane w modne wtedy pasemka farbą olejną do podłóg marki Irena, bo na farby do włosów nie było jej stać.

Chris i Michael dokonują fachowych oględzin, po czym pogrążają się w rozmowie, kiedy ja łapię głęboki oddech i kręcę parę sekwencji.

Krowa jest zdechła *alright* – myślę sobie, kiedy w końcu staję po nawietrznej. Chris włącza magnetofon.

– *December 15, 1998. 10:30 AM.* Krowa znaleziona w pobliżu Praire Ditch. Brak śladów okaleczeń mechanicznych na ciele.

Dopiero kiedy wyciąga spod siedzenia album z fotografiami, rozumiem, co ma na myśli. Ze stron spoglądają na mnie okaleczone i nadpalone korpusy krów, jakieś tajemne znaki zadane ostrzem skalpela. Każde zdjęcie z opisem i datą. Każdy przypadek skatalogowany, jak inwentarz pani z telewizyjnej księgowości.

Chris i Michael nad krową zabitą przez kosmitów

Kiedy dojeżdżamy do Creston, robi się wieczór. Creston przypomina miasteczko z czasów Gorączki Złota. Jak i wtedy, tak i teraz przyciąga samotników i odrzuconych, poszukiwaczy i straceńców. Miasteczko zagubione u podnóży kilkutysięczników Sangre De Christo to kilka rozwalających się domów, spiętych czymś na kształt drogi. Chris, który jest tu u siebie, kieruje nas do jednego miejsca w Creston, gdzie można coś zjeść. Kiedy wchodzimy do środka, dostrzegam jakąś szarą postać siedzącą przy samotnym stoliku: szara, wychudzona kobieta w szarym wieku, w szarej flanelowej koszuli, spod której wystają wielkie, dojrzałe balony piersi. Kiedy tak siedziała z owijającym się wokół jej szarych włosów papierosowym dymie, pomyślałem sobie, że wygląda jak zatrzymana klatka z koncertu w Woodstock. Tylko, że to było bardzo, bardzo dawno temu.

Przy sąsiednim stołku siedziała postać z *Obłędu* Krzysztonia. Mężczyzna miał na głowie rosyjską czapę z czasów Iwana Groźnego i takąż brodę. Owcze skóry, w które był odziany, wiązał sznur kowbojskiego lassa. Jedyne, co było żywe w tej górze preryjnego dobrobytu, to oczy, które błyszczały ogniem szaleńca, i wąskie, ruchliwe usta, które szeptały pod moim adresem szybkie, ruchliwe bluźnierstwa we wszystkich językach świata, albo mi się tak tylko zdawało. Jedynym tchnieniem wiatru w tych obrazkach z przeszłości była odziana w jeansy Sylvia,

Od lewej siedzą zasłuchani – Sylvia, Michael, kobieta z Woodstock i Obłęd Krzysztonia

może 10-letnia dziewczynka pozująca na 14-letnią nastolatkę, której ładna buzia z krótką, chłopięcą grzywką pojawiła się w drzwiach dwa razy: raz, kiedy otwarły się drzwi i drugi, chwilę później, kiedy weszliśmy do środka. Tym razem jednak jej piękne, duże oczy i jeszcze większe usta miały na sobie ślad pomadek skradzionych pewnie mamie z torebki.

Znaleźliśmy kanapę nieopodal. Za wyraźną sugestią Chrisa nie zamawialiśmy nic prócz kawy. Włączyłem kamerę. Światło *sungunu* wypłoszyło z kątów ćmy i przyciągnęło je ku nam, zapraszając do nocnego tańca.

Chris otworzył swój album z fotografiami i w takiej scenerii rozpoczął mrożącą krew w żyłach, pełną tajemnic, opowieść.

– 2 marca 1994 roku. To cielę znalazł okoliczny rancher. Miało wycięty kręgosłup, język, oczy i organy rodne, mózg usunięty był z czaszki. Brakowało prawej nogi. Wokół leżał śnieg. Policja nie znalazła żadnych śladów, żadnych odcisków, kół, butów, nóg, stóp, łap. Zwierzę po prostu spadło z nieba. Przypadek opisano w hollywoodzkim filmie *Innocents*. Okoliczni farmerzy mówią, że w nocy widzieli w okolicy światła. Pamiętaj, że wokół nie ma nic w promieniu kilku dni marszu.

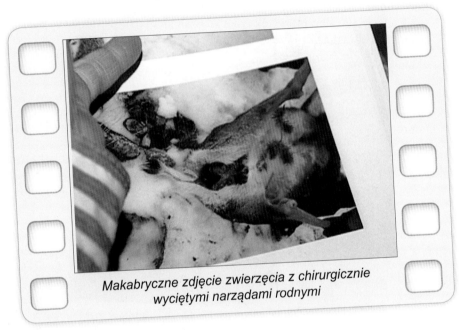

Makabryczne zdjęcie zwierzęcia z chirurgicznie wyciętymi narządami rodnymi

Wrzesień 1996. Tę sarnę potrąciło auto i szeryf zastrzelił ją, żeby się nie męczyła. *It was dead alright*. Następnego dnia policja przyjechała, by usunąć padlinę. Zrobili to zdjęcie: widać na nim organy rodne chirurgicznie wycięte skalpelem albo innym precyzyjnym narzędziem. Zdjęcie tej sarny zrobiłem w garażu farmera, który znalazł ją na polu. Zadzwonił do mnie, ale mogłem tam przyjechać dopiero 4 dni później. Zwierzę nie wydzielało żadnego zapachu. Cztery dni leżało na podłodze i nie miało żadnych śladów rozkładu. Miało usunięte wszystkie miękkie organy: język, oczy, zostawiono serce i wątrobę. Kiedy powąchałem padlinę poczułem silny odór formaliny. Obecność takiego odoru u wielu okaleczonych okolicznych zwierząt potwierdza także departament policji w Seguache, który dokumentuje te przypadki od 1975 roku. Wiele martwych zwierząt pozostaje nietkniętych. Nawet kojoty nie chcą tego ruszać. Podobnych przypadków udokumentowano setki. Policja nie ma najmniejszego *clue*, tropu, choć mamy tu do czynienia z największym seryjnym morderstwem w historii. Rancherzy tracą krowy i są bezsilni. Chcą znać prawdę. Nie mają do kogo się zwrócić.

"Od lat duże firmy farmaceutyczne rywalizują w badaniach nad wynalezieniem sztucznej krwi."

– Osobiście myślę – ciągnie dalej Chris O'Brian – że obserwujemy zakrojone na szeroką skalę tajne badania nad Czymś. Może chodzi o jakieś testy nad rakiem, może nad wynalezieniem sztucznej krwi. Jak wiadomo, krew wołu jest bardzo zbliżona do krwi ludzkiej. Od lat duże firmy farmaceutyczne rywalizują w badaniach nad wynalezieniem sztucznej krwi. Pierwsza firma, która tego dokona, zarobi miliardy dolarów. Potrzebują krów do badań, tu są ich całe stada. Drugą kwestią jest to, że Dolina San Luis leży tak wysoko, że wszystko co lata tu nad ziemią, jest niewidoczne dla radaru. Można więc wynająć helikopter i robić, co się chce, przynajmniej pod osłoną nocy. Wysokość, na której leży Dolina San Luis, powoduje, że jest to też idealne miejsce na testowanie prototypów samolotów. Mapy lotnicze rejonu wskazują, że obszar powietrzny nad okolicą jest wyłączony z komercyjnego lotnictwa. Mówi się, że USAF testuje kolejny prototyp eksperymentalnej serii X, którego pierwszą generację obleciał Chuck Yeager wykonując w 1947 roku pierwszy lot ponaddźwiękowy. Dziś oblatywany numer to podobno X35.

(W istocie X35 to JSF, Joint Strike Fighter, niewidoczny dla radaru samolot bojowy, który – jak wiemy – miał stać się podstawową maszyną bojową USAF w 2010 roku. Debiutowy przelot nastąpił 24 października 2001 roku, a więc 3 lata później. Chris najprawdopodobniej miał na myśli legendarny samolot Aurora, lecący 15 razy szybciej od dźwięku, o którego istnieniu nikt w 1998 roku nie mówił. Co ciekawe, w 2002 roku USAF odtajniło najnowszy prototyp X45, którego sylwetka przypominała opisy podawane Chrisowi O'Brianowi przez mieszkańców San Luis Valley.

SAMOLOTY SERII X

AURORA   X-33

X-43   X-45

– Mimo to zdarzają się tu takie przypadki – ciągnie dalej Chris – jak ten zarejestrowany w wideo Tima Edwardsa, których nie da się wyjaśnić, opierając się na potocznej wiedzy.

Mam tu kopię gazety z końca XIX wieku, w której reporter donosi o obserwacji nad Salida tajemniczego obiektu, który, jak u Tima Edwardsa, połyskiwał na niebie przez dłuższy czas. Jeśli interesujecie się historią sztuki pamiętacie zapewne obraz flamandzkiego mistrza z końca

XV wieku: portret kobiety zawiera umieszczony na niebie obiekt, do złudzenia przypominający to, co dziś kojarzy się z UFO – płaski spodek z półkolem na dachu. Mistrzowie pędzla tego okresu przywiązywali bardzo dużą wagę do szczegółów pejzażu, które to detale zawsze odtwarzali z pietyzmem. W obrazie, o którym mówię, wyraźnie widać sylwetkę wieśniaka, który zadziera w zdumieniu głowę do góry.

The Madonna with Saint Giovannino namalowany przez Domenico Ghirlandaio (1449-1494). Człowiek w tle obrazu spogląda na UFO

Trudno przypuszczać, że taka profetyczna wizja przydarzyłaby się malarzowi ot, tak sobie. Myślę, że malował coś, o czym się mówiło w okolicy albo co sam widział. Uznał to na tyle istotne, by utrwalić to na płótnie. Więc myślę, kochani, że podglądani jesteśmy od dawna i że czasem naszym kosmicznym przyjaciołom coś się spieprzy. Wtedy zdarzy się jakiś Tim Edwards, który ma akurat pod ręką kamerę i mieszkańcy Ziemi mają znów o czym opowiadać po nocy.

Chris zamyka z cichym klaśnięciem swój album makabrycznych fotografii. Robi się tak cicho, że słychać niemal ćmy bijące w reflektor kamery. Odwracam głowę i dopiero teraz widzę, że cała „restauracja" nas słucha; Szara Pani i młodziutka Sylvia z jeszcze większymi ze zdumienia oczami. Nawet *Obłęd* Krzysztonia przestał klepać zaklęcia i odwrócił z zaciekawieniem głowę.

Jak na gigantycznym dźwigu, moja kamera odjeżdża z tego miejsca, coraz wyżej i wyżej, pod sufit, okna, dachy pochylonych starością domów Creston, ponad czubki nieruchomych nocą świerków i zimne, nieprzystępne szczyty oblodzonych Gór Krew Chrystusa. Szybuje tak przez pustą, zimną przestrzeń spowitej tutaj jesienią Ziemi, poza księżyce Saturna i konstelacje Andromedy i piękną Tarantulę zdobytą obiektywem Hubble'a. Chcę wierzyć w Małego Zielonego Ludzika i tajemniczy Spodek, z którego wyjdzie jakaś Super Dupa i pokaże nam tajemnice Wszechświata, choć wiem, że są duże szanse, że nie zdarzy się to za mojej ani twojej na tej Ziemi bytności. Stwórca, jak wyrozumiały rodzic, odsłania nam sekrety życia powoli, podając wiedzę, jak opiekuńcza mamusia zupkę, bacząc abyśmy się tym nie zachłysnęli. Powiedziałem o tym niedawno jednemu z najbardziej legendarnych znawców zagadnień, Frankowi Drake'owi, Dyrektorowi Instytutu SETI. Powiedziałem, że moim marzeniem jest żyć tak długo, by doczekać się newsa z radia: Życie Gdzie Indziej Istnieje!

Profesor uśmiechnął się wyrozumiale:

– A czymże jest życie? – zapytał.

Więc jesteśmy trochę w tym poszukiwaniu życia w kosmosie jak ubrany w przeciwsłoneczny kapelusz przybysz do afrykańskiego Zangarra, który zakłada, że wszyscy wokół mówią po angielsku i który absolutnie wyklucza fakt komunikowania się słoni przy pomocy częstotliwości, których nie słyszy, i ta prosta konstatacja wkurzała mnie bardziej i bardziej.

Myślałem jeszcze o tym, kiedy prułem 120 mil na godzinę po jedynej gładkiej rzeczy, jaka istnieje na powierzchni kilkuset kilometrów wokół obszaru w Colorado, który nazywa się The Plateau.

Jest cholernie późno. Jakaś druga w nocy. W ciemnościach świecą tarcze mojego jeepa i księżyc. Przyciskam się do przedniej szyby i spoglądam w górę, patrząc, jak uciekają gwiazdy. Potem wyłączam światła. Ciemność. I wtedy dostrzegam jakąś bryłę. Potem drugą, potem dziesiątą. W istocie, jest ich kilkadziesiąt. Stoją na polu. Nieruchome jak skały. Bizony. Pierwsi mieszkańcy Ameryki. *Yippee-kay-yay.* Włączam światła osłupiały i Mr. Edison zapala ich oczy na brązowo. One się gapią. Gapią się na mnie. Ja gapię się na nie. Dopiero teraz zauważam, że niemal stoję w miejscu. Jest tak pusto i cicho, że mógłbym strzelić do takiego jednego i wsadzić do bagażnika i mieć na kolację, na przykład.

Zamiast tego, inny impuls: tak cicho, jak tylko pozwala mi silnik *made in 98*, powoli oddalam się, intruz zamknięty w ciepłej kapsule komfortu. Raptem mały i kruchy w obliczu surowej rzeczywistości wytrwałej tam na ośnieżonym płaskowyżu o temperaturze minusowego Fahrenheita.

Dotykam nóg, żeby się przekonać, że to nie sen. Myślę, że nawet kiedy byłem ministrantem w małym kościółku na bydgoskim Siernieczku stojąc przed ołtarzem, niewiele razy byłem tak blisko Boga, jak teraz.

Na *highwayu* numer 18. Pośrodku niczego. Oko w oko ze stadem bizonów. Czuję się raptem strasznie samotny w tym zetknięciu i zgoła *out of place*, nie na miejscu. Myślę sobie, że od czerni nieba i poznania jego Tajemnic dzieli mnie jeden skręt kierownicy. I myślę sobie prowokująco: jeśli inne życie jest gdzieś tam i rację ma Tim Edwards, Frank Drake i ludzie bez imienia, którzy od niepamiętnych czasów odciskali w jaskiniach swe ręce i cierpliwie ryli na skałach znak słońca, i spoglądali w niebo, szukając nadziei i zmiłowania i wiary; jeśli prawdą jest, co można założyć, że jesteście tacy super duper rozwinięci technicznie, że możecie nas podglądać przez okno w izbie, kiedy czytamy Timesa i pieprzymy gosposię sąsiadki, to proszę – myślę sobie – weźcie mnie teraz, cholera, do siebie, nikt się nie dowie, nikt nie wie, gdzie jestem, nie wie gdzie mnie szukać, nie będzie po mnie śladu, idealny układ na kosmiczny kidnapping, zzzip, świst, i po krzyku, *c'mmon*, na co czekacie mądrale pierdolone, wyzywam was tu, na tym pustym ośnieżonym Niczym, takim bliskim Nieba, że bliżej być nie może, nie urobicie się wiele, co? – może mam, kurwa, maila wam wysłać, że tu jestem i czekam, przecież i tak wszystko niby wiecie, więc dajcie choć znak, jeśli wam się nie chce, że to wszystko ma jakiś sens, że ma sens Tomek i jego sztalugi, które rozpinają płótna zapełniane codziennie farbą, a których nikt nie chce kupować, że sens ma Magda, która rzeźbi ludzkie korpusy bez ramion, bo chce je zamienić w skrzydła i unieść nas wysoko ponad ziemię i nieboskłon do Was i sens ma Jola i Rafał, którzy się zakochali od pierwszego wejrzenia i Babcia Joanna, która kupuje mleko dla swojego kota, bo to jest jedyny Ktoś, kto w jej życiu został, na co czekacie, *go ahead*, zabierzcie mnie z tego padołu nieszczęścia i śmierci, miłości i nienawiści, terrorystów i księży, kurew i prezydentów, i proletariuszy całego świata módlcie się za nami, Rado Bezpieczeństwa, módl się za nami, Bramo Zaranna, módl się za nami, Przybytku Chwalebnych, módl się za nami, Izbo Reprezentantów, módl się za nami, Bramo Kijowska i Wspomożenie Wiernych...

Raptem w poprzek nieba, od lewej do prawej. Na czerwono. Jak pocisk. Nie, jak UFO. Też nie. Jak coś Kurwa Niesamowitego. Olbrzymia czerwona łuna, jak Gwiazda Betlejemska, zupełnie taka, jaką widziałem namalowaną na opakowaniu kawy z Izraela. Cudowna, purpurowa kita rozpina się na czarnym niebie przede mną. Znak.

Zatrzymuję auto. Stoję i czekam. Trzęsą mi się palce, kiedy w pośpiechu szukam po omacku klamki drzwi i wypadam na śnieg. Biegnę w kierunku bledniejącego już znaku, jakby był tuż, potykam się i przewracam twarzą w śnieg, który oprzytamnia mnie, gdy wypluwam lód z ust i łzy, i kiedy łapię oddech, klęczę przed ołtarzem Wszechświata, który wiem już, że mnie nie chce. Zaciskam palce na zmarzniętej ziemi, której jestem przypisany, czy tego chcę, czy nie.

– Nie chcą mnie – myślę ze złością. – Kurwa, mnie nie chcą...

Ale po chwili uśmiecham się. Ze szczęścia.

Colorado. Droga Numer 19.
2.45 15 września 1998

☆ ☆ ☆

Kilka lat potem znów przejeżdżałem przez Salidę. Restauracja ET była zamknięta. Pojechałem do domu Tima. Dziecięce zabawki, podobnie jak sznury bielizny, zniknęły z podwórka. Wiatr przewracał pustymi kartonami po kalendarzach z okolicznościowym zdjęciem UFO Tima Edwardsa. W domu nie było nikogo.

Dowiedziałem się potem, że żona Tima zniknęła uciekając z kochankiem do Montany. Wcześniej ukradła z małżeńskiego konta 80 tysięcy dolarów, włączając moje pół tysiąca, jakie zapłaciłem za możliwość publikacji 8 sekund wideo Tima w polskim eterze. Takie ziemskie perfidie.

PROM KOSMICZNY

czyli dlaczego wymarły dinozaury?

ześć. Mam na imię Scott. – Wyciąga do mnie rękę młody blondyn w mniej więcej, moim wieku. Ma na sobie granatową koszulkę z napisem NASA, której przywilej noszenia mają tylko astronauci programu promu kosmicznego.

– Mówisz po polsku? – zagaduję rozbawiony jego czeskim akcentem.

– *No, that's all I learned for the meeting...* – Nie, to wszystko, czego się nauczyłem na to spotkanie – śmieje się i wiem już, że będziemy przyjaciółmi.

Tak poznałem Scotta Parażyńskiego, człowieka, który mógłby równie dobrze być nauczycielem biologii w szkole w małym amerykańskim miasteczku gdyby nie fakt, że pokonał w swoim krótkim dotąd życiu 27 milionów kilometrów – sześć tygodni w czerni kosmosu, na czterech misjach promu kosmicznego łącznie.

Byliśmy w Johnson Space Center w Houston w Texasie i obecność Scotta pozwalała mi wejść dosłownie wszędzie. Któregoś dnia rozejrzał się dokoła i pociągnął mnie za ramię.

Kilkanaście stopni później wchodziłem na pokład promu....

Pierwsza rzecz, którą zauważasz, to ciasnota. Piętra są trzy, a miejsca jest mało. Środkowe zajmują pomieszczenia dla załogi z łóżkami przymocowanymi do ściany i „sufitu", pojęcia, które w warunkach nieważkości tracą sens. Stąd też wychodzi się na otwierany w warunkach kosmicznej podróży pokład, szeroką na prawie 5 i długą na 18 metrów kapsułę. Scott pokazuje mi poręcze, których będzie się trzymać poruszając się po tym pokładzie. Ze śródpokładu spogląda na nas małe okno, przez które będzie patrzył inny kosmonauta operując potężnym ramieniem promu. Wierzchnią powłokę promu osłania 24 tysiące żaroodpornych płytek, których technologia jest jednym z ulubionych gadżetów z dumą prezentowanych przez inżynierów NASA. Są nieprawdopodobnie lekkie, a rozgrzane do temperatury krematorium (1,200 C) po jednej stronie, dają się trzymać w ręku po drugiej.

Z astronautą Scottem Parażyńskim w Johnson Space Center 2004

Kilka stopni wyżej i... nie mogę uwierzyć własnym oczom: kokpit promu kosmicznego. Wślizgujemy się w fotele. W nich się nie siedzi, a leży – dopiero po ustawieniu promu na platformie znajdziemy się we właściwej pozycji. Na razie leżymy w nich na wznak, instrumenty pokładowe mrugają do nas rzędami równych światełek nad głową. Instrukcje trzymają się na taśmę velcro. Kazda procedura jest w nich opisana punkt po punkcie tak dokładnie, że przypomina mi to instrukcję, jak otworzyć i załadować pralkę. *Piece of cake.*

Scott siedzi po lewej, na miejscu zajmowanym zwykle przez komandora. Ja jestem w miejscu pilota. Dokoła nas znajduje się ok. tysiąca różnego rodzaju pokręteł o grubych końcówkach, łatwych do manipulowania w kosmicznych rękawicach. Sześć okien z potrójnego szkła na razie pokazuje nam drzwi hangaru. Zapinam pasy i zamykam oczy.

– Scott...– mówię – Nie wiem jak ty, ale ja jestem gotowy.

Program Space Shuttle wcielił w życie swym podpisem prezydent Nixon w styczniu 1972 roku. W nowej grze szło o stary problem: pieniądze. Czy istnieje sposób na wielokrotne, a co za tym idzie, tanie transportowanie ludzi i materiałów w Kosmos? Pierwszy lot Columbii odbył się w kwietniu 1981 roku. Dwóch ludzi leciało dwa dni. Ameryka wchodziła w nowy etap podboju kosmosu. Ludzkość przymierzała się do nowej poprzeczki, która miała zapewnić nam długowieczność. Jak powiedział Carl Sagan: dinozaury wymarły, bo nie miały własnego programu kosmicznych lotów. Prawie 20 lat później widzę charakterystyczny kształt kadłuba przytulony do olbrzymiego, prawie 50-metrowego zbiornika paliwa zawierającego ciekły wodór i tlen. Jest jak pijawka: każdy z jego trzech silników pochłania zawartość pomarańczowego w kolorze zbiornika w tempie 450 kilo na sekundę. Silniki te przez 8 i pół minuty pracy, jakiej potrzeba aby 200 ton *made in Earth* opuściło ziemski padół, spalają tyle paliwa, ile jest w średniej wielkości zbiornikach 50 tysięcy samochodów. Główna siła odrzutu spoczywa jednak na tzw. SRB (Solid Rocket Boosters) – dwóch białych w kolorze zbiornikach spalających paliwo stałe: aluminium. To one odpowiedzialne są za wyniesienie promu 45 kilometrów nad Ocean Atlantycki, po czym odpalają i opadają na spadochronach do wody. Przy ich pomocy prom mknie teraz z prędkością, która przeniosłaby Scotta z Nowego Yorku do Warszawy w mniej niż godzinę, pokonując ciągle siłę grawitacyjną Ziemi.

Kabina promu kosmicznego

Prom kosmiczny Atlantis w drodze na platformę 39A, 4 pojazdy gąsienicowe, z których się składał, spalały 350 litrów ropy na jeden kilometr

73 SEKUNDY TRAGEDII
NA PLATFORMIE 39B

iedy przecinam Bananową Rzekę, Ion trąca mnie w ramię. Bacząc, by nie dostrzegł nas Bill, wskazuje ręką na majaczący w oddali hangar:

– Challenger – mówi – a raczej to, co z niego pozostało, spoczywa tam w 39 kartonach.

Nikt w NASA nie lubi tego tematu. Nikt tu ci nie powie, co płetwonurkowie zastali na dnie oceanu, kiedy ich latarki znalazły nienaruszony niemal kokpit z załogą.

Dziś jest niemal pewne, że załoga przeżyła wybuch. Kiedyś klatka po klatce analizowaliśmy w CBS taśmę z tej eksplozji. Technika cyfrowa pozwalała nam na powiększenia obrazu niemożliwe jeszcze 10 lat temu. Otóż kokpit załogi znajdował się niemal na szczycie tej beczki prochu; jej eksplozja wyrzuciła kokpit w przestrzeń jak ciśnienie Corbella wyrzuca korek od szampana. Na zdjęciach tych wyraźnie widać nienaruszony kokpit załogi, szybujący przez granat nieba. Załoga po wybuchu przeszła przez przeciążenia, ale nie powinna stracić świadomości. Intrygujący jest przytoczony wcześniej zapis rozmów załogi przed startem, gdy mowa jest o pasach bezpieczeństwa.

Jeśli ktoś z nich nie miał zapiętych pasów, na wypadek „gdyby musiał po coś sięgnąć" niewykluczone, że mógł sięgnąć po tlen, i wówczas jest niemal pewne, że byłby przytomny do końca kilkuminutowego upadku do oceanu. Kapsuła z załogą uderzyła w taflę wody z szybkością ponad 300 kilometrów na godzinę. Przy tej szybkości jest to tak, jakby walnąć

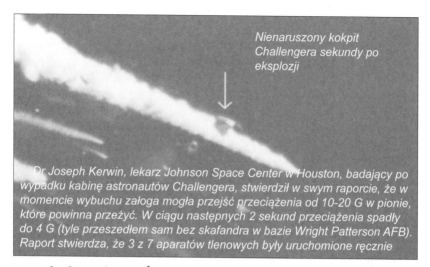

Nienaruszony kokpit Challengera sekundy po eksplozji

Dr Joseph Kerwin, lekarz Johnson Space Center w Houston, badający po wypadku kabinę astronautów Challengera, stwierdził w swym raporcie, że w momencie wybuchu załoga mogła przejść przeciążenia od 10-20 G w pionie, które powinna przeżyć. W ciągu następnych 2 sekund przeciążenia spadły do 4 G (tyle przeszedłem sam bez skafandra w bazie Wright Patterson AFB). Raport stwierdza, że 3 z 7 aparatów tlenowych były uruchomione ręcznie

samochodem o beton. Śmierć następuje w wyniku wewnętrznych obrażeń ciała; każdy narząd przemieszcza się wewnątrz ciała rwąc tkanki i naczynia krwionośne. Śmierć jest trudna, podobna do tej, jaka spotkała Księżnę Dianę, gdy jej mercedes uderzył w betonowy słup którejś z paryskich nocy.

NASA mówi o tragedii niechętnie, bo firma ponosi odpowiedzialność za śmierć tamtych ludzi. Start promu przekładano pięciokrotnie z powodu złej pogody. Challenger stał na platformie 39 B przez okrągłe 38 dni. Przez ten okres w rejonie na centymetr powierzchni spadło wiadro wody.

Kiedy w końcu zdecydowano się na start, było bardzo zimno. Jeszcze nigdy prom nie startował w tak niskiej temperaturze. Jeden z weteranów NASA, Steve Bullock, powiedział mi potem, że kiedy tamtego feralnego dnia rano wszedł na platformę, wszędzie widział wiszące sople lodu. Kilku inżynierów Lockheed Martin – o czym niewielu ludzi wówczas wiedziało – poważnie zastanawiało się, czy pierścienie łączące białe zbiorniki z paliwem stałym wytrzymają start. Obawiano się poważnej eksplozji jeszcze na samej platformie. Seria gorączkowych konferencji z inżynierami NASA nie dała rezultatu. NASA przekładało start pięć razy, Ameryka spoglądała na Challengera uważniej – pierwszy raz w historii promu osoba cywilna, nauczycielka Christa McAuliffe, wybrana z 11 tysięcy jej podobnych, leciała w kosmos. Przesuwanie startu wykrzywiało dobry PR firmy. NASA chciało startu Challengera. I chciało go natychmiast.

O czym nikt wtedy jeszcze nie wiedział, krople padającego całymi dniami deszczu powoli szukały swej drogi wokół gumowych pierścieni łączących 4 części białych zbiorników stałego paliwa. Pierścienie te spełniały taką samą rolę, jaką pełni gumka w słoiku do zapraw. Stanowiły szczelne połączenie między częściami zbiornika.

Któregoś dnia, a może którejś nocy, zakleszczył je mróz. Jeden z pierścieni rozluzował się i podobnie jak naciągnięta gumka od słoika gotowy był wydać ze środka syczące westchnienie. To jednak nie nastąpiło aż do chwili startu. Mniej niż sekundę po zapłonie silników z prawego zbiornika paliwa wydobył się niepozorny czarny kłąb dymu. (strzałka na zdjęciu). „Słoik" przepuścił, ale „gumka", czyli pierścień O, jak go się

Ranek 28 stycznia 1986 roku. Na platformie startowej Challengera zwieszają się sople lodu. W tle zbiornik SRB z widocznymi poziomymi uszczelkami. Jedną z nich rozerwała zamrożona woda

fachowo określa, trzymał dalej podobnie, jak słoik z grzybkami z lek-

Mniej niż sekundę po zapłonie silników z prawego zbiornika paliwa wydobył się niepozorny czarny kłąb dymu

ko nadciągniętą gumką.

Zbiornik dymił przez niecałe 3 sekundy w tempie 3 sapnięcia na sekundę. Dymił, bo płomień spalał gumową uszczelkę.

Potem jednak wszystko szło jak trzeba. Inżynierowie, którzy obawiali się eksplozji na platformie odetchnęli z ulgą. W 58.8 sekundzie lotu w tym samym miejscu, co przedtem dym, teraz pojawia się na mgnienie czerwony błysk, który sekundę później rośnie, pędzące powietrze zaś spycha go na spód dużego, pomarańczowego zbiornika paliwa w miejscu, gdzie do zbiornika przymocowany jest, kilkoma przęsłami, prom. Ów płomień ma temperaturę 5600° Fahrenheita. Jest jak palnik, który stopić może każdy metal, potrzeba na to zaledwie kilku sekund...

64.7 sekunda lotu. Płomień zmienia kolor na biały. Oznacza to, że „powietrze ze słoika" zmieszało się z inną substancją palną. Tą substancją

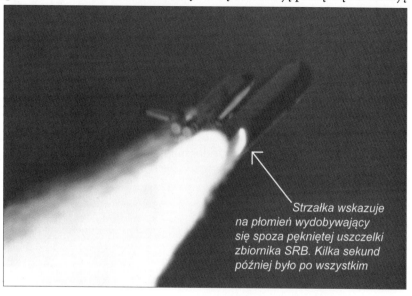

Strzałka wskazuje na płomień wydobywający się spoza pękniętej uszczelki zbiornika SRB. Kilka sekund później było po wszystkim

jest wodór, paliwo znajdujące się w pomarańczowym zbiorniku, znak, że płomień przepalił przewód łączący silniki promu ze zbiornikiem wodorowo-tlenowym.

W 72 sekundzie lotu tragedii nic nie jest już w stanie zatrzymać. Prom przypomina zaprzęg, z którego w ciągu następnych 2 sekund odpaść mają koła. Oto co dzieje się w ciągu tych ostatnich dwóch sekund Challengera:

Osłabione płomieniem przęsło mocujące biały zbiornik paliwa puszcza i zbiornik ten zaczyna się obracać wokół swej osi. Puszcza także zamocowanie promu do pomarańczowego zbiornika paliwa. Prom i zbiornik uderzają o siebie, wybijając dziurę, przez którą wydostaje się ciekły tlen. Przez ułamek sekundy widać biały kłąb wybuchowej mieszanki, która w następnym ułamku sekundy zamienia się w potężny, gigantycznych rozmiarów wybuch...

Spoglądam w górę, w nieskazitelnie niebieskie niebo marcowej Florydy, na którym 14 lat temu śmierć Challengera malowała swe magiczne znaki. Obserwuję, jak samotny jastrząb zatacza nad nami koło, szerokie, rozpostarte, nieruchome skrzydła z łatwością poddają się materii, którą tak bezskutecznie i nieudolnie, my ludzie, usiłujemy pokonać.

Słyszę kwilenie zardzewiałego czasem metalu, które przywraca mi poczucie czasu. Bill z trudem obraca okrągłym, jak w sejfie, pokrętłem metalowej bramy. Jesteśmy u stóp platformy startowej, w samym jej wnętrzu. Drzwi dają się w końcu pokonać. Spoglądam do środka, Bill włącza światła. Dostrzegam jajowaty tunel rozświetlony długim rzędem przymocowanych do sufitu żarówek. Wchodzimy pochyleni, idziemy w milczeniu, słuchając, jak echo zamienia nas w armię intruzów bezczeszczących groby Faraonów. Nie mogę uwierzyć własnym oczom. Oto ja, dziennikarz z Polski, idę tunelem ratunkowym promu kosmi-

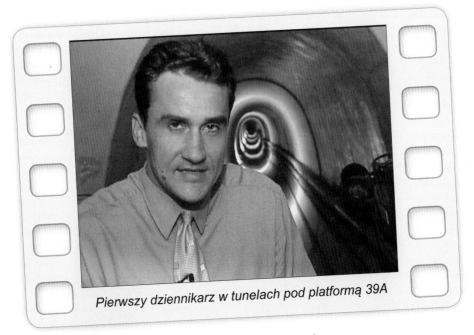

Pierwszy dziennikarz w tunelach pod platformą 39A

cznego, o którego istnieniu krążą tylko legendy. Żadna ekipa telewizyjna przede mną nie filmowała jeszcze tego miejsca. Czuję się w istocie jak Kolumb w tym moim Odkrywaniu Ameryki, kiedy raptem skręcamy i dostrzegam mroczne, okrągłe pomieszczenie z ceratowymi fotelami przykrytymi grubym płaszczem kurzu.

Bill, człowiek dość postawnej budowy, wykonuje kilka podskoków i wtedy zauważam, że cały nasz pokój kołysze się rytmicznie, jak dobrze wyresorowany samochód.

– To jest tzw. Schron (*Safe Room*) – objaśnia Bill. – Astronauci w razie awarii rakiety w czasie startu mieli kilka sekund życia. Dosłownie wskakiwali w okrągłą rurę, którą niczym zjazdem w lunaparku, zjeżdżali właśnie tu, pod platformę startową. Siadali w tych fotelach i zapinali pasy. Tu czekali na eksplozję rakiety. Biorąc pod uwagę rozmiar Saturna V byłby to wybuch katastrofalny dla życia dokoła... To jest jedyne miejsce, gdzie mogli przeżyć.

Po pierwszym wstrząsie mieli salwować się ucieczką, biegnąc kilkusetmetrowym tunelem wychodzącym na zaplecze platformy.

Ion chwyta kamerę i idziemy właśnie tam grać standuppera. Bill i Scott zostają z tyłu. Idziemy tak długo, aż słyszę, jak cichną ich głosy, korytarz ciągnie się przed nami łagodnym, lekko opadającym w dół łukiem. Czuję się jak w trumnie, zaczyna mi brakować powietrza. Nie jest to zdecydowanie miejsce dla ludzi lubiących otwarte przestrzenie. Mijamy kolejne rozwidlenie, kręcimy trzy różne powtórki i wracamy, z przerażeniem jednak zauważając, że nie bardzo wiemy, którędy należy iść. Na dobrą sprawę, myślę, gdyby Bill zakręcił za sobą ten właz, nikt nie odnalazłby nas przez następne 50 lat, może dłużej....

Co takiego?? Poprowadzę Crawlera!!

Następnego dnia mam stanąć za kierownicą największego transportera, jaki stworzyła ludzkość. The Crawler, Pełzacz, jak się popularnie określa 2700-tonową platformę gąsienicową, którą wyprowadza się prom kosmiczny na wyrzutnię, czeka już na mnie w hangarze. Konstrukcja jest imponująca: Stalowe koła pełzacza piętrzą się przede mną na 3 metry. Pełzacz porusza się na 8 gąsienicach, po cztery na każdej stronie. Każda gąsienica ma 57 ogniw, jedno waży tonę. Obracają je dwa potężne silniki diesla. Spalają 568 litrów ropy na jedną milę.

Kiedy wchodzę do maleńkiej kabiny Pełzacza i zasiadam za kierownicą, czuję się jak karzeł kręcący trybami jakiejś gigantycznej zabawki z filmu przyszłości Spielberga. Kierownica jest malutka, nie większa niż talerz do deseru. Dowiaduję się, że maksymalna szybkość, z którą będę prowadzić prom na wyrzutnię to 1 mila na godzinę (1.6 km/h). Od czasu programu Apollo dwa Pełzacze, jakie ma NASA, wydreptały tak 2526 mil, odległość równą podróży z Centrum Kennedy'ego na Florydzie do Nowego Jorku tam i z powrotem. Każda wyprowadzka promu na wyrzutnię zajmuje okrągłe pięć godzin, w tym czasie pełzacz wspina się po dwóch jezdniach, z których każda ma szerokość Trasy Łazienkowskiej. Ponieważ wejście na platformę ma 5% pochylenia, transportery wyposażono w system umożliwiający stałe utrzymanie platformy transportera w poziomie.

Pełzacz z umieszczonym na nim promem waży prawie 7200 ton. Wszystko, co staje na jego drodze jest sprasowane jak koszule od Cardina.

Ion kręci kilka ujęć, nawet nie staram się na niego spojrzeć. Pochłania mnie sterówka tego kolosa. Siła i moc *one on one*.

American Dream - pierwszy dziennikarz za kierownicą Crawlera NASA

ŚWIATŁA MARFY

To chyba był Rodrigo Rodriguez, który powiedział mi o Światłach Marfy po raz pierwszy. Byłem w Texasie i kręciliśmy w Johnson Space Center, NASA. Otóż spytałem Roda, co by zrobił, gdyby miał samochód, kamerę i dzień wolnego.

– Światła Marfy – powiedział Rod i oczy zaszły mu mgłą. – Pojechałbym zobaczyć Światła Marfy.

Otóż Marfa to jest ta babka z powieści Dostojewskiego. Albo z tej sceny na filmie: ścigają Marfę, żeby ją zabić, jak przystało na czarownicę. Ona biegnie w takiej długiej, płóciennej sukmanie. Ma wielkie piersi, które kołatają ciężko, jak jej przerażone serce.

Ludzie krzyczą: Uciekaj Marfa! Uciekaj. Wszyscy chcą ją ocalić, ale jedyne co robią, to dopingują ją do szybszego biegu. Obserwują to wszystko Ludzie Na Łódce. Marfa wpada do jeziora i płynie do nich. Płynie, jest coraz bliżej. Ludzie Na Łódce obserwują, jak Marfa dopływa do burty... i płynie dalej ku sinej linii jeziora. Jest to scena, która powinna być pokazywana na lekcji religii, uważam.

Rod był pół-Meksykaninem, albo może i całym Mehikiem, choć mówił po angielsku śrubując dyftongi jak trzeba. Miał firmę telewizyjną o właściwej w tym rejonie nazwie Rio Bravo Pictures albo coś takiego. Kiedy coś go ekscytowało, chichotał cicho, jak Indianin. Więc kiedy zaczął o tych Światłach Marfy, chichotał co chwilę i zrozumiałem, że nie mam wyjścia.

Kupiłem hamburgera numer 4, wsiadłem do auta i zacząłem jechać na

zachód. Zobaczyć Światła Marfy.
   Według Rodrigo Rodrigueza:

> *Jest takie miejsce pośrodku niczego*
> *Gdzie w nocy na linii horyzontu*
> *Zarysowanej czernią pustyni i gwiazdami nieba*
> *Lśnią Światła Marfy*
> *Nikt nie wie skąd pochodzą*
> *I dokąd zmierzają*
> *Ale są i świecą tak od wieków tam daleko*
> *Gdzie linią horyzontu jest czerń pustyni*
> *(albo tafla sinego jeziora)*
> *I rozgwiazd nocnego nieba ...*
> *I kiedy się zgubisz, kiedy nie znasz drogi*
> *Pokażą ci ją Światła Marfy, Światła Marfy...*

   Tu Rodrigo Rodriguez zachichotał i znów zapadł w zamyślenie.
   Przypomniała mi się ta scena, gdy po 10 godzinach jazdy, albo coś około tego, wjeżdżałem do graniczącego z Meksykiem Del Rio. Był środek nocy i dopiero teraz zdałem sobie sprawę, że droga do Świateł Marfy nie jest wcale krótka. Prułem dobre 110 po *highwayu* i przez ostatnie dwie godziny minąłem: 4 sępy, wielkie zwierzę w kształcie Buffalo, jednego strażnika urzędu imigracyjnego, sześć samochodów i człowieka, który w budce pośrodku otaczającego nas na kilkadziesiąt mil Niczego sprzedawał *fudge* (ciasto karmelowe). Idę spać, jest druga nocy. Marzą mi się Światła Marfy. I nogi Josephiny.

"...wielkie zwierzę w kształcie Buffalo"
to amerykański Brahman

Nie mam pojęcia jak wyglądają i co mi po nich, ale wizja Świateł Marfy każe mi wstać o szóstej rano i pędzić dalej na zachód. Jest raz górzyście, raz płasko. Kiedy mijam miasteczko Maraton, wiem, że jestem blisko. Miejscami droga wiedzie przez NIC. Z mapy czytam, że ten wąwóz po lewej to Rio Grande. Skręcam i napotykam Miasto Wymierające: Langtry, które musiało być takie w czasach, kiedy po ziemi chodził Butch Cassidy. Z sześciu domów cztery to rozwalające się rudery, z których dawno wyprowadzili się mieszkańcy. Ci, co pozostali, mają anteny satelitarne na czymś, co usiłuje być trawnikiem. Po nich samych nie ma ani śladu. Możesz wejść, zrobić sobie herbatę w przykurzonym kubku, z którego nie może się wydostać gapowaty skorpion. Na walczącej z wiatrem dykcie czytam wielki, koślawy napis: FOR SALE.

Potem wchodzę do sklepu z napisem: antyki, znaczki pocztowe, benzyna. W środku dwóch facetów. Jeden siedzi na ławie i trzyma w ręku Colta. Drugi stoi za ladą.

– Dotrzymuje mi towarzystwa – mówi ten zza lady, kiedy spoglądam na wypchaną kukłę z Coltem.– Pusto tutaj i nie ma z kim pogadać. Więc tak sobie tu siedzimy i gaworzymy o życiu. 8,45 za benzynę – dodaje.

Pytam, czy ten wąwóz to Rio Grande. Mówi, że tak, ale odradza zejście. Węże i komary, mówi – a jak zlecisz – toś przepadł.

Idę mimo wszystko i kręcę kilka ujęć. Cykają cykady. Jakoś wiem, że tam po drugiej stronie, gdzie zaczyna się Meksyk, nie ma żywego ducha. Tu, jak wskazują mapy, na rzece Rio Grande, kończy się pustynia Chihuahuan, na której krawędzi stał dom, gdzie Comanche przywozili futra lub skalpy. Dziś jest to właśnie Langtry. Langtry jest fajne. Ale było jeszcze lepsze w czasach, gdy mieszkał tam Sędzia Fasola (Roy Bean).

110 lat temu Langtry tworzyło kilka namiotów, gdzie odchodziło pijaństwo okrutne, zaś karciane oszustwa zdarzały się równie często jak grzechotniki. Otóż wspomniany Fasola powiedział, że od dzisiaj to jest z dniem 01.01.1880, Fasola jest prawem. Fasola miał na poparcie swych słów pokaźnego Winchestera, który wtedy wchodził w użycie, więc nikt się nie wstrzymał, nie mówiąc, że nie był przeciw. Sąd odbywał się często, a skazany musiał stawiać drinka wszystkim (sześciu) mieszkańcom Langtry.

Cywilizacja zawitała tu w 1881, kiedy przyszła kolej, a z nią ludzie. Farmerzy z Teksasu mieli zasobne kieszenie i Sędziego Fasolę mieli gdzieś. Ich farmy miały po 200 000 hektarów. Jeden z nich, Kapitan Albion Shepard, któregoś dnia rozejrzał się dookoła i powiedział: Jak w Grecji. Maraton. I tak nazwał miasto. 150 lat temu. Indian dziś nie ma. Poza tym nic się nie zmieniło. Jest droga 90. Po niej pędzi jeep Maxa Kolonko. Zobaczyć Światła Marfy...

Mesa Verde, Colorado

ANASAZI

zapomniana cywilizacja Indian

est chłodno i przejrzyście w dzień, zimno i gwiaździście w nocy. Tak zapamiętałem miasto, które pomijają z reguły amerykańskie przewodniki.

Był koniec pewnego dnia w końcu XIX stulecia, kiedy Charlie i Richard w przestrzeni należącej, także w większości i dziś, do Indian Ute nie doliczyli się paru sztuk bydła. Bydło było wówczas jak złoto, a ojciec Charliego znany z ciężkiej ręki, więc strapiona dwójka szukała zwierzaków cały dzionek. Kręcili się po rejonie zwanym także i dziś Mancos Valley, dolinie, którą dzieli rzeka Mancos. Teren jest rozległy i trudny, stąd dwójka konno mogła przebyć parę mil dziennie. Zbliżał się wieczór, kiedy postanowili spocząć, wiążąc konie o karłowate krzewy stojące na krawędzi kanionu

– Spójrz! – krzyknął nagle Charlie.

Przed nimi, nieco po lewej stronie widać było wysoką na kilka pięter, szeroką na kilkadziesiąt metrów niszę skalną, a w niej majaczące jak w bajce zaczarowane zamczysko. Tak odkryto słynny Pałac Klifowy Mesa Verde, historyczną budowlę określaną dziewiątym cudem świata. Był dokładnie 18 grudnia 1888 roku. Odkrywcami byli Charlie Whetherill i jego bratanek Richard Mason, choć o ruinach wiedzieli wcześniej Indianie.

Kiedy byłem tam 111 lat później ruiny były uporządkowane, wiodła doń gładka, asfaltowa droga. Kiedy kręciliśmy zdjęcia, moja kamera budziła więcej zainteresowania, niż cały ten Manhattan Indian Anasazi.

– Anasazi w języku Navajo znaczy Starożytni – mówi mi potem Bill Bradley, światowej sławy archeolog, o którym mogę z powodzeniem powiedzieć, że większość swego życia spędził grzebiąc w ziemi.

– Mesa Verde uczyniła jej odkrywców bogatymi ludźmi – dodaje, kiedy stoję na krawędzi "jego" kiwy. Przypominam sobie, że po wystawie wykopanych z ziemi garnków zarobili 3 tysiące zielonych, choć zielony nie był wtedy jeszcze zielony.

Bill kopie z pomocą Indianina Jose i dwóch babek Indian Navajo, które chcą po pięćdziesiąt w zamian za pozwolenie sfotografowania się. Mówię, że czek jest już na poczcie i kręcę to zdjęcie obok. W głowie, nie wiedzieć czemu, gra mi cały czas *Gimme Shelter* Rollingstonsów.

Indianie, nagły wiatr podrywający kurz, postawny kontur Śpiącej Góry (The Sleeping Mountain) na horyzoncie i przez moment w oku kamery jestem tam, w tamtym świecie zapomnianych zdarzeń, zagrzebanych rzeczy, które teraz usiłuje odkopać Bil Bradley – legenda archeologów, który jak się wkrótce okazuje, też nie kopie za darmo.

– Dziękuję – wypowiada jedno z czterech znanych mu polskich słów.

– *Turn it off*. Wyłącz, proszę – słyszę wciąż przyklejony do magicznego oka SONY SX. Bill śmieje się, ale jakoś wiem z tej wielokulturowojęzycznej wymiany zdań, że nie ma zgody na zdjęcia. Jak się okazuje teren jest prywatny. To jest i dobrze i źle. Dobrze dla niego i właściciela, bo oznacza to, że działa tu zasada co znajdziesz, to twoje. Źle, bo znaczy to, że rządzi tu właściciel, którego ewidentnie nie ma w naszym *twenty/twenty*.*

Z Billem Bradleyem w kiwie i Nick z odkopaną przez nas wazą Anasazi

* miara ostrości widzenia. W USA okuliści stosują normę 20/20 na określenie ostrości wzroku badanej z odległości 20 stóp

– Nick jest w Californii – objaśnia Bill. Poślę mu maila i zobaczymy co da się zrobić. Godzinę później sunę po szutrowej nawierzchni Drogi Alfabetu A,B,C,D, kiedy dojeżdżam do P skręcam w prawo mijając gapiące się na mnie krowy Longhorn, bydlaki bardzo sprytne, o których mówi się tutaj, że są w stanie wsiąść do twojego auta i same odjechać, ale nie dam głowy.

Mijam miejsce, gdzie Forrest Gump (Tom Hanks)
"przestał biec"

Jadę do Kelly's Place, fantastycznej gospody położonej w samym sercu gór okalających Cortez. Jestem spóźniony, śmigam przez miasto 80 mil na godzinę. Dwóch policjantów właśnie upomina kierowcę za brak sygnalizowania skrętu (co uchodzi za poważne wykroczenie w tej części świata). Odwraca mi się za nimi głowa, a ich obie odwracają się za mną... Zanim wskoczą do auta, zyskuję kilkaset *yardów*, aby zniknąć za górką, potem raptowny skręt i gaz do dechy. Jestem bezpieczny. Z głośnika ryczą Stonesi, że *cops are just a shot awaay*, i już wiem skąd mam ten song w głowie: Cortez 93.9 fm, stacja zagrzebana na końcu świata, a gra najlepsze songi w południowej części Stanów.

Kiedy zjeżdżam z drogi numer 25, Christie, urocza właścicielka ze swoją 11-letnią córką Michelle i trójką koni czekają już na mnie. Spóźnianie się to taka polska właściwość, że w Ameryce pierwszą rzeczą, której postanowiłem się nauczyć, to przychodzić na mityngi punktualnie. Albo spóźniać się umyślnie. Czasami, jak powiedział mi Donald Trump, facet, który zbudował Manhattan, spóźnianie umyślne bywa kluczem do sukcesu spotkania.

Otóż Christie miała trzy szkapy. Ja siedziałem na Striderze, który jak się dowiedziałem potem, miał to do siebie, że się co chwilę potykał. Nie tylko to. Zauważyłem, że jak tylko przeszliśmy rzekę, zaczął pierdzieć jak skurczybyk. A raczej: jak Pierdziel.

Jedziemy więc w góry: Christie, Michelle, Pierdziel i ja, i co chwilę ucieka mi, co mówi Christie, bo słyszę głośne brr-brr. Myślałem najpierw, że to siodło mi trzeszczy, potem, że może mamy towarzystwo, rozglądam się dokoła, ale widzę tylko za mną roześmianą minę Michelle z zatkanym nosem .

– Dostaliśmy Kelly Place (brr-brr) w spadku po George'u i Sue Kelly, którzy przenieśli się tu w latach 60. Kiedy budowali dom (brr-brr) droga była jeszcze piaskowa, a w pobliżu (brr-brr) nie było żywego ducha.

"Cholera – myślę sobie. –To znaczy, że teraz ten zapis uczynił z Christie i jej męża Rodneya milionerów (brr , brr)". Notuję w pamięci, żeby jak najszybciej kupić ten dom, który widziałem w Silverton. Jest teraz tym, czym był Cortez 30 lat temu. Jak będę miał sześćdziesiątkę będę miał z tego *dealu* parenaście niezłych milionów, ha, ha (Brr-brr), żeby jeszcze ten cholerny Pierdziel przestał pierdzieć."

– *Ssso*, to co Strider miał dziś na obiad? – pytam i puszczam do Michelle oko. Tu trzeba powiedzieć, że dla Michelle, jak się wydaje, jestem tym, czym dla mnie, kiedy byłem gówniarzem, była Szapołowska.

– On pierdzi cały czas – mówi Christie. – *Don't worry about it*. Nie przejmuj się tym.

– To jak długo zostaniesz z nami? – pyta Michelle, zatapiając we mnie swe ciemne, jedenastoletnie oczy.

– Too short... Za krótko – odpowiadam – *Michelle, my belle...* "żebyś miała z drugie tyle..." – dodaję w duchu.

– *Here it is!* Tam! – Christie pokazuje raptem otwierający się przed nami wąwóz.

Wiążemy konie i ciągle pierdzącego Stridera. Stoję przez chwilę i czekam na jego brr-brr, żeby zobaczyć, czy może on pierdzi przeze mnie. Że niby jestem za ciężki, czy coś. Pierdziel zajął się trawą i przestał pierdzieć, a ja pędziłem już w górę po skałach wyżej i wyżej, aż raptem dostaliśmy się na skalną półkę. Nad głową rozpostarł się przed nami skalny kapelusz. Świetne miejsce na dom, pomyślałem i raptem zrozumiałem, gdzie jestem.

– Spójrz! – pokazuje Christie na skałę. Przyglądam się i widzę odciśnięte na ścianie ręce. Mają z tysiąc lat, a ciągle mogę zobaczyć linie papilarne. Włączam kamerę i kręcę parę zdjęć.

– To jest tak zwana skalna tarcza słoneczna – wyjaśnia Christie. Nie wiem, do czego służyła, ale chyba miało to coś wspólnego z położeniem słońca.

"Tu mieszkali Anasazi" – olśniewa mnie. Tysiąc lat temu, kiedy

Mój standupper w ruinach budowli Anasazi

w Polsce panował Mieszko I, ktoś siedział w tej jaskini i z nudów albo i z jakiegoś innego powodu odciskał na ścianie ręce. Nie wiem dlaczego, ale poczułem wszystkie kamienie lat. Tak jakby historia ciągnęła się tuż przede mną w jakimś perpetuum film-mobile. Kilkunastosekundowy *clip* złożony z historycznych wydarzeń zakończony zupełnie nieprawdopodobną drogą Maxa Kolonko z Bydgoszczy poprzez Warszawę, Nowy Jork do tego małego miasteczka i tej zapomnianej kotliny z pierdzącym koniem w środku.

Kiedy wracamy z przejażdżki, za góry, po południowej stronie, zachodzi słońce. Rozpalamy ogień przed domem, Michelle przynosi gitarę. Gram Stonesów. O świecie, który jest 'na wyciągnięcie ręki'. Iskry szybują w niebo. Mieszają się z gwiazdami... *just a shot away, just a shot awaaay...*

Michelle, Christie i ja

Ustawiam kamerę na masce HMV i walę standuppera. Lubię takie dziennikarstwo - Kamera, Temat i ja.

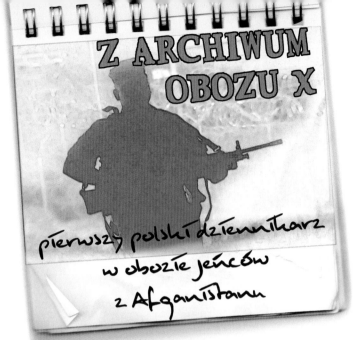

Z ARCHIWUM
OBOZU X

pierwszy polski dziennikarz
w obozie jeńców
z Afganistanu

K iedy objeżdżam Obóz X, zdaję sobie sprawę, że stąd nie ma ucieczki. Amerykańska flaga na komunistycznej wyspie strzeże 300 więźniów mówiących trzydziestoma dwoma językami na obszarze nie większym niż nowojorska Madison Square Garden. Ale muzyki tu nie słychać. W nocy śpiewają cykady, przeplatając się w jakiejś przejmującej fudze z głosem muzułmańskiego kapłana amerykańskiej armii wzywającego więźniów na modlitwę. Kiedy spoglądam w bure oczy więźniów, przypomina mi się zdanie z japońskiego haiku: Nic w głosie cykady nie mówi, jak długo będzie żyć.

– *You and you...*– wskazuje palcem celnik na mnie i operatora CNN. Marc w kurtce moro z wyszytą na klapie ksywką Mad Dog rzeczywiście staje się wściekły.

– *Hey, Mad Dog* – mówię mu – Przeżyłeś Afganistan, przeżyjesz i Puerto Rico.

Marc wyraźnie nie lubi kontroli osobistej. Zwłaszcza, kiedy jest się pierwszą kamerą reporterską CNN.

Był w Afganistanie, Bośni, Somalii i Bóg jeden wie, gdzie jeszcze. Teraz utknął u celnika na lotnisku w Puerto Rico w drodze do domu w Chicago. Spoglądamy na siebie i raptem zaczynamy się śmiać. Marc (Mad Dog) ma dwutygodniowy zarost i opaleniznę terrorysty al-Kaidy. Ze mnie schodzi skóra z brązowej na czerwoną. Razem wyglądamy jak Dwóch Takich Co Ukradliby Coś Gdyby Się Tylko Dało i Zwiali z Tym Do Kabulu. Oto co dzieje się z tobą po 10 dniach w słońcu Guantanamo.

Za mną - jedyny McDonald's na Kubie

GUANTANAMO

5 rano

arak, w którym się budzę, stoi tuż pod kubańską granicą. Słyszę mruczenie klimatyzatora, który zamienia 35 stopni na zewnątrz na milutkie 25 w środku. Leżę i gapię się w sufit, gdzie kręci się helikopter wentylatora. Więc to musiało być tak – myślę sobie – kiedy prawie 100 lat temu przyjechali tu Amerykanie. Wieczysta dzierżawa 117 km kwadratowych Kuby za nieco więcej niż to, co trzymam w tylnej kieszeni spodni. Zbudowali te baraki, po pracy zaś pewnie gapili się w sufit jak ja, trzy pokolenia później. Wcześniej był rok 1898 i pierwsze amerykańskie lądowanie w Guantanamo. Przybyli tu, aby wykurzyć Hiszpanów. Zwyciężyli, a Guantanamo zobaczyło swój pierwszy obóz jeńców wojennych.

Zarzucam ręcznik na ramię i idę w kierunku nabrzeża. Za godzinę mam tu kręcić wschód słońca. Idę i czuję na sobie spojrzenie wartownika wieży broniącej granicy. Droga rozwidla się. Idę w lewo, dalej od znudzonych gapieniem się w morze *marines* w wartowni. Potem skrótem przez suche trzeszczące trawy w kierunku wysokiego skalnego klifu. Słyszę kuszący szmer fal znużonych leniwą pielgrzymką z Kolumbii. Do krawędzi mam jakieś 100 metrów. Spoglądam przez ramię i... zamieram. Dostrzegam kilkaset metrów zwiniętego jak grzechotnik granicznego drutu, który czas zdążył pożółcić rdzą. *Shoot me!* Rany! – myślę sobie. – Tędy biegła kiedyś granica!

W tym polu, zanim się urodziłem, w czasie kryzysu kubańskiego zakopano 50 tysięcy min. 16 maja 1996 roku rozkaz prezydenta Clintona wykopuje je z ziemi. Ale – myślę sobie - jeśli na przykład... ktoś o jednej zapomniał? Stawiam kroki wolniej i wolniej z przerażającym uczuciem, że za chwilę wyleci za mną Skacząca Betty czyli Bouncing Betty – popularna mina, która wyskakuje metr nad powierzchnię, aby eksplodować.

Obok spogląda na mnie ze zdziwieniem półmetrowa Iguana. Kiedy staję na krawędzi klifu rozumiem, że naruszam jej terytorium: klif opada 20 metrowym urwiskiem prosto do wód Morza Karaibskiego. Tu się nie chodzi. Tu się nie kąpie. Tu nie filmuje się wschodów słońca. Macham do kamerzysty. Nie wspominam mu o minach. Podbiega i ustawia statyw. Ja skaczę do wody. Na dobrą sprawę niewiele jest dziś miejsc na ziemi, które nie mają nazwy – myślę łapiąc w płuca powietrze. Poddaję się fali. Myślami szukam jakiejś nazwy dla tego miejsca. Kwadrans później pomarańczowa tarcza słońca, które w Warszawie jest południem, pokazuje nam twarz w tempie 29.97 klatek na sekundę. Tak zaczyna się mój reportaż z Guantanamo, który potem w Polsce pokazują Wiadomości.

Tak zaczyna się mój reportaż z Guantanamo

Baza Guantanamo jest podzielona na dwie części szeroką na pięć kilometrów zatoką. To tu 30 kwietnia 1494 wpłynął w swojej drugiej podróży Krzysztof Kolumb. Szukał złota. Jeden dzień. Odpłynął zostawiając nazwę: *Puerto Grande* – Wielkie Drzwi. Po zachodniej stronie Drzwi, gdzie jestem, jest lotnisko. Obserwuję, jak szary kadłub KC 130, schodząc do lądowania, wykonuje ciasny skręt. Major Bell, mój „opiekun", mówi mi, że tak tu się ląduje, aby nie naruszyć przestrzeni powietrznej Kuby. Czekając na prom, który zawieźć ma mnie na drugą stronę do Obozu X – celu mej wyprawy – wyciągam z pięty kolce. To z wczorajszej plaży. Wiem już, jak nazwę tamten fragment klifowego wybrzeża: Cactus Beach (Plaża Kaktusów). Czuję się jak Columb w tym moim Odkrywaniu Ameryki. Mam nawet miejsce, które mogę nazwać! Majorowi Bell, który siedzi obok mnie, podoba się ta nazwa. – Zwłaszcza, że to, co masz w piętach – śmieje się – to nie igły kaktusów, a kolce popularnego tu gatunku ostryg.

Za mną legendarny Obóz X-Ray. Miesiąc później, 29 kwietnia 2002 roku w bazie wojskowej Guantanamo otwarto Camp Delta. Camp X-Ray przeszedł do historii.

Pół godziny później jest prom. Obsługują go filipińscy kontraktorzy. Z ciekawością spoglądają na kamery. Dla nich Guantanamo, to najbliżej Ameryki, jak kiedykolwiek będą mogli się znaleźć. Przebywam tę samą drogę co więźniowie z Afganistanu: z lotniska do Windward Point promem przez zatokę. Myślę, że wielu z nich nigdy nie widziało morza. Razem z nami płyną ciężarówki z dostawą dla obozów. Na jednej z paczek czytam napis: *Uwaga: Ludzka Krew. Dostarczyć na sobotę Fedexem.*

Major Bell mówi, że jutro dwóch więźniów czeka operacja.

Kiedy dwadzieścia minut później dobijamy do Winward Point, dostrzegam kominy elektrowni. Stanęła tu po tym, jak Castro 6 lutego 1964 roku odciął dostawę prądu i wody do bazy. Tu czeka wojskowy autobus, który ma mnie zawieźć do polowego szpitala, gdzie leczy się więźniów. Amerykanom zależy na dobrym PR. Chcą pokazać światu, że więźniów traktuje się po ludzku.

Jedziemy w zasadzie przez małe miasteczko. W Guantanamo jest ponad 3 tys. amerykańskich wojskowych i ich rodzin. Mają tu swoje domy, pole golfowe, kościół, szpital, filię stanowego uniwersytetu, sklepy i jedynego McDonalds'a na Kubie.

Dwóch minut potrzeba, żeby zostawić tę cywilizacyjną oazę za nami. Pniemy się wyboistą asfaltówką. Jest luty, ale w południe słońce rozgrzewa maskę tak, że można na niej smażyć jajka. Słońce dziś jest tu wrogiem, nie ludzie. Tych, ponad 40 lat temu lat temu, pogodziło prawie 30 km kolczastego drutu i minowe pola. Potem raptem hamulec, szyby przesłania chmura pyłu. Kiedy opada, dostrzegam zieloną flagę polowego szpitala.

Kamera musi zostać na zewnątrz. Wchodzę do namiotu 10 na 30 metrów. Na łóżkach leży 10 więźniów. Kajdanki trzymają ich nogi przy poręczy. Jeden z nich, młody człowiek o wyglądzie Araba, siedzi skuty na krześle. Spogląda na mnie. Myślę sobie, że źle mu z oczu patrzy. Ale może to tylko *cliche* nowojorczyka. Inny śpi, dwóch innych kiwa się nad ściśniętym w rękach Koranem. Są tu z pierwszego transportu, co poznać po dość sporym już zaroście. Amerykanie pozwalają na razie na odrost brody. Wojskowy lekarz, kiedy słyszy, że przyjechałem z Nowego Jorku, szarpie mnie za ramię.

– *How you doin'*...Jestem z Brooklynu. – Wyciąga z kieszeni plakietkę z wizerunkiem World Trade Center. – Dostałem ją od policjanta NYPD. Trzymam ją w kieszeni odkąd tu jestem.

Oprowadza mnie po namiotach: jest apteka, która nie różni się niczym od tej na Broadwayu, aparat rentgenowski, sala operacyjna. Tu, 17 stycznia amputowano więźniowi nogę. Innemu usunięto chore oko.

– Talib miał starą ranę. Nie rozumiał wiele. Kiedy lekarze zaproponowali mu operację – mówi Major Cox – zobaczyli tylko szeroki uśmiech. Rany są głównie stare. Dwie godziny operowano więźnia z raną postrzałową uda. Gdyby został w Afganistanie, prawdopodobnie miałby już gangrenę.

Szpital to trzy klimatyzowane namioty, które trzymają 15 stopni. Marines postawili to w dwa dni. Trzy zwoje drutu kolczastego rozciągniętego dookoła nie pozostawiają wątpliwości, że pacjentów nie obejmuje ubezpieczenie Metlife. Więźniowie nie chcą tu jednak przebywać. Przyzwyczajeni są do otwartej przestrzeni i nieba nad głową. Lekarka mówi, że nie ma z nimi kłopotu. Choć krążą raporty, że w Obozie X więźniowie opryskują kobiety w mundurach spermą.

Kiedy opuszczam szpital, zachodzi słońce. Wsiadamy do HMV. Następny przystanek: Obóz X.

...krążą raporty, że w Obozie X muzułmańscy więźniowie opryskują kobiety w mundurach spermą.

Nic w głosie cykady
nie mówi,
Jak długo będzie żyć...

bóz X leży na północno-wschodnim krańcu Guantanamo, koło wzgórza zwanego Nobb Hill, niedaleko kubańskiej granicy. W istocie, gdybym jechał tą drogą dalej, napotkałbym tzw. Północno-Wschodnią Bramę – jedyną drogę łączącą bazę Guantanamo z Kubą. Jedziemy dobry kwadrans, dookoła żywego ducha. Spoglądam na księżyc. „Dziwny świat – myślę. – Jestem na komunistycznej Kubie, jadę HMV z amerykańską flagą do obozu, gdzie trzyma się w większości arabskich jeńców". Trzy światy ściśnięte na stu kilometrach kwadratowych powierzchni, każdy z innym sposobem na życie.

Kiedy zatrzymuje nas patrol, rozumiem, że znajdujemy się blisko. Po chwili przez brudne szyby łazika dostrzegam smugi jasnego światła. To MRE – reflektory, które zamieniają noc w dzień.

Jest przed dziesiątą wieczorem. Obóz skąpany w światłach leży przede mną jak na dłoni. Kwadrat dwieście na dwieście metrów. 9 wież strażniczych. Trzymetrowa siatka zwieńczona dwoma zwojami kolczastego drutu. Jest tu 300 jeńców z 32 krajów. Jest Szwed, Australijczyk. Są Brytyjczycy, Algierczycy, Francuzi, Rosjanie. Ich pomarańczowe kombinezony *made in China* migotają w osiatkowanych klatkach niecałe 2 na 2 metry. Klatki mają betonową podłogę i wspólny drewniany dach na metalowej konstrukcji. Klatki przylegają do siebie. Więźniowie mogą się komunikować. Każdy z nich ma koc, karimatę do spania, dwa wiadra, dwa ręczniki, mydło, szampon, pastę, szczoteczkę do zębów, laczki, suchy prowiant, butelkę wody i Koran, jeśli chcą. Klatki nie mają toalet, więźniowie muszą wychodzić za potrzebą. Mówi się, że wielu z nich nie używa papieru toaletowego. 30 metrów od obozu znajdują się drewniane chaty o bokach ok. 4 na 8 metrów. Tam prowadzone są przesłuchania. Mimo późnej pory widzę, jak wyprowadza się z nich więźnia. Ma nogi skute kajdankami. Ręce przykute są do kajdanek dopiętych do skórzanego pasa opinającego biodra. Eskortuje go trzech strażników wojskowej policji MP: dwóch trzyma za ramiona, trzeci za głowę w pochylonej pozycji tak, aby ten nie zobaczył i nie zapamiętał szczegółów otoczenia. Nadzór nad obozem sprawują *marines*. Nikt nie chce powiedzieć, kto prowadzi przesłuchania. Major Cox mówi mi, że niektórych z więźniów przesłuchuje się już piąty raz. Za każdym razem podają inne imię i nazwisko oraz inne dane. Pytanie zadają jedno: Co z nimi będzie? Odpowiadają im cykady i głos muzułmańskiego kapłana amerykańskiej armii wzywającego na modliwę.

Obóz X w tej formie powstał w ciągu pierwszych dni nowego roku. 11 stycznia przyjęto tu pierwszy transport 60 więźniów. Potem obóz rozbudowano, do dziś wyraźnie można rozróżnić najnowszy dodatek: prostokąt po prawej stronie ma żarówki w klatkach. Każdy transport przechodzi tę samą procedurę: odwszawianie, rentgen klatki piersiowej,

Słynne zdanie Sekretarza Obrony USA, D. Rumsfelda za G. Busha - Guantanamo, najmniej złe miejsce. Nim stało się sławne, napisaliśmy je na kartonie w GITMO

Historyczne ujęcie: Obóz X - pierwowzór dzisiejszego GITMO. Kiedy tam byłem, więźniów strzegły zwykłe wieże strażnicze

pobór krwi, cyfrowe zdjęcie, pomiar wagi i wzrostu. Amerykański Kongres ma zadecydować, czy będzie się pobierać materiał DNA. Miałby on posłużyć do stworzenia genetycznej bazy danych terrorystów.

Znowu bez kamery wsiadam do HMV. Objeżdżamy obóz dookoła. Widzę więźniów z bliska. Większość przykryta kocami. W nocy temperatura spada tu tylko do dwudziestu kilku stopni. Niektórzy z Koranem w ręku. Inny, wysoki Arab postury Bin Ladena nerwowo kręci się po klatce. Dwa kroki, zwrot na pięcie. Dwa kroki. Obserwuję go kilka minut. Kiedy tak chodzi, przypomina mi trochę bengalskiego tygrysa, którego widziałem w zoo na Bronxie. Dwóch innych opartych o dzielącą ich siatkę. Pogrążeni w cichej rozmowie. Dopiero po powrocie do Nowego Jorku dowiaduję się, że wkrótce potem rozpoczęli głodówkę, bo zabroniono im noszenia turbanów. Ludzie ci nie wiedzą co to noc. Stuwatowe żarówki świecą im nad głowami. W dzień jest kubańskie słońce. Mają prawo do trzech pryszniców i trzech posiłków dziennie. Raz dziennie dwóch z nich może pobiegać w klatce 8 na 15 metrów. Nawet wtedy kajdanki pozostają na rękach. Dookoła co chwilę napotykamy czteroosobowe patrole *marines*. Część więźniów nie wie podobno, gdzie się znajduje. Nazwa Guantanamo nie mówi im wiele. Mogą pisać listy i otrzymywać pocztę. Nikt jednak nie jest w stanie podać mi adresu obozu. Poczta przechodzi skrupulatną cenzurę. Australijczyk i dwóch obywateli brytyjskich mają prawną reprezentację; dwóch prawników wszczęło postępowanie w sądzie w Waszyngtonie w celu ich uwolnienia. Oni sami jednak o tym nie wiedzą. Tak powiedział mi General Lehnert. Numer jeden w Guantanamo. Sam o procesie dowiedział się z gazet. Myślę, że wielu z afgańskich więźniów nie wie, gdzie jest. I że kombinują pomału jak stąd zwiać. Dość pechowo, bo stąd nie ma gdzie uciec. Granica po stronie kubańskiej jest zaminowana od tak dawna, że Kubańczycy potracili już plany minowych pól.

– Ta drewniana buda z klimatyzatorem to miejsce, gdzie trzymamy psy – mówi Major Cox czytając moje myśli. – Gdyby komuś udało się stąd uciec, one pierwsze chwycą trop.

Na jednym ze słupów dostrzegam kamerę. Major odmawia komentarza. Obóz X jest obozem przejściowym; kilka mil stąd buduje się już nowy, stały i jeszcze większy obóz dla jeńców z Afganistanu. Docelowo ma tu być dwa tysiące więźniów. Obóz będzie gotowy latem, kiedy nadchodzi tu deszczowa pora.

Stajemy niedaleko głównej bramy. Major wyłącza silnik. Mimo, że w przestrzeni przede mną żyje około pół tysiąca ludzi, jest przeraźliwie cicho. Spoglądam na księżyc. Myślę sobie, że gdyby nie było tu tego obozu, cykady śpiewałyby jak dawniej, kiedy Kolumb przecinał liście dżungli szukając bryłek złota. I kiedy myślę, co będzie w tym miejscu za następne sto lat i czy ktoś kiedykolwiek zapamięta Plażę Kaktusów odkrytą przez reportera z dalekiej Polski, raptem, jak z krańca świata, słyszę wołanie amerykańskiego immama wzywającego więźniów na modlitwę. Głos wznosi się śpiewnymi kaskadami w górę, pod skrzydła przytulonych do gałęzi sępów, chyboce przez chwilę na gałęziach, by pobiec ku falom Guantanamo Bay. Pewnie, jeśli więźniowie zamkną oczy, mogą pomyśleć, że są znów w Afganistanie. Kiedy zamykam moje, jestem w Nowym Jorku na Promenadzie w Brooklynie. Spaceruję i widzę jak w wodzie odbijają się światła World Trade Center.

– Pora wracać – mówi Major Cox i zapuszcza silnik. – Wkrótce będzie nowy dzień.”

Moja Plaża Kaktusowa - Guantanamo, Kuba.

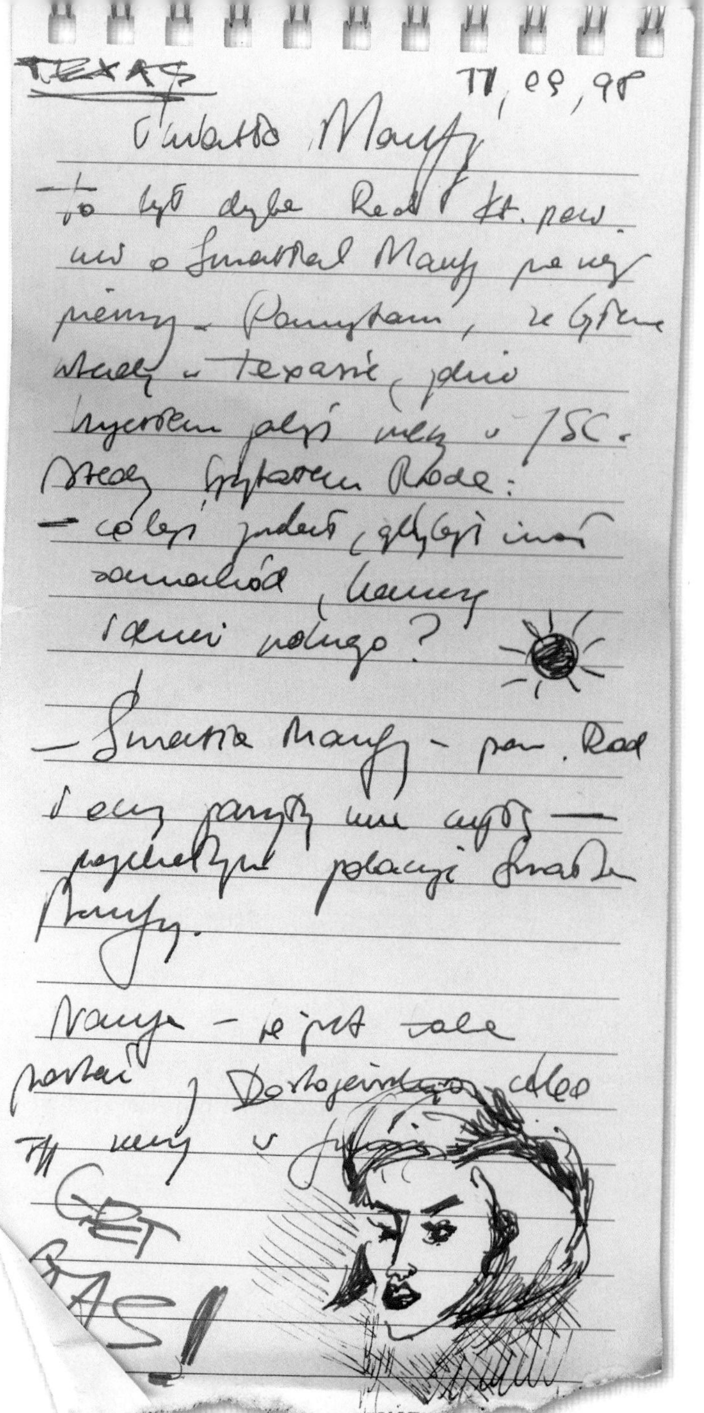
TEXAS
11.09.98
Światło Marysi
GET
GAS!

repryza

MARFA LIGHTS

...więc Światła Marfy. Zobaczyłem je w oczach Ashley, dziewczyny z lokalnego Muzeum Marfy, miejsca w zakurzonej i zapomnianej części Texasu, którego zwiedzających w ciągu roku można pewnie policzyć na palcach obu rąk.

Miała niebieskie oczy i będąc z Nowego Jorku, musiałem być dla niej tu w Marfie, przybyszem Atlantydy.

Pokazała mi kubki z napisem Marfa, breloczki z napisem Marfa, talerze z napisem Marfa. Potem złapała za parę podkoszulków i zabębniła bosymi stopami po deskach muzeum do toalety.

– *We also have this..* – powiedziała po chwili, pokazując się dumna, odziana w podkoszulek z napisem Marfa Lights Festival. Podkoszulek był stary; lansował imprezę sprzed roku. Ashley miała teraz jednak swieżą, czerwoną szminkę na ustach i ładne, nieco za ciężkie jak na jej dziewczęcy wiek piersi, które spoglądały na mnie wyzywająco spod, a jakże, o numer za małego podkoszulka.

– Ile? zapytałem, żeby coś powiedzieć.

– Podoba ci się? Dam ci dwa za cenę jednego – odparła, ściągając już coś z półki.

– Poczekaj – złapałem ją raptem za rękę. – Ja chcę ten... – pokazałem na Światła, które miała na sobie.

Prawdę mówiąc, nie wiedziałem, czego chciałem. Chciałem mieć coś ze sobą z tego czasu wtedy, coś z zapachu jej ciała, ulotności tamtej chwili. Czasami życie rysowało dla mnie scenariusze, w których musiałem grać, czy tego chcę czy nie. Jak aktor z upadającego studia filmowego grałem role, których nie zawsze chciałem lub lubiłem grać. To była jedna z nich. Byliśmy sami w zakurzonym i zapomnianym miasteczku na krańcu świata. Byliśmy jacyś nieprawdziwi – jak wyjęci z jakiegos filmu, czy coś. Nieprawdopodobni. W dodatku w samo południe.

Ashley nie powiedziała nic. Objęła się rękami i sciągnęła podkoszulek przez głowę. Jej włosy przez chwilę trzymały się elektrycznie materiału potem opadły na obnażone piersi.

– Jeden kosztuje $8.50 – powiedziała składając materiał równo w kostkę. Trwało to przeraźliwie długo. Obawiałem się, że lada chwila drzwi się otworzą i do środka wpadnie grupa nowojorskich turystów. Ale nie zdarzylo się nic. Ashley, wciąż półnaga, odrzuciła głową kosmyk włosów i otworzyła pytająco kasę.

Siegnąłem w pośpiechu do portfela i drżącymi palcami wysupłałem dziesiątkę. Przyjęła ją i spokojnie odliczyła drobne. Potem zatrzasnęła kasę, przy akompaniamencie jej piersi, które zatrzęsły się z oburzenia. Nim się jej przyjrzałem, zakładała już koszulę, ubrana, uśmiechnęła się.

– Zapakować? – zapytała. Odparłem, że nie, że wezmę jak jest, ale już pakowała podkoszulek w torbę, nasze ręce w tym nieporozumieniu spotkały się, przez moment pomagałem jej to złożyć, czując dotyk jej skóry, słysząc grzechot biżuterii. Obiecałem sobie, że kiedy skończy to pakowanie obejmę ją i pocałuję, choćbym miał dostać po buzi.

Mocowaliśmy się z tą materią pochyleni nad plastikową torbą, nasze głowy niemal dotykające się wzajemnie, złożyłem ręce, by ją objąć, sięgnąłem już po jej włosy i piersi, kiedy raptem usłyszałem warkot zajeżdżającego samochodu, a zaraz potem gong otwieranych drzwi i czyjś obcy głos. Odsunęliśmy się od siebie, zostałem sam z moim zakupem *vis-a-vis* kobiety w moim wieku, która okazała się być jej matką i jakiegoś faceta, który miał być moim przewodnikiem do Świateł Marfy.

–Ashley, wracaj na rancho – powiedziała kobieta surowym głosem i wydało mi się, że Ashley skrzywiła się ze złości, nie chciała tam jechać.

Wsiadła jednak posłusznie do terenowego Forda i chwilę później przykrył ją kurz Texasu. Nie zobaczyłem jej już nigdy.

Nie wiem, dlaczego to zrobiła i dlaczego zareagowałem tak wtedy i co by było, gdybym się z nią wtedy znalazł w tamtym sklepie na krańcu świata w samo południe.

Jeśli była Światłem, nie była mi dana tego dnia, tego życia. Choć wielokrotnie zastanawiałem się, co by było, gdybym pokonał czas, zmienił oczywistość kolei losu, objął ją i pocałował? Czy zostałbym z nią do końca moich dni? Czy byłaby tylko ulotnym swiatełkiem migocącym gdzieś na dalekim horyzoncie? Moim Światłem Marfy. Jak Marfa na filmie, płynęła do mnie, a ja dałem jej przepłynąć obok, nie wyciągnąwszy ręki. Pozwoliłem nam przejść obok siebie, minąć się naszym czasom bezpowrotnie.

Do dziś zatrzymuje mnie myśl, jak wiele zależy w naszym życiu od tak niewielkiego wysiłku, gestu wobec drugiego człowieka zmieniającego nasze życie na zawsze. Jak łatwo jest zmienić swój los bez czytania konsekwencji. Jak wiele zależy od nas, ile jest w nas przeznaczenia, a ile własnej woli, ile czegoś, co określamy zrządzeniem losu i czy jakiekolwiek odstępstwo od przepisanych przez los wydarzeń nie jest gwałtem na kolei rzeczy?

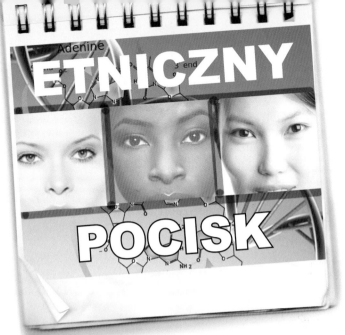

W krajach skandynawskich w tajemniczych okolicznościach setki ludzi umiera na dziwną, śmiertelną chorobę. Zaczyna się ona od gorączki, potem są wymioty, wypadają włosy, zęby. Po 5 dniach człowiek zapada w śpiączkę, po 7 umiera. Zmarło dotąd 2060 osób i nikt nie zna przyczyny – ustalono tylko jedną cechę wspólną dla wszystkich ofiar: każda z 2060 osób, które zmarły dotąd, miała niebieskie oczy.

Nasze piękne blondynki o niebieskich oczach mogą spać spokojnie: to jest tylko scenariuszowa fikcja. Ale w chwili, kiedy mówię te słowa, gdzieś w tym pięknym świecie, na naszej ziemi, jest laboratorium, gdzie w chłodzonym kontenerze trzymany jest wirus, który nie ma jeszcze nazwy, a który – jeśli wyjdzie z zamkniętego kontenera, w którym tkwi, rozwinie się jak kobra i zaatakuje ludzi o konkretnych cechach rasowych: niebieskich oczach, czarnych oczach, białym kolorze skóry albo czarnym kolorze skóry. Zabije ludzi tyko o jasnych włosach, a zostawi przy życiu tych o ciemnych. To, co jest schowane w laboratoriach tego świata to własnie Etniczny Pocisk, który ja nazywam Etniczną Bombą, ponieważ jej działanie jest tysiąc razy bardziej niebezpieczne dla istnienia ludzkości, niż jakakolwiek bomba niekonwencjonalna, którą zna świat.

Zanim powiem, jak to działa – przypomnijmy historię.

2 tysiąclecia temu scytyjscy łucznicy, aby wzmocnić skuteczność ataku,

zanurzali strzały w butwiejących zwłokach. 14-wieczni Tatarzy katapultowali ciała zmarłych na plagę za mury oblężonego miasta. Francuzi w wojnie Francuzko-Indiańskiej podarowali Indianom koce zarażone ospą. Japończycy w czasie II wojny światowej wypuścili tysiące much zarażonych plagą na miasta w Chinach. Przywieziona przez europejskich odkrywców do Ameryki ospa wybiła do 90 % populacji tutejszych Indian. W XIV wieku epidemia czarnej śmierci wybiła średnio połowę ludności Europy.

Do dziś te wirusy istnieją. Ospa w warunkach laboratoryjnych trzymana jest w chłodniach w dwóch laboratoriach w Rosji i Stanach. Po co? Po to, żeby na ich bazie stworzyć nowe śmiertelne i odporne na antybiotyki odmiany wirusów.

Ale na te eksperymenty z wirusami i bakteriami, które występują w przyrodzie nałożył się nowy zupełnie element. W 1953 roku ustalono, że jest coś takiego, jak łańcuch genetyczny DNA. Potem odkryto,

MaxTV - Mówię Jak Jest

że każda rasa ma inny, właściwy dla niej materiał genetyczny odpowiedzialny za to, że mamy różne kolory skóry, kolory oczu, czy kolory włosów. Teraz specjaliści od zagłady ludzkości myślą sobie, hm... gdyby udało sił stworzyć wirusa, który atakowałby tylko ten, a nie inny materiał genetyczny właściwy dla danej rasy – Ha! – stworzylibyśmy wirusa, który omijałby, np. białych, a zabijał czarnych! Moglibyśmy wybić wszystkich murzynów. Szaleństwo? Nie. Dokładnie nad tym pracowano w laboratoriach w Południowej Afryce w latach 80. Pracowano właśnie nad Etniczną Bombą.

Co to jest Etniczna Bomba? 1 - Śmiertelny wirus, który atakuje tylko i wyłącznie ludzi o cechach jednej rasy, np. osoby z niebieskimi oczami, 2- Śmiertelny wirus, który atakuje tylko i wyłącznie przedstawicieli jednej rasy. Innymi słowy wypuszczamy bakterię w Afryce i w tydzień wybita jest cała czarna populacja kontynentu .

Prace nad tym wirusem w RPA przerwano w 93 roku z końcem apartheidu. Ale wtedy tym, co było w laboratoriach RPA zainteresował się wywiad Izraela. Izrael mówi, cholera, mamy problem z Arabami. Chcą nas wysłać w kosmos i jest to kwestia czasu, kiedy zbudują nuki i odpalą je w nas...

Tak, jak RPA chciało zniszczyć bombą genetyczną murzynów, Izrael miał na celowniku Arabów. Taka Bomba, gdyby wybuchła, zabiłaby wszystkich Arabów, a ominęła Żydów.

Problem jaki mieli izraelscy naukowcy był taki, że zarówno Arabowie, jak i Żydzi pochodzą z tego samego rdzenia etnicznego Semitów. Ale naukowcy Izraela zauważyli, ze są genetyczne różnice między Arabami i Żydami (arabskimi) Sefardyjskimi i aszkenazyjskimi (czyli europejskimi). Jeżeli są między nimi różnice genetyczne, oznacza to, ni mniej, ni więcej, że MOŻNA skonstruować wirusa, który atakowałby właśnie rdzennych Arabów, a omijał Żydów.

Pracami zajął się Instytut Badań Biologicznych w Ness Syjona. Victor Ostrovsky, który, jak twierdzi, pracował dla wywiadu Izraela – Mossad, w książce Druga Strona Przekrętu, podaje, że do badań używano palestyńskich więźniów. Izrael budował bombę etniczną. I świat zaczął się bać .

W 1997 roku amerykański sekretarz obrony, Bill Cohen, ostrzegł, że USA otrzymuje raporty, iż pewne kraje pracują nad "pewnym typem patogenów, które atakowałyby określone grupy etniczne". Kiedy prezydent Clinton dostał któregoś dnia raport na ten temat w codziennym briefingu CIA, był w szoku. Jego ulubioną książką stała się Cobra Event, o zwariowanym naukowcu, który testuje genetyczną broń biologiczną

na mieszkańcach Nowego Jorku. Ludzie umierają straszliwą śmiercią, duszą się połykając własne języki... Polecił budowę nowego samochodu ochrony prezydenta, który odtąd jeździł w prezydenckiej kawalkadzie. Ochrona nazywa ją Hammer, ale nie taki, jakiego my znamy. To był skrót od Hazardous Agent Mitigation Medical Respons, czyli szpital na kółkach dla prezydenta w razie ataku wirusem, czy gazem, który wyłapuje szkodliwe substancje z powietrza. W 1998 roku brytyjski The Sunday Times podaje, że Izrael ma Etniczną Bombę. Dla świata był to szok. Raport uznano za niemożliwy, za fikcję.

W 2003 roku następuje przełom w nuklearnej biologii. Ukończony zostaje projekt genom. Powstaje mapa ludzkich genów. Teraz prace nad Bombą Etniczną wchodzą na zupełnie inny poziom. Jeżeli każda rasa ma swój własny charakterystyczny układ genetyczny, to każdy z nas – każdy z nas – ma swój własny garnitur genów, który nosi na sobie. GDYBY udało nam się znaleźć bakterię i ją zmodyfikować, stworzyć wirusa, który mógłby atakować tylko i wyłącznie ten, a nie inny garnitur genetyczny, bylibyśmy perfekcyjnymi mordercami. Moglibyśmy zabić każdego niewygodnego człowieka, bądź, np. przywódcę państwa wirusem, który zaatakowałby tylko i wyłącznie jego. Nikt nie wiedziałby, co go trafiło. Nikt nie mógłby temu zapobiec. Perfekcyjna zbrodnia. Do widzenia noże, czy pistolety. Człowiek z Łucka na Ukrainie zamiast jaja, czy noża, miałby tylko rozmazaną na wnętrzu dłoni śmiertelną substancje – wirusa, bakterię i zabiłby zwykłym uściskiem dłoni, jak przekazuje się wirusa grypy.

Impreza by się skończyła – ludzie poszli do domów. Prezydent wróciłby do pałacu, a dwa tygodnie później, zapadłby na dziwną i tajemniczą chorobę i zmarł... Ale zaraz...czy to już nie było?

W 2004 roku Wiktor Juszczenko, kiedy kandydował na prezydenta Ukrainy – raptem miał we krwi dawkę toksyny TCDD, 50 tys. razy większą niż normalnie.

Od tamtej tez pory obsługa wizyt prezydenta USA zaczęła zachowywać się dziwnie. Stewardzi, którzy serwują podczas spotkań zagranicznych drinki, czy podają talerze do stołu bądź widelce, obrusy – teraz zabierają wszystkie te rzeczy ze sobą. W hotelach po prezydencie znika pościel i ręczniki. Po obiadach prezydenta Stanów Zjednoczonych nie ma brudnych talerzy czy szklanek... Dlaczego? Dlatego, żeby nie pozostawić po sobie materiału genetycznego prezydenta na tych przedmiotach, ponieważ jeśli wpadną one w ręce obcych wywiadów, te mogą skonstruować personalną bombę etniczną, która zaatakuje tyko i wy-łącznie prezydenta USA.

Hilary Clinton wydala polecenie amerykańskim ambasadorom, żeby zbierać materiał genetyczny przywódców obcych państw. Zbierane są po nich szklanki, noże i widelce. Blair House, gdzie zatrzymują się głowy państw, *vis-a-vis* Białego Domu, jest dla CIA kopalnią materiału genetycznego DNA.

Wiktor Juszczenko - były prezydent Ukrainy przed i po zatruciu dioksyną TCDD w 2004 roku.

Te badania są tajne. Ale one istnieją. Skąd o tym wiemy? Od czasu do czasu pojawiają się różne dziwne choroby wokół nas, które wymknęły się z laboratoriów, jak odmiana Eboli, która wymknęła się z laboratorium w Magdeburgu, czy choroba szalonych krów. Rosjanie połączyli jad Kobry z wirusem influenzy. To, co wyszło z ich laboratorium, to mieszanka, której 20 gram jest w stanie wybić 5 miliardów ludzi. Kanatjan Alibekov, który zbiegł do Stanów, twierdzi, że Sowieci wypracowali 52 odmiany mieszanin broni biologicznej, włączając antrax 386, tularemia (4) i super plaga, a które dają 100% śmiertelność i są odporne na jakiekolwiek antybiotyki, jakie zna ludzkość.

Wszystko, co trzeba zrobić, to znaleźć śmiertelnego wirusa, czy bakterię, która występuje w przyrodzie i ją uzbroić. Pamiętacie państwo kobietę, która poszła do basenu i zapadła na dziwna chorobę? Ustalono, że bakteria dostała się do jej organizmu przez nos. Bakteria miała to do siebie, że po inwazji do organizmu natychmiast szukała drogi do mózgu i zaczęła zjadać mózg zarażonej dziewczyny.

Jaki jest problem, żeby wyhodować kilkaset tysięcy egzemplarzy takiej bakterii, zamknąć je w kanister wielkości puszki i wrzucić do zbiornika wody pitnej podającego wodę na Manhattan? Ludzie się kąpią w wannie, myją zęby, płuczą gardło z bakteria w środku. W tydzień miasto jest wymarłe.

T.S. Elliot miał rację. Świat nie skończy się z wielkim bang, a cichym skowytem cywilizacji, którą zamorduje mały niepozorny mikrob wypuszczony z laboratorium jakiegoś kosmicznego szaleńca.

Mariusz Max Kolonko. Mówię jak jest.

Kiedy będzie koniec świata?

Markus: *Czy po wydarzeniach wrześniowych w USA pojawiły się w prasie amerykańskiej artykuły starające się wyjaśnić owe wydarzenia jako zbliżający się koniec świata? Jak są odbierane przez Amerykanów?*

Max Kolonko: *Ludzie mówią o końcu świata, odkąd ja się urodziłem. Podejrzewam, że kiedy urodzili się moi prapradziadkowie. W Stanach od dawna ludzie, moi znajomi na przykład, okopują się w Colorado, gdzie mają w ziemi ziemiankę i zapas wody na 36 dni. Nie pytaj mnie dlaczego na 36, bo nie wiem.*

Ludzie widzą nacierające na nas zewsząd zło, którego nie są w stanie intelektualnie wytłumaczyć i trudno się dziwić, że szukają dla ludzkości jakiegoś spektakularnego końca. Ja natomiast coraz częściej łapię się na tym, że widzę przyszłość naszego świata w bardzo ponurych barwach. Myślę, że ten koniec będzie bardzo mało spektakularny i jak powiedział Hawking, albo może ktoś inny, świat nie skończy się z wielkim "Bang", ale malutkim "Whimper". Stare afgańskie przysłowie mówi o człowieku, który wziął odwet po 100 latach. Są ludzie, którzy są na tym świecie bardzo pamiętliwi i w dodatku są przekonani, że za tę zawiść otrzymają 72 hurysy w niebie. Boję się ich i ich fanatyzmu. Myślę, że kiedyś nam dopieprzą. Dlatego cieszmy się życiem, póki możemy.

To był fragment rozmowy jak przeprowadziłem w Internecie w portalu Wirtualnej Polski w przedostatnim dniu mojego drugiego pobytu w Polsce, po kilkunastu latach spędzonych w Stanach. Była zima 2002 roku. Styczeń. Zimno. Pamiętam, że kiedy wracałem z tego bardzo skadinąd miłego spotkania z polskimi internautami, nie mogłem jakoś pozbyć się tego pytania. Poprowadziło mnie ono myślami daleko do czasów, kiedy jako uczeń podstawówki liczyłem wraz z kolegami godziny do końca świata, który, o ile pamiętam, miał się skończyć po dużej przerwie 30 kwietnia, roku pańskiego 1975.

Pamiętam nawet, że z tego powodu nie przygotowałem się na klasówkę z matmy, która miała być godzinę później. Myślałem wtedy, że i tak do tego czasu matematyczka smażyć się będzie w diabelskim kotle razem z jej algebraicznym zadaniem domowym.

Czułem wtedy jakąś dziwną ulgę, jakąś beztroskę, która powodowała, że patrzyłem na świat inaczej, pogodniej, z jakimś spolegliwym dystansem, że oto całe to małe budowanie: te klasówki, które były naszym być albo nie być, kłopot pana dozorcy z płotem, w którym co rusz wyrywaliśmy dziurę, dostawa kiełbasy do sklepu, która miała się odbyć w połowie tygodnia, nawet kłopot pani Ireny – nauczycielki z polskiego, której pończocha miała wielką dziurę, a którą zaczęła na naszych oczach cerować, wywołując zaćmienie młodych umysłów na lekcji polskiego - to wszystko stało się tak dalekie jak skok Małysza w Salt Lake City.

Wiele lat później podobnie oglądałem rzeczywistość, kiedy urzędnik US Government wręczył mi mój paszport z wizą amerykańską w środku. Otóż takie spojrzenie, myślę, jest bardzo twórcze. Ustawia sprawy w pionie. Zachód słońca nad East River jest wart odwrócenia głowy, twarz dziewczyny w tłumie warta jest uśmiechu, starsza pani przed domem warta jest minuty rozmowy o pogodzie. Więc jeśli coś wnieśli nam do ogródka terroryści, to chyba rewizję spojrzenia na świat. Więc znów jest Mistrz i Magdalena i Jezus i Judasz, dychotomia pchająca naszą kruchliwą cywilizację dalej i dalej za kolejne terminy naszego wyimaginowanego końca.

Ale wtedy 30 kwietnia 1975 roku Długa Przerwa przyszła i poszła jak kurwa na Pigalaku. Klasówka odbyła się, jakby nigdy nic. Dostałem kartkę papieru i zadanie, którego nie pojmowałem ani w ząb. Spoglądaliśmy z kolegą za okno, ale nie spadła na nas wielka, rozgrzana płyta, ani w płot dozorcy nie pieprznął meteor. Minuty cykały i nie działo się nic. Następnego dnia matematyczka, która miała o tej porze smażyć się w kotle przyszła, jak co dzień, z testami pod pachą. Dostałem bańkę i przestałem wierzyć w koniec świata. Przez następne 26 lat. Do czasu tragedii 11 września.

Zimą na plaży w The Hamptons...

To historyczne już zdjęcie panoramy Manhattanu
wykonałem w 1992 roku. Widok z doków na
Brooklynie, gdzie mafia topiła ludzi zamordowanych
w sporach o lukratywne kontrakty budowlane

11 września
8 rano

iedy 11 września przed godziną 8:35 rano prezydencka limuzyna zatrzymała się przed bocznym wejściem do Szkoły Podstawowej Emma E. Booker w Sarasocie na Florydzie, w środku czekał już tłum podekscytowanej dzieciarni.

Prezydent przywitał się ciepło z wniebowziętą kierowniczką szkoły, przybył tu, by promować swój plan reformy szkolnictwa. Przeszli do środka. Ok 8:55, kiedy szedł korytarzem, zatrzymał go raptem Andrew Card, szef sztabu Białego Domu. W pokoju obok czekała na niego odłożona słuchawka. Po drugiej stronie znajdowała się doradczyni ds. Bezpieczeństwa Narodowego Condoleezza Rice. Pilne.

Ktoś włącza telewizor. Bush odwraca głowę (zdjęcie na stronie następnej). Na ekranie widać płonącą wieżę WTC. Wszyscy pytają, co robić. To może być tylko przypadek. Bush postanawia poczekać na szczegóły. Wychodzi z pokoju i udaje się na zaplanowane spotkanie z drugoklasistami.

O 9:04 Andrew Card podchodzi do Prezydenta, nachyla się nad nim i mówi: „Panie Prezydencie, samolot właśnie uderzył w drugą wieżę WTC. Musimy opuścić to miejsce natychmiast." (Woodward w swej książce *Bush At War* podaje, że dokładne słowa były inne: *A second plane hit the second tower. America is under attack.* Drugi samolot uderzył drugą wieżę. Ameryka została zaatakowana)

Ten historyczny moment uchwyciły nieświadome niczego telewizyjne kamery. Później wiele razy analizowałem te taśmę.

Myślę, że był to jeden z najbardziej przejmujących momentów w historii amerykańskiej polityki. Prezydent, który „wygrał wybory fuksem", różnicą 537 głosów i po dogrywce liczonej 4 razy, który mówił, że w Afryce ludzie mówią po afrykańsku i który był w Europie jedynie na wakacjach, raptem stanął w obliczu historycznego testu, w którym nie mogło być mowy o pomyłkach. Było w tamtym momencie w spojrzeniu amerykańskiego Prezydenta coś bardzo ludzkiego i niesamowitego zarazem. Jakby powiedzieć komuś: pod pana krzesłem znajduje się bomba, proszę zachować spokój.

Andrew Card: Panie prezydencie, samolot właśnie uderzył w drugą wieżę World Trade Center. Zaatakowano Amerykę...

Bush charakterystycznie dla siebie pociągnął nosem, kiwnął głową i przez moment jeszcze słuchał, jak dzieci recytują czytanki, ale myślami był już gdzie indziej. Gdyby nie jego nieobecny wzrok, można by rzec, że nic się nie zdarzyło. Zażartował, że czytają tak ładnie, że są pewnie już szóstoklasistami.

Kilka minut później spokojnie, aby nie wywoływać paniki, Bush przeszedł do centrum medialnego szkoły, gdzie miał wygłosić krótkie

przemówienie. Była 9:30 kiedy Prezydent poinformował naród o praw-
dopodobnym „ataku terrorystycznym na nasz kraj."

13 minut później skrzydło pięciokątnego budynku Pentagonu rozerwał
eksplodujący samolot.

*11 IX 2001, godz. 9.05 rano. Szkoła Podstawowa Emmy E. Booker
w Sarasocie w stanie Floryda. Prezydent G. Bush rozmawia przez telefon.
Płonące wieże WTC widać na ekranie telewizora.Stoi szef Białego Domu ds.
Komunikacji Dan Bartlet. Obok doradca prezydenta Carl Rove.
Za prezydentem stoi szef Biura Narad Białego Domu, Deborah Loewer.*

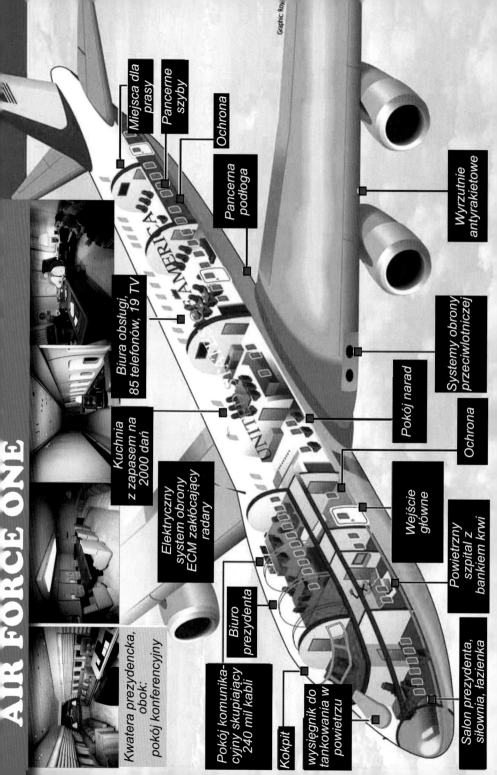

AIR FORCE ONE

- Miejsca dla prasy
- Pancerne szyby
- Ochrona
- Pancerna podłoga
- Wyrzutnie antyrakietowe
- Biura obsługi; 85 telefonów, 19 TV
- Systemy obrony przeciwlotniczej
- Pokój narad
- Ochrona
- Kuchnia z zapasem na 2000 dań
- Elektryczny system obrony ECM zakłócający radary
- Wejście główne
- Powietrzny szpital z bankiem krwi
- Kwatera prezydencka, obok: pokój konferencyjny
- Biuro prezydenta
- Pokój komunikacyjny skupiający 240 mil kabli
- Kokpit
- wysięgnik do tankowania w powietrzu
- Salon prezydenta, siłownia, łazienka

Co się działo 11 września na pokładzie samolotu Air Force One

Starszy Doradca Prezydenta Busha Carl Rove udzielił wywiadu Timowi Russertowi z NBC w tej sprawie. Jest to opowieść nieprawdopodobna, bo raz jeszcze uświadamia nam, że wielka polityka robiona jest przecież przez zwykłych, w końcu, ludzi.

„Po tej krótkiej wypowiedzi prezydenta zabrali nas na lotnisko", wspomina Carl Rove. Jak powiedział potem Dick Cheney: "Kiedy przychodzą agenci i dosłownie biorą cię pod pachy, wyprowadzając z miejsca, gdzie jesteś, wiesz, że dzieją się rzeczy wielkiej wagi, i nawet nie zadajesz pytań."

Tego wtorku tak było z prezydentem Bushem. Secret Service przejęło kontrolę nad jego poczynaniami.

9:10 rano. Lotnisko Sarasota Bradenton International Airport, Floryda. Prezydencki samolot, Ogon Numer Jeden (*Air Force One*) jak się go określa, grzeje już silniki. 45 minut wcześniej, niż przewidywał rozkład jazdy na ten dzień. Secret Service zaciska pętlę bezpieczeństwa wokół prezydenta. Grupa przedstawicieli Partii Republikańskiej wydelegowana, aby pożegnać prezydenta, tłoczy się za przeszkloną szybą gmachu przylotów. Nie ma wejścia na płytę lotniska.

Carl Rove: "Zwykle prezydent wchodzi pierwszy, odwraca się, macha ręką i dopiero wchodzi reszta. Teraz było inaczej. W samolocie jest długi korytarz, który ciągnie się od wejścia wzdłuż całej długości samolotu. Zaraz po prawej stronie jest kabina prezydenta. Kiedy tam wszedłem, prezydent już siedział w zapiętych pasach." Zanim Carl Rove i reszta przedstawicieli administracji zapięła pasy, samolot już kołował, zostawiając toczące się wzdłuż budynku, gdzie stali dostojni goście, puste puszki coca-coli.

Zaraz po starcie pilot stawia niemal maszynę na ogonie. Air Force One wznosi się kilometr, drugi, trzeci...

Trzy lata wcześniej, kiedy kręciłem w jego wnętrzu zdjęcia, zapytałem jednego z pilotów, jaki jest maksymalny pułap samolotu. Odpowiedział, że 14 kilometrów, choć dziś te dane, jak i dane o szybkości i maksymalnym ciężarze są utajnione. Tego dnia samolot wszedł na 40 tys. stóp (ok. 11 tys. metrów) tak szybko, jak tylko pozwalały na to cztery turbosilniki General Electric. Po obu stronach eskortowały go myśliwce F-16.

Samolot leci na północ. Ale prezydent chce wracać do Waszyngtonu. Niepokoi się o swą żonę i dzieci. Powstaje zamieszanie. Secret Service nie zgadza się. Przestrzeń powietrzna nad Waszyngtonem nie jest zabezpieczona. Trzeba przekonać Prezydenta. Carl Rove nachyla się nad Georgem Bushem.

– Panie prezydencie, mamy jakieś 4 tysiące samolotów nad Ameryką. Nie wiemy, gdzie lecą i kto siedzi za ich sterami. Wywiad podaje, że możemy mieć ok. 12 uprowadzonych samolotów w powietrzu.

45 minut potrzeba Secret Service na przewiezienie „Turkusu" (taki ma kod 19-letnia córka prezydenta, Barbara Bush w żargonie SS) spod Kapitolu do New Haven. „Skierka"(*Twinkle* – w kodzie SS), czyli drugą córkę Jenę, przewieziono do hotelu Driskill, 6 minut później.

11 IX 2001. Wiceprezydent Dick Cheney rozmawia przez gorącą linię z prezydentem G. Bushem

Ogon Numer Jeden ma 85 telefonów na pokładzie. Gdyby rozciągnąć znajdujące się na pokładzie okablowanie, połączyłoby ono Gdańsk i Zakopane. Każdy przewód jest izolowany tak, aby pracy urządzeń nie zakłócił nuklearny podmuch. Z podobnych powodów Boeing 767 Prezydenta USA ma wzmocnione okna.

Tego dnia telefony „trzymają" gorącą linię z bunkrem w Pentagonie, gdzie jest wiceprezydent Dick Cheney, Doradca ds Bezpieczeństwa Narodowego Condoleeza Rice, Karen Hughes, prawa ręka Busha, i Centrum Amerykańskiej Przestrzeni Powietrznej NORAD, wykutym w skałach Gór Cheyenne. Pamiętam, że kiedy tam byłem, pokazywano mi ten „prezydencki telefon" – niepozorny czerwony aparat bez numeru.

Prezydent nie mówi nic. Spogląda poprzez okno. Wie, że w takich chwilach decyzje podejmuje Secret Service. Wie, że potrzebuje go kraj. Wie już, że płonie Pentagon.

Kiedy są nad północną Florydą, jedna z 26 osób pokładowego personelu przynosi informację pilota: Jeśli mamy kontynuować lot na północ w kierunku bunkra Omaha, musimy nabrać paliwa. Nie mamy paliwa, by tam dolecieć. Samolot przystosowany do tego, by doleciał do Moskwy i z powrotem na jednym tankowaniu, nie ma paliwa, by pokonać Amerykę wskroś.

„Możemy albo tankować w powietrzu, albo gdzieś po drodze" – mówi Rove. Ktoś sprawdza mapy. Najbliższa „bezpieczna" instalacja to baza w Barksdale, Luizjana.

Decydują się na Barksdale. W tym czasie cała Ameryka zastanawia się, gdzie jest jej prezydent. Przy ostatecznym podejściu do Barksdale sztab prezydenta włącza telewizory, łapiąc lokalną stację. Widzą samolot, którym lecą, schodzący do lądowania.

„Około 14:30 czasu nowojorskiego lądowaliśmy w Omaha" – wspomina Rove. Tam mieści się centrum zbierające informacje wywiadu. (Offutt Air Force Base – odpowiedzialna za kontrolę nad amerykańskim arsenałem nuklearnym). Prezydent odbywa pierwszą telekonferencję z Waszyngtonem. Sekretarz Stanu, Colin Powell, jest w drodze do Waszyngtonu z Ameryki Łacińskiej. Wiceprezydent Cheney jest w bunkrze, odradza Bushowi powrót.

Jednak Bush przejmuje już kontrolę nad sytuacją. „Wracamy do Waszyngtonu." – mówi załodze. Znów jest sobą. Zaciska usta. Łapie za telefon.

Punkt pierwszy: wyeliminować dalsze ataki. W tym czasie wywiad podaje informację o 6 samolotach lecących bez transpondera, podającego informacje o kierunku lotu.

Bush przechodzi do sypialni. Jest tam przez chwilę sam. Rozmawia z wiceprezydentem „w cztery oczy". Po chwili wraca.

– Podjąłem decyzję o „zestrzeleniu każdego cywilnego samolotu, który nie jest pod kontrolą załogi, jeśli zbliży się do celu o kluczowym znaczeniu".

Prezydent George Bush w helikopterze Marine One nad rejonem zero WTC. Obok stoi burmistrz Nowego Jorku Rudy Guliani

Zapada cisza. Wszyscy wiedzą, co to znaczy. Tymczasem FAA (*Federal Aviation Administration* – Federalna Administracja Lotnictwa) samodzielnie podejmuje decyzję o zamknięciu przestrzeni powietrznej nad krajem. Wkrótce amerykańskie niebo, które jeszcze przed godziną rysowały tysiące samolotów, staje się puste. Kiedy Air Force One wchodzi w przestrzeń powietrzną tzw. Północno-Wschodniego Korytarza (Boston, Nowy York, Baltimore, Washington), eskortujące prezydenta myśliwce lecą tak blisko, że Carl Rove, ze swego miejsca może zobaczyć twarze pilotów.

Potem, już w helikopterze, prezydent przelatuje obok ciągle dymiącego gmachu Pentagonu. Wszyscy są przykuci do okien. Prezydent odwraca się:

– Przyjrzyjcie się dobrze – mówi. – Tak wygląda twarz wojny w XXI wieku.

To zdjęcie zrobiłem z mojego ulubionego miejsca w NYC, promenady na Brooklynie, w 1988 roku. Zbudowane na początku lat 70., jako drugie po Sears Towers w Chicago najwyższe wieżowce świata, stały się jednym z symboli amerykańskiej potęgi i dominacji Ameryki w świecie. Każdy bok wież liczył 63,5 metra. Wysokość 411 metrów ponad i 21 metrów poniżej poziomu ulicy. Mogły wytrzymać napór wiatru o sile 225 km/godz. Szczyty odchylały się nawet do 2 metrów od pionu, choć architekci przewidywali tylko 28 cm odchyłu

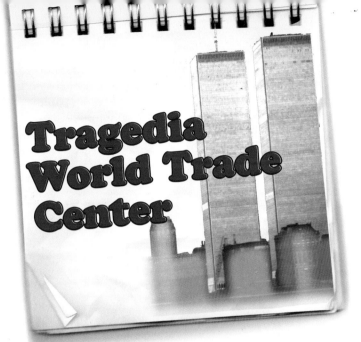

Tragedia World Trade Center

Dopiero teraz mam chwilę, żeby napisać o WTC. Dwanaście dni później. Chciałem to jakoś utrwalić, ale teraz nie bardzo wiem, co napisać.

Chyba tak:

Ludzie mają naturalną tendencję do utożsamiania ważnych wydarzeń świata z wielkimi wydarzeniami w ich życiu. To jest trochę tak jak z Kennedym: gdzie byłeś, kiedy go zastrzelono? Gdzie byłeś, kiedy w Południową Wieżę WTC wbił się lot numer 175 United Airlines, a lot numer 11 skończył się na dywanie korytarza firmy Marsh USA Inc. na 96. piętrze wieży numer 1?

Jeden z moich kolegów mówi, że siedział na tarasie z widokiem na WTC i pisał pracę naukową z apokalipsą w tytule. Koleżanka była „właśnie w drodze do WTC", inna była „tuż, tuż", ktoś inny „miał być, ale nie doszedł" itd., itd. Jakby się wszyscy uwzięli, żeby o 8:46 we wtorek 11 września gnać do WTC. Jakby ich los miał się tego dnia złączyć z dwiema wieżami choć w istocie, w pewnym sensie, się złączył.

Otóż ja byłem w łazience. Goliłem się. Zadzwonił telefon i kolega z redakcji telewizyjnej Panoramy w Polsce powiedział mi, co się stało przed chwilą w Nowym Jorku. Taka technologiczna ironia korespondenta telewizyjnego. Taki mały losowy bzik. Pamiętam, że przełączyłem kanał z Susan, która właśnie „leciała ryjem" w CNNFN i zobaczyłem dymiącą wieżę WTC. Dymu jeszcze nie było dużo. Wyglądało na wypadek. Jakby jakiś mały samolot wbił się tam. Wieża wyglądała jak pęknięty *grill* w moim pierwszym samochodzie. Pamiętam, że krem do golenia sechł mi po twarzy. Stałem nagi, patrzyłem na ten obraz i coś mi tu nie grało. Ostatni raz, kiedy samolot uderzył w wieżowiec w tym mieście, to było chyba prawie pół wieku temu. Był to samolot wojskowy. Była mgła. Najwyższym budynkiem w mieście był Empire State. I wiem już, co mi nie grało. Tego dnia był piękny ranek. Widoczność z tamtego szczytu wieży mogłaby sięgać dobre 50 kilometrów. To nie mógł być przypadek. Nie dzisiaj.

To historyczne zdjęcie Manhattanu wykonałem w 1992 roku ze szczytu WTC. Empire State Building widać pośrodku na horyzoncie. W słoneczny dzień widoczność ze szczytu WTC sięgała 50 km

Co chwilę dzwoni telefon. Na przemian komórka i stacjonarny. Redakcja chce wiedzieć, co się dzieje. Przeciągam minutę. Potem drugą. Wchodzimy na żywo. Słyszę głos ze studia i słyszę swoją odpowiedź. Powiedziałem jak nowojorczyk. Powiedziałem jak człowiek, który przeżył w tym mieście 12 lat. To jest atak. To jest terror. To jest największy akt terroru, jaki można sobie wyobrazić, zaplanowany i obliczony na niespotykaną skalę. Kiedy to mówię, słyszę to samo od kolegi z NBC. Nikt nie wie nic. Jedyne co możesz robić, to mówić, co czują twoje jaja.

Dopiero później dowiedziałem się, że budynek palił się od środka. Płomienie pomału topiły spawy grubych na dwa palce, stalowych konstrukcji. Christa Staub powiedziała mi potem, że jej brat z grupą ludzi pobiegli na dach. Drzwi były jednak zamknięte. Zbiegli na dół. Schody pożarowe są żaroodporne, ale drzwi prowadzące na nie były również zamknięte. Byli odcięci. Zadzwonili z komórki do kogoś aby powiedział strażakom, by otworzyli te cholerne drzwi. Poniżej miejsca, w które uderzył samolot, było mniej dymu. Ludzie zbiegali w dół po schodach. Widzieli strażaków mozolnie wnoszących po schodach butle z tlenem... jak powiedział jeden ze świadków, zastygając w nagłym wspomnieniu: „młodych silnych ludzi, którzy ocierając pot z czoła, szli po swoją śmierć". Kiedy w wieżę południową wbił się drugi samolot, góra Wieży Północnej

dymiła jak Titanic na Atlantyku. Dzień później dopiero dowiedziałem się, co działo się na pięciu piętrach między miejscem zderzenia a szczytem wieży. Widziałem zdjęcia kolegów z CBS: człowiek obejmujący lśniącą w słońcu belkę aluminium stał na 108... kobieta w rozwianej pędem wiatru fioletowoczarnej sukni lecąca ze szczytu twarzą w dół. Leciała długo, kamerzysta miał czas by zzoomować. Przebierała w powietrzu rękami, jakby chciała odepchnąć od siebie pędzący ku niej beton chodnika. Pomyślałem sobie, że wyglądała trochę jak anioł. Tylko, że anioł szybuje jakoś skosem, poetycko jakby, czy coś. Ona spadała jak kamień.

Po pierwszym uderzeniu w wieżę kilkanaście osób wypadło na zewnątrz. Spadali na ulice i dachy. Burmistrz miasta, Giuliani, który był na dole widział, jak powiedział: "jak człowiek spadał, aż spadł" Ktoś kazał mu patrzyć w górę, aby coś lub ktoś nie spadł mu na głowę. Więc tak szedł i patrzył, aż zawaliła się Wieża Północna. Uciekli do wnętrza budynku. Poprowadzili go od drzwi do drzwi, ale wszystkie wyjścia pożarowe były

Przyczyną upadku wież było nie stopienie się przęseł w wyniku wysokich temperatur, jak podawała prasa. Maksymalna temperatura pożaru wież wynosiła mniej niż 1000 stopni C, a więc poniżej 1500 stopni potrzebnych do stopienia stalowych kolumn. Wieże runęły, gdyż pod wpływem temperatur przęsła stropowe wygięły się, odrywając klipsy kątowe przymocowujące je do ścian. Te przęsła utrzymywały podłogi, które de facto trzymały wieże WTC razem. Pęknięcie przęsła spowodowało zapadnięcie się kolejnych pięter i w efekcie implozję budynku.

podłoga

klipsy kątowe

Spoglądam na Nowy Jork ze szczytu WTC w restauracji Okna na Świat. Nie wiedziałem jeszcze, że za 13 lat po tym miejscu nie będzie śladu.
Przypadkiem zdjęcie utrwaliło interesujące szczegóły konstrukcji WTC. Zwróć uwagę na stropy w okolicach znaku No Smoking. Są to 18-metrowe stalowe przęsła, których załamanie się było powodem upadku wież. Pokryte były materiałem ognioodpornym zawierającym azbest, zastąpiony po ataku bombowym w 1993 roku wermikulitem - ognioodporną substancją o grubości 3 mm powszechnie używaną w budownictwie. Jak widać przypadkiem na tym zdjęciu, piętra nie miały niemal w ogóle nośnych ścian działowych. WTC w 95% swej zawartości wypełnione były powietrzem.

zamknięte. Ktoś wpadł na pomysł, żeby przejść na drugą stronę budynku i tam spróbować szczęścia. Kiedy w końcu wyszli, Wieży Południowej już nie było. Słychać było warkot samolotu. Ktoś z jego personelu krzyknął: – O rany, leci następny! Ktoś inny odkrzyknął spoglądając w górę: – Nie, to nasz. Nasz?

Tego nie mógłby wymyślić Hollywood. Dopiero miesiąc później generałowie z Pentagonu uświadomili sobie, że sposób myślenia terrorystów nie mieści się w ich generalskich głowach.Wtedy ktoś podniósł słuchawkę i zadzwonił do Krainy Snów. Tydzień później w Hollywood właśnie doszło do pierwszego z trzech tajnych spotkań między scenarzystami, a strategami Pentagonu. Temat spotkań: Co jeszcze zdarzyć się może? Tom Clancy, autor książki, na której podstawie nakręcono film *Clear And Present Danger (Stan Zagrożenia),* powiedział, że gdyby ktoś mu podsunął rzeczywistość z 11 września jako proponowany scenariusz, odrzuciłby go jako mało prawdopodobny.

Ale był ciągle 11 września. Kilkanaście minut po 9 rano. Złapałem słuchawkę i zacząłem dzwonić do Karoliny. Mieszka w wieżowcu w połowie miasta. Bałem się, że lecą w jej kierunku następne samoloty. Że to jest jakiś kamikadze sen. Pamiętam, że ze strachu nie mogłem wybrać numeru. Trzęsły mi się ręce. Potem nie było sygnału. Na stacji przekaźnikowej na szczycie Wieży Północnej powoli smażyły się przewody... Na biurku dzwoniły telefony, za oknem wyła karetka pogotowia pędząca do pobliskiego Elmhurst Hospital. Z remizy w Queensie przy 69 Ulicy wyleciała straż pożarna z Alem Tarasiewiczem. O czym nie wiedział, jechał po śmierć. W dole Manhattanu wóz kompanii 54 już pompował wodę... 15 strażaków plus dowódca batalionu, czyli cała kompania, była już na schodach Wieży Północnej. Nie wrócił nikt.

W końcu dodzwaniam się, zostawiam wiadomość. Mówię, żeby pojechała do domu w Hamptons nad oceanem najszybciej, jak tylko może. Mówię to głosem, który usiłuje być spokojny, ale powiedziała mi potem, że wystraszyłem ją nie na żarty. Czułem się jak żołnierz AK ostrzegający ukochaną, że na jej ulicy są już czołgi... żeby się spakowała, wyszła tylnym wyjściem najciszej, jak tylko może. Pół wieku po wojnie.

11 września w mieszkaniu na parterze dwurodzinnego domu w brooklyńskiej dzielnicy Bensonhurst budzik zadzwonił o 6 rano. Urszula Szurkowska wstała pierwsza. Była radosna. Jej mąż Norbert miał iść do pracy na 8.00, co oznaczało, że razem zjedzą śniadanie, razem

wyjdą z domu. Norbert Szurkowski pracował w firmie kładącej tapety. Dzień wcześniej otrzymał polecenie, by stawić się do pracy w World Trade Center. Miejsce: 104 piętro firmy Cantor Fitzgerald. Norbert miał przyjść do pracy tylko na kilka minut, poprawić coś i wyjść przed 9.00, nim otworzą biura. Umówili się, że będą w domu o 10.00 i pojadą na lotnisko po teściową. Był to dla nich wielki dzień. Urszula była kilka tygodni w ciąży z drugim dzieckiem. Dla teściowej miała być to niespodzianka.

O 8:15 rano Jan Maciejewski, kelner w restauracji Okna na Świat mieszczącej się na szczycie WTC, parzył właśnie świeżą kawę. Było cicho i spokojnie, większość 72 pracowników restauracji obsługiwała nasiadówkę firmy Risk Waters Group piętro niżej, na 106. Krótko po ósmej było tam już 87 osób, głównie z firm Merrill Lynch i UBS Warburg.

Gdzieś w tym czasie Norbert Szurkowski, tapeciarz w firmie na Manhattanie, rozkładał swe narzędzia na 104 piętrze w Cantor Fitzgerald. Spieszył się.

W czasie, gdy samolot American Airlines z 64 ludźmi na pokładzie i 38 tysiącami litrów lotniczego paliwa w skrzydłach pędził 750 km na godz. nad dokami Staten Island w kierunku Manhattanu, w obu wieżach WTC znajdowało się już ok. 10. tysięcy osób.

O 9:46:26 samolot wcina się w stalowe belki WTC lądując na korytarzu biura firmy Marsh & McLennan Companies. Kilkanaście osób wypada przez ściany w dół, na dachy domów. Dopiero pół roku później szczątki jednej z nich znalezione są przypadkowo na dachu posesji półtora ulicy od rejonu zero. Podwozie odrywa się od kadłuba i ląduje na ulicy Rector Street, pięć ulic dalej, uderzając przechodzącą po chodniku kobietę, która szczęśliwie przeżyje. Samolot zostawia wyrwę w budynku szeroką na 4 piętra, od 94 do 98. Jak zeznają naoczni świadkowie, trzy piętra poniżej strefy uderzenia nie czuć nic. Nawet kwiaty nie drgną w doniczkach. Dopiero po chwili przychodzi fala uderzeniowa, która promieniuje od góry do dołu wieżowca, trwa trzy, cztery sekundy i powraca w drugą stronę.

Jak ustaliły badania rachunków telefonicznych, ktokolwiek znajdował się piętro poniżej lub cztery piętra powyżej 91 piętra tej wieży, nie daje już

Podwozie samolotu opada na Rector Street...

znaków życia. Żadnych telefonów, żadnych maili, żadnych zdjęć żywych. Powyżej tego miejsca, na 19 piętrach w Wieży Północnej, znajdowały się 1344 osoby. Dochodzenie ustaliło, że pierwsze uderzenie przeżyło ok. 900 z nich. Samolot uderza w centrum wieżowca odcinając windy i schody pożarowe. Przeciętymi szybami wind leje się płonące paliwo. Kiedy przybywają strażacy i otwierają pierwsze windy, w środku zastają palące się ludzkie ciała. Znajdująca się tam przypadkiem ekipa francuskich filmowców kręci zdjęcia wycinając jednak te sekwencje z debiutującego na CBS filmu *9/11*. Po schodach płyną wodospady wody z przeciętych rur przeciwpożarowych.

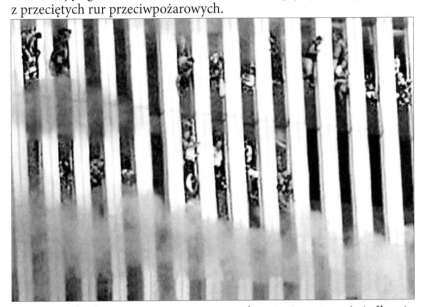

Klatka schodowa na 92 piętrze jest, jak opisują potem świadkowie, którzy widzieli ją z piętra poniżej, zablokowana piętrzącymi się fragmentami gipsowych ścian i gruzem.

Każda z wież WTC ma dwa centra dowodzenia. Mieszczą się za oszklonymi pancernymi szybami na 22 piętrze, oraz piwnicach wież, gdzie kręcą się taśmy wideo. W chwili uderzenia w Wieżę Północną w pokoju tym znajdowały się 3 osoby. Konsoleta łącząca ich centrum z telefonami na piętrach, rozjarzyła się światłami. Dzwonili ludzie uwięzieni w windach i na piętrach z których nie mogli zejść, gdyż drzwi na schody pożarowe były zamknięte.

Większość drzwi pożarowych w WTC otwiera się ręcznie. Ale co trzy lub cztery piętra znajdują się Drzwi Ślepe, które można ręcznie otworzyć

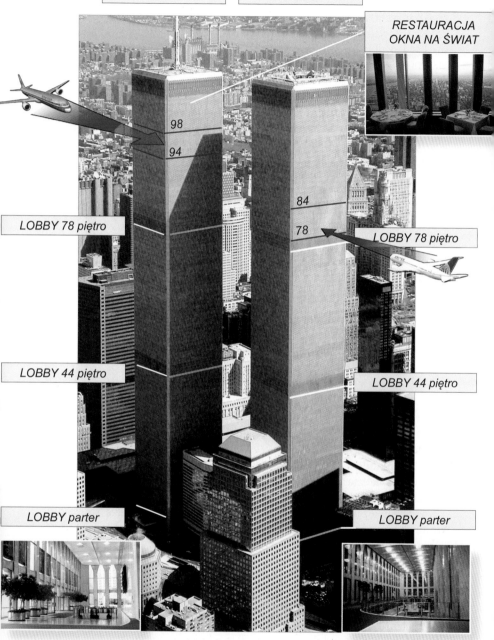

WTC 1

WTC 2

RESTAURACJA OKNA NA ŚWIAT

98

94

84

78

LOBBY 78 piętro

LOBBY 78 piętro

LOBBY 44 piętro

LOBBY 44 piętro

LOBBY parter

LOBBY parter

tylko od strony schodów. W obie strony otwiera je sygnał elektroniczny wysyłany właśnie z centrum. Na ekranie komputera pojawia się piętro, dotknięcie ekranu otwiera drzwi. *As simple as that.* Proste.

Ale po uderzeniu samolotu cała ta technologia przestała działać. Ekran stale wyświetlał napis: *Access denied.* Brak dostępu. Co gorsza, ta sama awaria blokuje mechanizm drzwi do centrum. Trzech jego pracowników jest teraz jak w więziennej celi, do której zbliża się płomień. Wkrótce pomieszczenie zaczyna wypełniać dym, z interkomów znajdujących się w windach krzyczą paleni żywcem ludzie.

Hermaenor Alam, pracujący w centrum dowodzenia WTC na tej zmianie, który przeżył, po tym, jak drzwi centrum otworzyli w końcu strażacy, powiedział potem, że do dziś okrzyki ginących w płomieniach ludzi zrywają go ze snu.

W restauracji na szczycie WTC, gdzie znajduje się Jan Maciejewski, menadżerka restauracji Dorris Eng zgodnie z instrukcją pożarową prowadzi swych ludzi piętro niżej, gdzie w lobby wieżowca mieści się gorąca linia z centrum dowodzenia WTC. Tam pyta:

– Co mamy robić?

Odpowiedź z centrum jest taka, jak instrukcja pożarowa:

– Czekajcie na przyjście strażaków.

Jak ustaliło później dochodzenie, z uwagi na niedziałające windy, strażacy, jedną godzinę po uderzeniu znajdowali się dopiero w połowie wieżowca. Rośnie temperatura. Przecięte rury kanalizacyjne nie podają wody. Maciejewski dzwoni do domu, mówiąc, że idzie szukać wody w doniczkach.

Zdjęcia kamer telewizyjnych wykazują, że szczyt wieży wypełniał się dymem znacznie szybciej niż miejsce bezpośrednio wokół strefy uderzenia. Telefony znajdujących się tam ludzi mówią, że w pewnym momencie poprzez dym mogli widzieć tylko 3 metry podłogi przed sobą. Mówią, że zaczyna się uginać sufit i zapadać podłoga. Ludzie zaczynają się kłócić, czy wybijać szyby, czy nie. Jak stwierdzają relacje, ktoś traci panowanie, rozlegają się krzyki rozpaczy. Nim drugi samolot uderzy w Wieżę Południową zobaczyć będzie można pierwsze osoby skaczące z Wieży Północnej. Łącznie będzie ich 37, a według innych raportów nawet 50. Jak podał jeden ze strażaków, ich ciała piętrzyły się na betonie dziedzińca. „Wyglądały jak góra z korpusów martwych krów".

Dwa piętra poniżej, na 104 piętrze Cantor Fitzgerald, gdzie jeszcze niedawno Norbert Szurkowski kładł tapetę jest spokojniej. Północnozachodni koniec 104 piętra zawierał salę konferencyjną, gdzie teraz zgromadził się tłum złożony głównie z ok. 50 pracowników firmy Cantor Fitzgerald. Dzwonią do rodzin i czekają na pomoc. Będą żyć godzinę i 27 minut.

W Południowej Wieży WTC system ewakuacyjny INGA podaje przez głośniki opuszczającym wieżę pracownikom, że mogą powrócić na stanowiska pracy. Głos jest nagraną na taśmie instrukcją trzymaną na wypadek fałszywych alarmów.

22 września 2001 roku, sobota 23.32

Wieża Południowa WTC godz. 9. 01

tanley Praimnath, pracownik banku FUJI, był już na dole Wieży Południowej, kiedy zawrócił go ochroniarz. Stanley wjechał windą na 81 piętro i usiadł przy swoim biurku. Z okien rozciąga się wspaniały widok na Statuę Wolności.

Było krótko po 9.00, kiedy na horyzoncie, za Statuą Wolności, dostrzegł wąski cień. Był to samolot. Leciał szybko. Jak wykazały badania, pędził w kierunku Wieży Południowej WTC z szybkością ponad 850 km/godz. W tym tempie lot numer 175 linii United pokonywał dwie przecznice ulic w nieco ponad sekundę. Stanley z przerażeniem dostrzegł, że kadłub wykonał nagły przechył kierując się prosto w jego stronę...

Na 78 piętrze, gdzie mieści się rozległe lobby, zbierało się ok. 200 osób debatując, czy zejść na dół, czy posłuchać komendy z głośników wzywającej ich do powrotu do biur. Co chwila podjeżdżała ekspresowa winda zjeżdżająca na sam dół WTC. Była przepełniona i co rusz ktoś musiał ustąpić miejsca tym, którzy „mieli dzieci" albo „byli w ciąży".

– A ja mam konia i dwa koty – fuknęła 34-letnia Karen Hagerty, kiedy nie wcisnęła się do windy.

Punktualnie o 9:02:54, jak pokazują elektroniczne zapisy, światło w Centrum Dowodzenia WTC na 22 piętrze Wieży Północnej na moment przygasa, by ponownie się zapalić. Dokładnie o tej porze nos samolotu United Airlines wbija się w piętro Wieży Południowej WTC, gdzie mieszczą się biura banku FUJI, ok. 40 metrów od miejsca, w którym Stanley Praimnath schował się za biurko. 78 piętro, gdzie

przy windzie ekspresowej do lobby wieżowca zebrało się ok. 200 osób, rozerwał koniec skrzydła. Kilku nielicznych, którzy wyszli z tego miejsca mówi, że zobaczyli przeraźliwy błysk, uderzenie gorącego powietrza i silny podmuch, który zwalił ich z nóg.

Płomień błysnął ze środka podłogi i z wnętrza wind i był tak gorący, że na Ling Young, która ocalała, pozostawił w ciągu sekundy oparzenia 70% jej ciała. Kiedy eksplozja ucichła, Stanley wyjrzał zza swego biurka. Piętro wyglądało, jak po przejściu tornada. Pamięta, że utkwił mu w oczach fragment powłoki samolotu wbity w drzwi jego biura.

Skrzydła będącego w skręcie Boeinga wyrwały w wieżowcu dziurę szeroką na 6 pięter dewastując piętra od 78-84. Na 84 znajdowały się stanowiska brokerów firmy Eurobrokers. Większość tego biura przestała natychmiast istnieć.

W ciągu sekund z ok. 200 osób, które znajdowały się przed windami na 78 piętrze, żyło 12. Karen Hagerty, która nie zmieściła się do windy, według zeznań świadków, nie dawała znaków życia. Kilku było rannych. Pracownik firmy Aon miał złamane obie nogi przywalone blokiem marmuru. Kiedy usiłowano go stamtąd wyciągnąć, krzyczał tak przeraźliwie, że dano mu spokój. Nikt go więcej nie zobaczył.

Siła uderzenia odcięła natychmiast zejścia schodów pożarowych z wyjątkiem jednego, tzw. Zejścia A, mieszczącego się na północnozachodniej stronie wieżowca, którą najprawdopodobniej, jak podawał *USA Today,* ocaliły okalające je maszyny systemu wind. Zejście to było jedyną drogą do życia. Biegło krańcem wieżowca bezpośrednio na ulicę. Pozostało otwarte przez ok. 30 minut od chwili uderzenia. Ostatecznie tylko 12 osób ze strefy ponad miejscem uderzenia odnalazło tę drogę. Odnalazł ją także Stanley Prainmath, który wraz z dwoma innymi zaczął tędy schodzić. W pewnym momencie spotkali otyłą kobietę, szczupłego mężczyznę i dwóch innych idących w górę po schodach. „Nie schodźcie tędy. Za dużo dymu. Nie da się przejść." Stanley i jego towarzysze, którzy mimo to poszli schodami w dół, nie zobaczyli ich nigdy więcej.

W tym czasie na Północnej Wieży (tej z antenami) na piętrach od 101 do 107, powyżej strefy uderzenia, znajdowało się ok. 900 ludzi. Ci, którzy nie znaleźli przejścia w dół, kierowali się w górę. Na dach. W czasie ataku na WTC w 1993 roku wielu ludzi ewakuowały helikoptery właśnie z dachu. Potem jednak od takiego rozwiązania ewakuacji wieżowca odstąpiono. W istocie, tego dnia ewakuacja helikopterami z dachu, jako opcja ratowania ludzi, nie wchodziła w rachubę. Piloci helikopterów wykluczyli zresztą możliwość takiej akcji już 20 minut po pierwszym uderzeniu w WTC. Z uwagi na kłęby gęstego dymu, lądowisko przestało być widoczne. Żaden z uwięzionych w północnej i południowej wieży ludzi nie miał jednak o tym pojęcia. Dlatego szli na górę. Po powietrze. Po życie. Na dach.

Kilka minut później pod drzwiami prowadzącymi na dach zebrał się tłum. Jeden z pracowników WTC myjący w tym obiekcie okna miał klucze do drzwi. Przekręcił je w zamku i... nic. Drzwi ani drgnęły.

Aby otworzyć drzwi potrzebny był nie tylko klucz. ale i elektroniczny sygnał z Centrum Dowodzenia wieżowcem znajdującego się na 22 piętrze. O tej porze 9:35, na 53 minuty przed upadkiem wieży, nie było już tam nikogo...

Z okien od 104 do 106 zaczynają sypać się ciała.

Trzy godziny wcześniej, na stacji w Trenton w New Jersey, Jim Berger z firmy konsultingowej Aon wsiadł do kolejki w drodze na Manhattan. Była 6:20 rano. Półtorej godziny później wjeżdżał windą na 101 piętro WTC. Miał w ręku kawę, kiedy pierwszy z samolotów rąbnął w Wieżę Północną. Zadzwonił do żony. Nigdy więcej nie usłyszała od niego ani słowa.

To, co przez następne 50 minut działo się z Jimem, powiedzieli miesiąc później jego pracownicy. Jim kazał im zjechać windą w dół. Gdyby schodzili schodami, nie zdążyliby. Jim dosłownie wpakował wszystkich swoich pracowników, 175 osób, do kolejnych wind. Ostatnia była jego sekretarka. „Pamiętam jego plecy, kiedy zamykały się drzwi windy" – mówiła potem dla ABC – odchodził korytarzem, chciał sprawdzić, czy wszyscy opuścili piętro. Kiedy zjechała na dół, ich wieża już płonęła. Wszyscy pracownicy tej firmy wyszli z tragedii cało. Wszyscy, poza Jimem. Kiedy nie wrócił wieczorem do domu, jego żona, Suzanne, wybiegła zrozpaczona na ulicę. Miała łzy w oczach. Uklękła na środku drogi. Była już noc, cicho. Słychać było, jak grały cykady. Suzanne spojrzała w niebo i powiedziała: – Boże, cokolwiek masz dla mnie, akceptuję to... Ale muszę wiedzieć, czy Jim jest tam z tobą... Spojrzała w niebo, które przecięła raptem jasno świecąca, spadająca gwiazda.

Dzień przed symbolicznym pogrzebem męża, Suzanne Berger otrzymała małą paczkę. W środku była harmonijka ustna i kaseta wideo. Włożyła kasetę do magnetowidu i nacisnęła przycisk "start". Zobaczyła człowieka, który grał na gitarze. Tym człowiekiem był Bruce Springsteen. Przeczytał w gazecie, że Jim lubił go słuchać. Więc chciał mu w ten sposób zagrać. Tak po prostu.

Kiedy zbliżała się rocznica tragedii WTC, zadzwoniła do mnie Jolanta Pieńkowska. „Maksiu – rozpoczęła zaczepnie – i wiedziałem już czego chce. „Będę 11 września prowadzić wydanie główne Wiadomości. Przygotuj mi coś. Tylko żebym znów nie rozpłakała się na antenie" – powiedziała jak zwykle głosem, który nie znosi sprzeciwu.

Prawdę mówiąc, chciałem się mignąć. O potwornościach WTC powiedziałem już wszystko. Byłem wypalony, jak szkielety wież. Coś we mnie pękło, nie potrafiłem o tym mówić bez łamania głosu, bez przywracania koszmaru tamtego wieczoru, kiedy wraz z dziennikarką NBC wsiadłem do środka policyjnego vana i 12 godzin po upadku wież znalazłem się w Rejonie Zero. Było cicho i biało, jakby spadł śnieg. WTC było wysoką na 7 pięter masą Czegoś. Kiedy ustawili światła HMI*, spoglądały na mnie czarne czeluście powybijanych okien World Financial Center. Myślałem wtedy, że w gruzach leży ze 20 tysięcy ludzi. Fakt, że się myliłem nie pomaga mi dziś w niczym.

Westchnąłem i złapałem za kamerę. Kiedy kręcę sam, kamera jest mną. Obiektyw jest moja duszą. Przycisk *record* staje się moim piórem. Może to brzmi *cheesy*, ale tak jest. Wiedziałem, że jeżeli mogę coś jeszcze powiedzieć, będzie to esej. Będzie to wypowiedź osobista. Będą to ja i tylko tak ma to jeszcze sens. Powiem jak nowojorczyk, a nie jak reporter. Jak Człowiek: do siebie, do środka, a nie na zewnątrz, dla innych.

Producentka podała mi, że za godzinę otworzyć mają wystawę w Muzeum Policji. Poszedłem tam. Rodziny 23 policjantów, którzy zginęli, przekazali to, co po ich bliskich zostało. Niewiele tego było. Nie tak miało to wyglądać. Tamtego dnia wśliznąłem się do *Hall of The Fallen Heros* (Aleja Bohaterów) – miejsca poświęconego policjantom, którzy zginęli na służbie. 23 policjantów tragedii WTC ma tam swoje zdjęcia. Pamiętam, że sfilmowałem każde z nich, ale akurat przyszła pani kustosz przeganiając mnie, że raz, tu się nie kręci, dwa, już musi zamykać. Niechcący w pośpiechu zrobiłem coś, co w dziennikarskim żargonie telewizyjnym nazywa się *double click* – podwójne kliknięcie: nacisnąłem przycisk *record* dwa razy. W efekcie nie zarejestrowałem nic. Żadnego zdjęcia. Żadnej uśmiechniętej twarzy nieświadomej jeszcze przepisania swego losu. Ale kiedy przeglądałem w studiu ten materiał, dostrzegłem, że zostało jedno, jedyne przesunięcie kamery po tych ludziach. Za szybkie, by było czytelne, z wyjątkiem jednej, jedynej twarzy. Zatrzymałem ten kadr i zrobiłem stop-klatkę. Nieco skośnie i nie w centrum, ale zdjęcie zostało.

Oficer NYPD Ramon Suarez zatrzymany przypadkiem w obiektywie mojej kamery. Ciała nie odnaleziono. Miał 45 lat.

Oficer Suarez. Jedna twarz z 23, które chciałem utrwalić w moim obiektywie.

*HMI - *Halid Metal Inert* – profesjonalne światła używane przez filmowców, dające praktycznie światło dzienne o temperaturze 5600° Kelvina

Pamiętam, że byłem trochę zły na siebie. Zwykle, jak coś zepsułem, nie wypisywałem sobie czeku przez miesiąc. Byłem zły, bo inne twarze były, ja wiem: bardziej „amerykańskie" jakoś lepiej, uważałem, nadawałyby się do przedstawienia bohaterstwa policjantów tamtego dnia, ale co zrobić. Z ekranu komputera utrwalony na cyfrowym dysku Media 100 spoglądał na mnie tylko oficer Suarez. Lekko uśmiechnięty człowiek w średnim wieku, latynoskiej proweniencji. Nie spektakularny. No macho. Zwykły człowiek ubrany w mundur, po którym nie pozostał żaden, najmniejszy nawet ślad.

Dopiero wiele dni później, słuchając jak zwykle szmeru telewizora i wykonując tysiące „innych, ważnych rzeczy", raptem podniosłem głowę.

Materiał NBC przedstawiał historię kobiety cudem wyprowadzonej z miejsca, gdzie w wieże wbił się samolot. Kobieta nie znała nazwiska swego zbawcy. Płakała. Mówiła, że to był duch, który ją objął i zakrwawioną wyprowadził z kaźni, która się odbywała dokoła. Nim zdołała mu podziękować, pobiegł z powrotem, po schodach, po innych. Nie wrócił.

Telewizja pokazała zdjęcie, które uchwyciło ten moment w oku czyjegoś obiektywu. Przysypany popiołem człowiek w policyjnym mundurze prowadzący uwieszoną na jego ramieniu zakrwawioną kobietę.

Znałem tę twarz. Tym człowiekiem był oficer Suarez. Zwykły człowiek w mundurze, po którym nie pozostał ślad, a który przypadkiem, zatrzymał się w kadrze mojej kamery.

Z Nowego Jorku - Mariusz Max Kolonko

POCHODZENIE AMERYKANÓW 2010

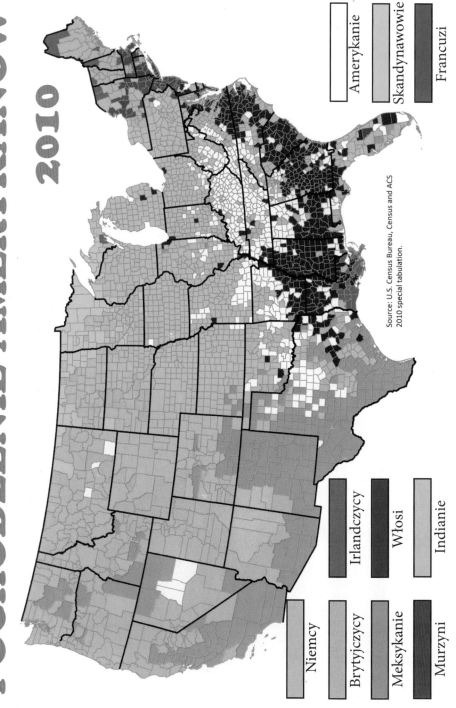

Amerykanie
Skandynawowie
Francuzi

Irlandczycy
Włosi
Indianie

Niemcy
Brytyjczycy
Meksykanie
Murzyni

Source: U.S. Census Bureau, Census and ACS 2010 special tabulation.

Zmierzch cywilizacji zachodniej i śmierć Ameryki

spółczesna Ameryka umiera. Umiera jak olbrzymi dinozaur złapany w zastawiony przez historię potrzask dziejów.

Jest w tym konaniu coś niespotykanego zwykle dla śmierci: obojętność i akceptacja świata nieświadomego dokonywanego morderstwa oraz pogodzenie się ofiary ze swym losem. Pierwszą oznaką śmierci Ameryki jest umierająca biała populacja.

Kiedy w 1969 roku Richard Nixon składał prezydencką przysięgę Ameryka miała tylko 9 milionów ludzi urodzonych poza jej granicami. Kiedy George Bush składał przysięgę na stopniach Kapitolu, ta liczba wzrosła do 30 milionów. Połowa z nich pochodzi z Ameryki Łacińskiej, jedna czwarta z Azji. Reszta z Afryki, Bliskiego Wschodu i Europy. Kraj ten, jak żaden inny, przyjmuje milion imigrantów rocznie, plus ok. pół miliona nielegalnych. Według censusu 2000 nielegalnych imigrantów jest w Ameryce 9 milionów, w 2014 – 11 milionów, praktycznie jednak ich liczba jest o kilka milionów wyższa. Jest tu zatem więcej imigrantów niż ludzi w Alabamie, Missisipi i Luizjanie wziętych razem. California ma 8.4 miliony ludzi urodzonych poza granicami kraju. Jest to więcej niż ludność stanu New Jersey. Nowy Jork ma więcej obcej ludności niż Południowa Karolina. Żadna z fal emigracyjnych, włączając wielki napływ ludności w latach 1890–1920, nie była tak silna.

Ameryka zawsze była krajem przybyszów szukających nadziei. Ale kiedy Israel Zangwill pisał o Wielkim Tyglu, w którym ścierają się wszystkie rasy Europy nie miał na myśli ludności Azji, Afryki czy Ameryki Łacińskiej, krajów z których napływy ludności są dziś największe. W 1960 roku tylko 16 milionów Amerykanów nie miało europejskich przodków. Dziś jest ich milionów 80.

Amerykę stworzyli biali europejczycy: Anglicy, Szkoci, Francuzi, Włosi, Rosjanie, Polacy. Stworzyli nie tylko potężne państwo i demokrację, ale także kulturę opartą na ideach chrześcijańskich. Dla nich podróż przez ocean była wyprawą po być albo nie być. Kiedy znaleźli się na statku większość z nich nie miała powrotu. Kilkutygodniowa podróż przez ocean była zbyt wyczerpująca i zbyt droga, by po wylądowaniu zmienić zdanie. Ameryka była zawołaniem: płyń lub toń.

Dziś kilka godzin klimatyzowanego wnętrza samolotu przenosi cię w najdalsze tego kraju zakamarki. Współcześni imigranci traktują Amerykę jak skarbonkę: puknę w wieczko i może posypią się pieniądze, jeśli nie, wrócę i znajdę sobie inną. W Zderzeniu Cywilizacji (*The Clash of Civilizations*) Samuel P. Huntington dzieli imigrantów na „nawróconych", którzy asymilują się do nowych warunków, i "przejezdnych", którzy przyjeżdżają do pracy na kilka lat i wracają do swych krajów. Wprowadza też pojęcie „nowych emigrantów", którzy nie należą ani do jednej, ani do drugiej grupy. Ja nazywam ich *State Commuters*, tj. imigenci, którzy stale oscylują między krajem, gdzie zarabiają pieniądze i krajem, gdzie je wydają. Południową granicę Ameryki z Meksykiem co roku narusza 1.6 miliona ludzi. Tylu aresztują amerykańskie patrole U.S. Border. Ludzie ci przyjeżdżają po kasę. Nie interesuje ich kultura Ameryki ani wkład w dobrobyt i bezpieczeństwo tego kraju. Ameryka jest dla nich niczym dojna krowa, którą można wykorzystywać tak długo, jak długo daje mleko.

Niedawno na autostradzie BQE okalającej dwie rozległe dzielnice Nowego Jorku, Brooklyn i Queens, zobaczyłem wielki reklamowy transparent. Nie reklamował on jednak bezpieczeństwa Volvo ani jakości środka do prania Fluffy. Cały prostokąt dwadzieścia na dziesięć metrów zajmował napis: "Zmęczony jazdą w korku? Nie przejmuj się. Każdego dnia 8 tysięcy nowych imigrantów przybywa do Nowego Jorku". Zrobiła się z tego chryja. Ktoś kogoś straszył sądem. Człowiek wykupił jednak banner i miał do tego prawo. Był to jednak protest, który liberalne nowojorskie media zdusiły, nim się narodził.

W 1960 roku kompozycja ludności w Ameryce była w 88.6 % białą. W ciągu następnych 30 lat spadła o 13% do 75.6. Oznacza to, że w 2050 roku biali będą w tym kraju grupą mniejszościową. California stała się pierwszym stanem, w którym biała rasa nie wytrzymała konkurencji.

Biali wyprowadzają się ze stanu w tempie 100 tys. rocznie. Jednocześnie w ciągu zaledwie jednej dekady liczba Azjatów zwiększyła się tam o 42%. Po raz pierwszy w historii biali stanowią w Californi mniejszość. California, jeden z najpiękniejszych amerykańskich stanów, stał się dziś krajem Trzeciego Świata.

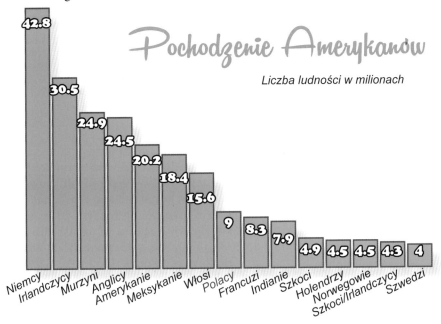

Pochodzenie Amerykanów

Liczba ludności w milionach

42.8 Niemcy
30.5 Irlandczycy
24.9 Murzyni
24.5 Anglicy
20.2 Amerykanie
18.4 Meksykanie
15.6 Włosi
9 Polacy
8.3 Francuzi
7.9 Indianie
4.9 Szkoci
4.5 Holendrzy
4.5 Norwegowie
4.3 Szkoci/Irlandczycy
4 Szwedzi

Biała mniejszość jest też faktem w niektórych amerykańskich miastach. Hiszpanie są większością w czterech z pięciu największych miast Texasu: Houston, Dallas, San Antonio i El Paso.

Napływ imigrantów w niespotykanych przedtem liczbach zmienia strukturę Ameryki. Kraj nie jest już jednolity. Rodzą się tendencje secesyjne. W 2001 roku w legislaturze stanowej Nowego Meksyku przedstawiono ustawę zmieniającą nazwę tego stanu na Nueva Mexico, nazwę, którą miał ten kraj, gdy należał do Hiszpanów jeszcze przed przystąpieniem do Unii. Kiedy amerykański zespół piłki nożnej wyszedł na stadion Los Angeles Colliseum, by zagrać z Meksykiem, z trybun posypały się butelki. Przeważająca meksykańska publiczność wygwizdała amerykański hymn, drąc amerykańską flagę.

„California będzie Meksykańskim stanem. Będziemy kontrolować wszystkie instytucje. Jeśli się to komuś nie podoba, może odejść" – krzyczał Mario Obledo, prezydent Ligii Zjednoczonych Latynoamerykańskich

Obywateli, odznaczony nb. przez prezydenta Clintona Medalem Wolności, najwyższym oznaczeniem cywilnym w Ameryce.

Hiszpanie są zresztą najszybciej rosnącą mniejszością w Ameryce, stanowiąc jeszcze w 1980 roku 6.4% ogółu ludności. W 2000 zaś już ponad 12% albo 35.4 miliona. W 2012 roku jest ich już 17% albo 53 miliony, najszybciej rosnąca grupa imigracyjna w USA. Czarni stanowią 12,8% populacji albo 40 milionów ludzi w USA. Muzułmanie nie pozostają w tyle. Znamieniem czasów jest długo oczekiwane uroczyste przyjście na świat pierwszego dziecka urodzonego w Nowym Jorku o godz. 8:46, w chwili, gdy rok wcześniej w wieże WTC wbił się pierwszy samolot uprowadzony przez terrorystów. Tym pierwszym dzieckiem był Ali Ziynadi. *God Bless America.*

Islam podbił śródziemnomorską Europę na początku ósmego stulecia. Arabowie zawładnęli Hiszpanią i dostali się do Francji, gdzie pod Tour, specjalista od koniaku, Mr. Martel, szczęśliwie pokonał muzułmanów. W XIV wieku Imperium Ottomańskie weszło na Bałkany i pokonało Serbów w bitwie pod Kosowem w 1389 roku. W następnym stuleciu padł Konstantynopol. W 1683 roku Turkowie stali u bram Wiednia i gdyby nie polski król Jan III Sobieski, to kto wie, gdzie potoczyłaby się islamska nawałnica. Ta opadła ostatecznie pod koniec 1913 roku wraz z wycofaniem się muzułmanów z większości terytorium Bałkanów.

Ale dziś Islam atakuje ponownie wraz z wycofaniem się Imperiów brytyjskich i francuskich z Indii, Jordanii, Palestyny, Egiptu Iraku i krajów Zatoki Perskiej. Islam dziś atakuje, na Filipinach, Indochinach i na Dalekim Wschodzie. Atakuje na swój sposób i z użyciem swoistej taktyki. Atakuje poprzez instytucje, które Zachód i Chrześcijaństwo zaniedbało: Rodzinę i Religię.

Rok 2000 jest pierwszym rokiem, w którym świat ma więcej Muzułmanów niż Katolików. We Francji jest dziś 5 milionów Muzułmanów, ponad 44 miliony w całej Unii Europejskiej (2014). Niemcy mają 15 tysięcy minaretów. Islam zastąpił dziś Judaizm jako druga religia Europy. Kiedy jadę do Jasnej Polany, posiadłości Barbary Piaseckiej-Johnson w New Jersey, po drodze mijam rozległe, jak budujące się nieopodal biura Bristol Meyers Squibb posiadłości Centrum Islamu. Kiedy jadę na Manhattan z Queensu ulicą Queens Boulvard po drodze mijam pokaźny budynek Islamskiego Centrum Nowego Jorku. Nad północno-wschodnim krańcem Manhattanu wznosi się półksiężyc minaretu, którego duchowy przywódca powiedział mi w wywiadzie, że wcale nie ma dowodów na to, że to wyznawcy islamu są odpowiedzialni za tragedię 11 września i który przez kwadrans przekonywał mnie, iż trzeba zrozumieć gniew młodych Arabów, których bracia w Palestynie cierpią prześladowania ze strony Izraelskich okupantów.

Cała Europa ma dziś ujemny przyrost naturalny z wyjątkiem muzułmańskiej Albanii. 143.5 milionów Rosjan w 2014 roku skurczy się do 114 milionów do roku 2050. W Rosji wskaźnik umieralności jest o 70% większy niż wskaźnik urodzin. Europa, jak i Ameryka przeżywa najazd ludności z boomów demograficznych w krajach Trzeciego Świata, w tym Islamu. W 1999 roku pół miliona nielegalnych imigrantów przedostało się do Unii Europejskiej, czyli dziesięć razy więcej niż 6 lat wcześniej. Walka toczy się o ziemię i przestrzeń do życia.

Trzy czwarte potężnego terenu Rosji leży na wschód od Uralu z potężnymi zasobami złota, ropy i lasów. Mieszka tam zaledwie 8 milionów Rosjan. Sama Czukotka rozmiarami 3 razy większa od Brytanii, ma zaledwie 65 tys. mieszkańców, choć jeszcze w 1990 roku miała prawie 3 razy tyle. To jest Ameryka ubiegłego stulecia. Gdybym miał 10 lat mniej swój program telewizyjny nazwałbym "Odkrywanie Rosji". Na południe od tych ziem czeka jednak armia miliarda 250 milionów Chińczyków, którzy nie mają się gdzie pomieścić, a którzy ciągle pamiętają niektóre terytoria Syberii jako swoje historyczne kolonie.

Oto zatem stoimy przed walką Wschodu i Zachodu. Chrześcijaństwa i Islamu. Wiary w technikę i wiary w cuda. W miłość i zbawienie wieczne poprzez czyny na ziemi i 72 hurysy czekające w niebie za zwalczanie niewiernych. Krzemowego procesora Pentium i ciała owiniętego bombą rurową wypełnioną semtexem. Bombowców B2 ze 120 komputerami na pokładzie i mudżahedina uzbrojonego w poranną modlitwę. Armageddon *in statu nascendi*. Jak w przepowiedniach Nostradamusa kończy się nam nasz czas: „Wojna potrwa lat siedem i dziesięć. Będzie gorącym podmuchem, który zgasi światło na długo. Potem nadejdzie świt, którego nie zobaczy ¾ z nas."

Napływ kolorowej ludności do Ameryki oznacza także napływ obcych kultur, stylów życia, wierzeń i religii. Podminowują one podstawy, które każdy naród tworzą: świadomość wspólnej historii.

Jest to drugi element *clear and present danger*, witalnego zagrożenia podstaw kraju. Kultura Chrześcijańska zbudowała w Ameryce kościoły. Te kształtowały rodzinę. Rodzina kształtowała morale, standardy dobra i zła. Jak podaje Gary DeMar w *Historii Amerykańskiego*

Chrześcijaństwa pierwsze osady w Ameryce były przedsięwzięciami protestantów. Katolicy i Żydzi byli w mniejszości. Z 57 sygnatariuszy Deklaracji Niepodległości tylko jeden Charles Carroll z Carrollton w stanie Maryland, był katolikiem. Od początku amerykańskiego osadnictwa propagowanie chrześcijaństwa było misją, jak ta, zawarta w Karcie Virginii z 1606 roku. Kościoły i rodzina tworzyły podstawy pod Naród, kształtowały jego egzystencję w fizycznej przestrzeni granic.

Dziś kościoły są wypierane przez minarety i ugrupowania sekciarskie. Te ostatnie propagują komuny, w których, poprzez pracę i oddanie, możesz załapać się ubrany w tenisówki Nike na statek kosmiczny schowany za kometą Halleya. W dzielnicy Queens, gdzie mieszkałem 13 lat, zanotowałem ostatnio proliferację azjatyckich kościołów, których wyznawców daremnie by szukać.

Instytucja kościoła daje im spore ulgi podatkowe. Kościół wynajmuje pokoje za kilkaset dolarów jeden plus miejsca parkingowe dla samochodów.

Skupione wokół minaretów i nie-chrześcijańskich kościołów nacje nie asymilują się wcale z kulturą tego kraju. Przeciwnie: istnieją w niezwykłym układzie, w którym, korzystając z gwarantowanych mieszkańcom tej ziemi wolności i bezpieczeństw, żyją we własnych enklawach dzielnic, banków, zwyczajów, języków i zachowań.

Najbardziej spektakularnym przykładem jest tu rasa azjatycka. Z 343 strażaków, którzy polegli w gruzach WTC (są głównie biali mężczyźni), jest kilku czarnych, nie ma ani jednego Azjaty. Religie chrześcijańskie są nakierowane na drugiego człowieka. Religie azjatyckie są nakierowane na własne JA. W potocznym życiu przekłada się to na absolutną ignorancję potrzeb drugiego człowieka. Kiedy na środku jednokierunkowej drogi w dzielnicy Elmhurst stoi samochód blokujący wszystkim przejazd, możesz być pewny, że za jego kierownicą siedzi Azjata. Kiedyś mieszkał nade mną Chińczyk, który z upodobaniem śpiewał karaoke. Było Święto Labor Day, on ryczał chińskie śpiewy. Walił się WTC i kraj stał w żałobie, z góry dobiegało rytmiczne, chińskie disco. Wspólnie z sąsiadem waliliśmy w ściany. Nic nie pomogło. Kiedy włączaliśmy zagłuszające rockendrolle, sprytny Chińczyk nauczony korzystania z przywilejów demokracji, dzwonił po policję. Któregoś dnia poszedłem do Chinatown i kupiłem wielki, jak chiński talerz basowy głośnik. Wyciąłem dziurę w suficie i zacementowałem tam moja Piątą Kolumnę. DJ Hardware podkręcony na 100 watów dygotał sufitem kilka dni zmuszając Chińczyka do wyprowadzki. *Viva Polonia!*

Dziś Ameryka potrzebuje potężnego głośnika, żeby obudzić swych uśpionych obywateli. Milan Kundera w *Książce śmiechu i zapomina-nia* (*The Boook of Laughter and Forgetting*) napisał „Pierwszy stopień w likwidacji mas ludzkich to wymazanie ich pamięci. Zniszcz ich książki, ich kulturę, ich historię. Potem każ komuś napisać nowe książki, wyprodukować nową kulturę, wymyślić nową historię. Nie potrwa długo nim naród zacznie zapominać czym jest i czym był."

☆ ☆ ☆

Kto kontroluje przeszłość kontroluje przyszłość. Kto kontroluje teraźniejszość, kontroluje przeszłość.

Big Brother

Całe minione stulecie świat obserwował powolne konanie komunisty-cznej rewolucji, którą ostatecznie rozbiły młotki bijące o beton Muru Berlińskiego w 1989 roku.

Marksizm się nie sprawdził. Masy proletariackie wszystkich krajów nie połączyły się. Zwyciężyła przynależność narodowa, a nie klasowa. To, co ocaliło Świat Zachodni i jego Kulturę, to 2000 lat Chrześcijaństwa i instytucja Rodziny.

Ale marksizm i komunizm nie złożyły wcale broni. Jak dobrze za-prawiony w walce wojownik odłożyły na bok włócznie, wyjęły pudełko z farbą i zaczęły malować na swych twarzach nowe, kamuflujące pow-stanie, barwy.

Wojownikami tymi byli Lukacs, Gramsci i późniejsza Szkoła Frank-furcka, która po dojściu do władzy Hitlera w Niemczech w 1933 roku ,przeniosła się do Ameryki, a która przełożyła marksizm na język współczesności. Reprezentowany przez nich Marksizm Kulturowy zakładał ni mniej, ni więcej, iż skoro Kapitalizm stworzyła Zachodnia Kultura, upadek Zachodniej Kultury obali Kapitalizm.

Celem nie stały się Pałace bogaczy, a renomowane uniwersytety, nie Rockefellerowie, a Smithowie. Walka potoczy się nie o instytucje polity-cznej władzy, a o instytucje kultury. Wojna nie będzie spektakularnym sztormem Zimowego Pałacu uwieńczonym nabiciem kapitalistów na włócznie, a powolnym, obliczonym na pokolenia procesem, który rok po roku, dekada za dekadą, pokolenie za pokoleniem, przejmie instytucje państwa i atrybuty narodu jedno po drugim; szkoły, literaturę, telewizję, teatr, rozrywkę, sądy, rządy, a w końcu rozbierze Chrześcijaństwa bas-tion ostatni: Rodzinę.

Let us be lovers
We'll marry our fortunes together
I've got some real estate
Here in my bag

So we bought a pack of cigarettes
And Mrs. Wagner's pies
And walked off
To look for America
"Kathy", I said
As we boarded a Greyhound
in Pittsburgh
Michigan seems like a dream
to me now

It took me four days
To hitch-hike from Saginaw
"I've come to look for America"

Laughing on the bus
Playing games with the faces
She said the man
in the gabardine suit
Was a spy

I said, "Be careful
His bow tie is really a camera"
"Toss me a cigarette
I think there's one in my raincoat"
We smoked the last one
An hour ago

So I looked at the scenery
She read her magazine
And the moon rose over an open field
"Kathy, I'm lost" I said
Though I know she was sleeping
"I'm empty and aching and
I don't know why"

Counting the cars
On the New Jersey Turnpike
They've all come
To look for America
All come to look for America
All come to look for America

Bądźmy zakochani
pożeńmy nasze fortuny
mam posag tu w plecaku

Więc kupiliśmy papierosy
i ciastka Pani Wagner
I poszliśmy szukać Ameryki
Kathy – rzekłem
kiedy wsiedliśmy do Greyhounda
w Pittsburghu
Michigan jest teraz odległy
jak sen

Cztery dni jechałem stopem
z Saginaw
szukać Ameryki

Śmialiśmy się w autobusie
robiliśmy miny
ona rzekła że człowiek
w gabardynie to szpieg
Ja mówię
Uważaj – jego krawat
to w istocie kamera

Daj mi papierosa
chyba jest jeden w płaszczu
Spaliliśmy ostatniego
godzinę temu

Więc rozejrzałem się dookoła
Ona czytała magazyn
I księżyc wszedł
ponad otwartym polem
Kathy – zgubiłem się – rzekłem
choć wiedziałem że śpi
Jestem pusty i obolały
i nie wiem dlaczego

Liczymy auta
na autostradzie New Jersey
Wszyscy przybyli
szukać Ameryki
Szukać Ameryki

America - Paul Simon

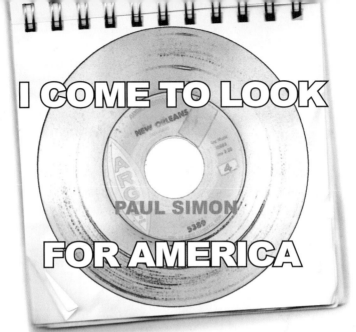

I COME TO LOOK

PAUL SIMON

FOR AMERICA

ródła końca Ameryki zaczęły toczyć się powoli, wąskim strumieniem rebelii rytmicznie bębniącej staccato beatników poprzez gąszcza powojennej prosperity, jakiej ten kraj nie widział od czasu *Roaring 20.**

Wojna stworzyła w Ameryce okres koniunktury. Na początku lat 50. kraj ma 150 milionów ludzi, o sto dwadzieścia milionów mniej niż dziś, ponad 6.6 milionów samochodów. Kraj przecięły lśniące wstęgi autostrad po których zaczęły mknąć 6-metrowe krążowniki. Corvetta Chevroletta rocznik 1958 jest do dziś jednym z najpiękniejszych aut, jakie stworzyła ludzkość. Motoryzacyjnej eksplozji służyły wynalazki technologiczne. W 1951 roku Chrysler wprowadza *power steering* (wspomaganie kie-rownicy).

Dwa lata później Ameryka zakłada opony radialne, a kobiety wkładają nylonowe pończochy. Wynalazek Mr. Carothersa, który w 1931 roku wynalazł włókno numer 66, robi zawrotną karierę. Odtąd nylon zaczął zastępować azjatycki jedwab w spadochronach, na których w czasie wojny skakali amerykańscy GI. Potem pojawił się w kołach, linach, namiotach, aż wreszcie rozciągnął się na kobiecych nóżkach, czarnym szwem odpowiedzialnym za rewolucję seksualną lat 60. tak samo, jak swingowe bioderka Elvisa-Pelvisa, odpowiedzialne są za rewolucję rocka. Z uwagi na wymogi wojennej produkcji większość amerykańskich kobiet nie

---

* W USA określenie zabawowych lat 20. XX wieku.

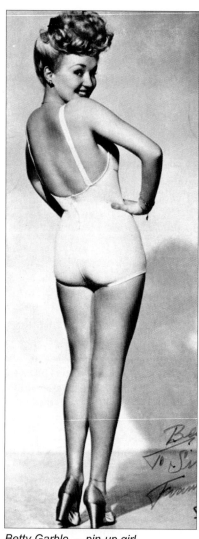
Betty Garble – pin-up girl

znała luksusu nylonu, aż właśnie do lat 50. Nylonowe pończochy, które sprzedawały się po $1.25 sztuka przed wojną, w czasie wojny osiągały ceny $10 na czarnym rynku. Ówczesne *pin-ups**, jak Betty Grable sprzedawały na aukcjach dobroczynnych pary pończoch z nylonu za $40,000.

Teraz życie było *fun*. Życie było, jak wynalezione właśnie kółko hoola-hop, bądź trzepocząca długimi rzęsami laleczka Barbie. Zbrodnia była gdzieś daleko. Murzyni nie stanowili problemu, emigracja nie istniała jako zjawisko. Ameryka to był dom, dwa samochody w garażu i weekend na ganku. Tak zresztą budowano domki: mały *backyard** i duży ganek. Życie koncentrowało się na ganku przy ulicy. Można było pomachać do sąsiada i ich uroczej córeczki i zaprzyjaźnić się na odległość ze Smithami z naprzeciwka.

Amerykańska Rodzina to był On, Ona i dwoje dzieci. Życie samotne było *faux pas*. Tylko 9.3% domostw miało samotnych właścicieli. Dziś 25%. Kobieta samotna miała małe szanse przebicia się w społeczeństwie, jej status był bardzo niepopularny. Również samotni mężczyźni nie robili zwykle karier w hierarchiach korporacji. W 1950 roku w Ameryce było tylko 395 tys. rozwodów. W 1998 – 1,135 mln. Małżeństwo przychodziło wcześniej: 22.8 dla mężczyzn i 20.03 dla kobiet. Dziś: 26.8 dla mężczyzn, 25.1 dla kobiet.

---

* Dziewczyna ze zdjęcia przypinanego np. nad łóżkiem
** Ogród na tyłach domu

Cóż więc zburzyło ten Wieki Ład?

Źródła porażki tkwią w fajerwerkach sukcesu.

Dobrobyt stworzył eksplozję demograficzną. Nowości techniczne przyniosły ziarna obcych światów i stylów życia, które w młodym, rozpieszczonym i znudzonym amerykańskim pokoleniu nastolatków znalazły podatny grunt. W 1951 roku Charles Ginsberg konstruuje pierwsze wideo. Dwa lata wcześniej Leo Fender buduje Esquire, pierwszą masowo dostępną gitarę elektryczną. W 1953 roku RCA konstruuje pierwszy syntezator. Do amerykańskich domów wchodzi telewizja kolorowa. W 1952 roku Sony wprowadza przenośne radio tranzystorowe. Dzieci, które dotąd ganiały po podwórkach za kółkiem Freesbie, teraz zamknięte w pokoikach, zaczęły słuchać rytmów ze świata przybywającego do ich enklawy niczym wędrowiec z dalekiego Macondo.

Corvetta Chevroletta
rocznik 1958

W stacji radiowej WJW w Cleveland *disc jokey* Alan Freed zakładał kolejne krążki „rasowej muzyki" czyli muzyki czarnej z silnym podkładem rytmicznym, zwanej potem „rythm and blues". 21 Marca 1952 roku w Cleveland Arena poprowadził on pierwszy koncert rockendrollowy. Przyszło 30 tysięcy małolatów do miejsca, które mogło pomieścić jedną trzecią tego. Dwa lata później nikt i nic nie mogło już powstrzymać Billa Haleya i jego Comet w marszu poprzez Amerykę. Ten sam rok daje nastolatkom doustną pigułkę zapobiegającą ciąży. Muzyka łączy młodych w masę, daje im poczucie siły i odrębności od zastanych rodzinnych układów. Iskry do lontu rewolucji seksualno-obyczajowych lat 60. są już podłożone. Ale małolaty lat 50. są jeszcze za młode, by w tej rewolucji wziąć czynny udział.

Kulturowi Marksiści zdają sobie z tego sprawę. Nie śpieszą się jednak. Czekają na młodzież cierpliwie, jak wojownicy husarscy stopniowo wznoszący swe długie lance do odległego jeszcze ataku. Czekają w uniwersytetach. Tam właśnie dokona się, dekadę później, następny etap Rewolucji.

Egzemplarz magazynu Esquire z lutego 1969 roku, który znalazłem na strychu mojego domu w Nowym Jorku. Zawiera fascynujący przewodnik wyjaśniający na czym polega bunt ówczesnego młodego pokolenia. Zaczyna się od słów: Co te dzieciaki - pierwsze pokolenie Ameryki wychowane w dobrobycie - teraz zrobią, nie wie tego nikt, a najbardziej, oni sami. Chicks up front - Dupy na przód - oznacza taktykę prowadzenia manifestacji (zobacz dalsze strony).

rzybyli na świat między 1946 a 1964. *Baby Boomers.* Największe liczebnie pokolenie Ameryki. Tabuny znudzonej, nie znającej trudów wojny, rozpieszczonej dobrobytem lat 50. młodzieży powojennego wyżu demograficznego. Zalali *campusy* Berkley, Columbii, Stanford, Uniwersytetu w Chicago. Czytali, czego nikt nie chciał czytać, słuchali, czego nikt nie słuchał. Jak pisali Gramsci i Marcuse, czołowi ideolodzy dokonującej się rewolucji, pokolenie, które czuje się odizolowane i odmienne od reszty społeczeństwa, szuka identyfikacji z wydalonymi na społeczny margines: czarnymi, przestępcami, ludźmi straconymi i ubogimi.

Baby boomers objęli w braterskim uścisku rock'n'roll, Murzynów i ich walkę o równouprawnienie, mniejszości narodowe i Wietnamczyków broniących swego kraju przed Niesłuszną Wojną.

Kontrkultura tańczy naga w Woodstock, manifestuje na kampusach za równouprawnieniem, czyta nieczytanych przez elity: odnajduje beatników Jacka Kerouaca, który nb. sprzeniewierzył się im popierając u szczytu sławy wojnę w Wietnamie, wyśmiewając hippisów i był w istocie konserwatystą wychowanym w silnej, tradycyjnej rodzinie katolickiej.

Buntownicy potrzebują nowych symboli. „Make Love Not War"– staje się jednym z nich. Ironią jest, że hasło podaje nie kto inny jak Uśpiony Husar – Herbert Marcuse. W filmie „Buntownik bez powodu" (*Rebel Without a Cause*) James Dean miał na sobie czerwoną wiatrówkę. Tę samą nosi Bob Dylan na okładce albumu *The Freewheeling.* Kiedy film się uka-

Kultowy album Boba Dylana
The Freewheelin' z 1963 roku

zuje, czerwone wiatrówki znikają ze sklepów, zaś nowa kultura pierwszy raz przeżywa identyfikację poprzez modę. Innym symbolem staje się *pick up truck* – półciężarówka, symbol potencji i seksu wylansowany w 1957 roku przez Martye'go Robinsa w hicie *A White Sport Coat* (*And a Pink Carnation*), o którym śpiewał Don McLean w głośnym hicie *American Pie*.

Ubrani w wiatrówki mężczyźni w *pick-upach* jadą do Woodstock, by na trawie kochać się z ubranymi w kwiaty we włosach rówieśnicami. Na początku lat 70. Nowa Kultura miała już teraz nie tylko swój pokoleniowy koncert rockowy, ale i swoje poezje, książki i filmy, slogany, modę i zachowania.

50 lat po tym jak Gramsci pisał, że najistotniejszą misją Socjalizmu jest „przejęcie kultury", akt się dokonał. Bez jednego wystrzału, bez protestów Narodów Świata, bez wielkiego *Bang* lecz z cichutkim *Whimper*, Ameryka oderwana od swoich korzeni, zaczęła konać.

Kulturowi Marksiści nie spoczęli jednak na laurach. Plan A wykonano. Teraz przyszła kolej na plan B. Atak na Ikony.

Po prawej strona z Esquire 1968: Taktyka demonstrantów
- Chicks Up Front (Dupy na przód), czyli dziewczyny przesunięte na czoło manifestacji dla odwrócenia uwagi i ośmieszenia policji.
- Umieszczanie kwiatów w lufach karabinów policjantów (na zdjęciu).
- Poniżej naga feministka Sharon Krebs, która na konwencji Demokratów w Chicago w 1968 roku wniosła na tacy głowę świni. Była związana z Yippies (The Youth International Party). Potem działała w W.I.T.C.H. (Women's International Terrorist Conspiracy from Hell), Kobieca Międzynarodowa Konspiracja Terrorystyczna z Piekła. Wspólnie z mężem założyła FUNY Wolny Uniwersytet Nowego Yorku. Uczyli aktywizmu społecznego, który dekady później stworzył prezydenta Baracka Obamę.
- Obok diagram tzw. Bezkierunkowego Marszu. Koncepcja polegała na rozbiciu manifestacji na kilka kierunków, by zmylić policję. Dzieciaki na rowerach przekazywały informacje o ruchach policji przez walkie-talkie.
- Celowe prowokowanie policji. "Odkryli, że pewne epitety pod ich adresem, jak np. dotyczące ich żon i matek oraz obrzucanie ekskrementami w torebkach, powodowały przemoc policji"

Tactics

The Movement's tactics are generally spur-of-the-moment: the seizure of buildings at Columbia, the take-over of Michigan Avenue. Once a tactic succeeds, it will be used again if conditions are right. "Chicks Up Front," for instance, happened at the Pentagon and Chicago when girls moved up to form a solid line of prettiness confronting the fixed bayonets of the soldiers and the cordons of police. Once there, they tried (without success) to proselytize the men and, generally, to make their stern posture appear ridiculous.

CHICKS UP FRONT

Reverse Harassment Demonstrators planted flowers in the rifle muzzles of the soldiers guarding the Pentagon. At other times they mimic and taunt the cops, go limp and employ further harassing tactics to make sure that if the law is not going to Join Them, his lot is not a happy one.

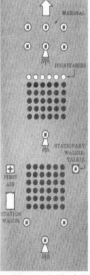

Nudity Having copped out on their threat of "bare breasts" in Chicago, several radicals have made good since. A nude man demonstrated in Times Square, a youth in Atlanta stripped in front of I.B.M. to protest its dehumanizing influence, a lady stepped out of a polling booth naked, and Sharon Krebs (below) barged in on New York liberals with sneakers and a pig's head.

Formal Protest March Although the efficacy of this tactic is being called into question by radicals, it has its defenders. Marshals, a communication link of bullhorns, a row of dignitaries, fixed and moving first-aid facilities are all features of it.

Street Action The post-Chicago era has been marked by disorganized milling around, take-over of intersections, and the lighting of bonfires for revolutionary atmosphere.

Ridiculing "The System" Yippies nominated a pig for president, knowing that the cops would have to arrest it because they had no permit. That made it pigs vs. pig. Get it?

Headless March The idea is to outwit police by splitting off in different directions with no firm destination. Walkie-talkies and kids on bikes keep the marchers informed.

Blowing Plainclothesmen's Cover Once demonstrators think they've spotted a cop (or police provocateur) they stick with him and herald his every move. If he is a cop, he splits.

Provocation Despite pleas from nonviolent radicals, there are those who seek violent confrontation with the police. They have found that certain shrieked epithets (especially those involving wives and mothers) and lobbed objects, such as rocks and bags of human excrement, can often do the trick.

Waluta US z inskrypcją

IN GOD WE TRUST
BOGU ZAWIERZAMY

God Bless America?

Wiosną 2002 roku Michael Newdow w swoim domu w San Francisco trzymał w ręku miedzianą jednocentówkę i zastanawiał się. *In God We Trust* czytał napis na miedziaku i Newdow go nie rozumiał. „A ja nie wierzę w Boga, więc co to ma być?" – wspominał potem w wywiadzie dla CNN. Tego dnia jego córka, za radą ojca, odmówiła recytacji codziennego ślubowania *Pledge of Allegiance* w szkole, gdyż historyczne ślubowanie zawierało słowo „pod Bogiem", Newdow zaś był już w sądzie, gdzie złożył sprawę o to, iż ślubowanie jest niekonstytucjonalnym poparciem religii i jako takie nie może być recytowane w świeckich szkołach publicznych. Sąd Apelacyjny 9. Okręgu Stanów Zjednoczonych w San Francisco zgodził się 2:1 z tym założeniem, odwracając akt Kongresu z 1954 roku umieszczający słowo „Bóg" w ślubowaniu.

Trochę historii: Ślubowanie *Pledge of Allegiance* napisał w 1892 roku Francis Belamy na listopadowe święto *Columbus Day*:

> *Składam ślubowanie wierności*
> *fladze Stanów Zjednoczonych Ameryki i Republice, którą stanowi*
> *jeden naród,*
> *niepodzielny*
> *z wolnością i sprawiedliwością dla wszystkich.*

W 1954 rok u szczytu zimnej wojny Knight of Columbus, organizacja zrzeszająca mężczyzn rzymskokatolickiego wyznania, zalała Kongres listami domagającymi się dodania słowa „pod Bogiem" dla kontrastu Ameryki z komunistycznym Związkiem Sowieckim. Kongres przyjął zmianę. W amerykańskich szkołach dzieci co dzień recytowały odtąd tekst ślubowania, który dla wielu pokoleń stał się mantrą tak oczywistą, że przestano zwracać uwagę na zawarte w tekście symbole. To jest do czasu, aż Newdow w San Francisco zaczął oglądać monety pod światło, wytaczając potem proces, który wstrząsnął Ameryką.

W proteście kongresmeni na stopniach Kapitolu wyrecytowali Ślubowanie wykrzykując dobitnie słowa *Under God* wyklęte przez Sąd. Prezydent Bush nazwał decyzję sądu „ośmieszającą" i wezwał obie Izby Kongresu do uchwalenia rezolucji potępiającej ją. Wobec zdecydowanego oporu Ameryki sąd najpierw zawiesił, a potem wycofał swą decyzję.

84% ankietowanych w ankiecie ABC/Washington Post opowiedziało się przeciwko pierwotnej decyzji sądu. 89% uznało, że zapis *Under God* powinien pozostać w ślubowaniu. Argumentowano, że sam Sąd Najwyższy Stanów Zjednoczonych otwiera swoje posiedzenia słowami "Niech Bóg ma w swej opiece (*save*) Stany Zjednoczone i ten czcigodny sąd". Deklaracja Niepodległości nawiązuje do Boga lub Stwórcy czterokrotnie. Kongres rozpoczyna co dzień swoją sesje recytacją modlitwy.

Zapis „In God We Trust" znajduje się na większości amerykańskich monet i najbardziej ulubionym przez amerykanów banknocie jednodo-

Literka P na monecie oznacza mennicę Philadelphii, S - mennicę San Francisco, D - Denver, W - mennicę w West Point (unikat)

larowym. Jest to zapis historyczny. W 1790 roku George Washington apeluje do Kongresu o ujednolicenie waluty. W 1796 roku wypuszczono pierwsze amerykańskie 10-centówki. W 1837 roku akt Kongresu ujednolicił walutę, podnosząc kwestię jednolitych inskrypcji na monetach. Projekty przewidywały: Nasz Kraj, Nasz Bóg, oraz Bóg, Nasza Wiara. 9 grudnia 1863 roku, sekretarz skarbu Chase napisał do Dyrektora Centralnej Mennicy: "Aprobuję przedstawione motta, z sugestią jedynie, aby czołowa strona z Washingtonem zaczynała się od słów Nasz Bóg i Nasz Naród, zaś na odwrocie zmienić na: Bogu Zawierzamy. (*In God We Trust*)". 22 Kwietnia 1864 roku Kongres zaaprobował inskrypcję. Do czasu, aż Newdow, ateista z San Francisco, zaczął oglądać monety pod światło.

Otóż zapisy odnoszące się do religii, są zapisem spuścizny historycznej twórców amerykańskiej państwowości. Jest tak, bo Amerykę stworzyli Chrześcijanie. U podstaw amerykańskiej państwowości leżała wiara. Przekonanie, że nasze wysiłki do utworzenia ładu tu, na ziemi, mają jakąś siłę sprawczą gdzieś wyżej, w regułach chrześcijańskiego porządku, który uszlachetnia nas, ludzi na ziemskim padole. Idei tych nie uświetniały maksymy Lenina. Idee kształtowały słowa Św. Piotra, Św. Marka czy Św. Mateusza.

„*This is a Christian Nation*. To jest naród Chrześcijan" – deklarował Sąd Najwyższy Stanów Zjednoczonych w 1892 roku, słowa powtórzone przez Harry'ego Trumana w 1951 roku w liście do papieża Piusa XII.

Ameryka zareagowała jak zraniona lwica. Pomógł czas, w jakim kraj się znalazł; nawrót patriotyzmu spowodowany atakami 11 września. W tym samym czasie Federalny Sąd Apelacyjny w Ohio uznaje, że stanowe motto: *With God, All Things Are Possible* (Z Bogiem wszystko jest możliwe) jest zgodne z konstytucją odwracając decyzję sprzed dwóch lat eliminującą zapis z dokumentów stanowych i tablicy z brązu znajdującej się od 1959 roku u wejścia do stanowego ratusza.

Ale Newdow, *baby boomer* z San Francisco był pionierem nowej generacji Amerykanów, którym Gramsci i Marcuse zaszczepili już Grona Gniewu. Ta sama przytoczona wyżej ankieta ABC i Washington Post wykazała, że wśród młodszej części społeczeństwa tylko 77% młodych Amerykanów było przeciwko decyzji sądu wycofującej się z wydalenia słów Pod Bogiem ze szkolnego ślubowania. Newdow zamachnął się swoim ciosem za daleko. Ale gdzie indziej Gramsci i Kulturowi Marksiści odnosili już spektakularne historycznie, choć ciche i nie trafiające na łamy stron gazet, triumfy.

W 1962 roku wyeliminowali religię ze szkół. W 1963 dobrowolne czytanie fragmentów Pisma Świętego uznane zostało za sprzeczne z Konstytucją. W 1980 prawo w Kentucky nakazało usunięcie ze szkół tablic Dziesięciu Przykazań. W 1985 roku w Alabamie „moment ciszy" przez wielu traktowany jako zastępcza modlitwa został uznany za sprzeczny z Konstytucją. W 1992 roku zakazano jakichkolwiek modlitw podczas matur. W 2000 roku studentom zakazano odmawiania modlitwy przed futobolowymi rozgrywkami. W maju 2001 roku z gmachu ratusza w Elkhart w stanie Indiana Sąd Najwyższy nakazał usunąć półtorametrowy blok granitu symbolizujący tablice Dziesięciu Przykazań stojący tam od 40 lat. Podobnie w 2003 roku w Alabamie.

Ten świecki pochód Marksizmu poprzez Amerykę umożliwiła Pierwsza Poprawka do Konstytucji. Przyjęta w 1791 roku stała się dla nowych marksistów sierpem i młotem w ich walce z Kulturą Zachodu. Zakazywała ona Kongresowi wprowadzania prawa, które służyłoby „utrwalaniu jakiejkolwiek religii." Zapis, który w rękach demokratycznych sędziów Sądu Najwyższego stał się przyzwoleniem na eliminację Chrześcijaństwa, jego symboli i tradycji.

Ateistyczni i zgorzkniali *baby boomers* są dziś w sile wieku. Dwudziestolatki, które z kwiatami we włosach, naprute LSD tańczyły nago na błotach Woodstock, zasiadają dziś w sądach, szkołach i na miejskich ławach samorządowych jak Ameryka długa i szeroka. Ich intelektualny kwiat rozparł się w Uniwersytetach, czekając na następne pokolenia. Badanie Gallupa z 2002 roku wykazało, że w 21 głównych amerykańskich college'ach 90% wykładowców to zarejestrowani demokraci. Jeden z najsłynniejszych przedstawicieli pokolenia *baby boomers*, Bill Clinton, został nawet prezydentem, wybrany w wyborach, które pokazały, że Ameryka jest dziś rozdarta na pół. Po jednej stronie jest tradycyjna, republikańska, biała Mid-America, po drugiej kolorowa, emigracyjna i przepełniona Ameryka Florydy, Nowego Jorku, Texasu i Californii, skandująca hasło duetu Clinton-Gore w prezydenckich wyborach: *CHANGE!*

Jak niedawno Talibowie w Afganistanie strzelali z moździerzy w monumentalne rzeźby Buddy w dolinie Bamjan, dziś Kulturowi Marksiści rozbijają symbole kulturowe Ameryki.

Po 10 latach bojkotów przez NAACP* historyczna flaga konfederatów została ściągnięta z gmachu ratusza stolicy Południowej Karoliny.

---

* The National Association for the Advancement of Colored People -
organizacja broniąca praw cywilnych mniejszości w Ameryce

Flaga wisiała tam od 1962 roku, kiedy prezydent Eisenhower wezwał Amerykanów do uczczenia stulecia wojny secesyjnej. Georgia zagrożona bojkotem sama ściąga z masztu swą flagą zawierającą replikę flagi konfederatów. W Teksasie, teraz już prezydent George Bush, po protestach Murzynów i białych liberałów, nakazuje usunięcie dwóch tablic pamiątkowych upamiętniających poległych w wojnie konfederatów.

W lutym 2001 roku brat prezydenta Busha, Gubernator Jeb Bush, pod presją liberałów, nakazuje zdjęcie flagi konfederatów z gmachu Sądu Najwyższego w Tallahassee, gdzie flaga wisiała od 1978 roku. Na miejscu jednej z najkrwawszych bitew w amerykańskiej historii kulturowi marksiści prowadzą kampanię, aby zapobiec budowie, nawet na terenie prywatnym, jakichkolwiek monumentów upamiętniających bohaterów Południa. Ze 104 pomników, które tam stoją, tylko 4 są im poświęcone.

Przygody Tomka Sawyera, które dzieckiem będąc, czytałem jako lekturę nieobowiązkową w szkole, a z której wywodzi się, jak powiedział Hemingway „cała współczesna amerykańska literatura, zniknęły z półek amerykańskich szkół z powodu wiernego epoce twórcy, często pojawiającego się sformułowania *nigger,* czarnuch, w odniesieniu do Murzynów i jednego z głównych bohaterów, czarnoskórego Jima, który jest niewolnikiem.

W 1992 roku Amerykański Departament Szkolnictwa i Narodowe Stowarzyszenie na Rzecz Humanizmu przyznało 2 mln dolarów dla UCLA, by opracowały nowe standardy nauczania dla dzieci w klasach 5 -12. Dzieci nie dowiedzą się teraz na lekcjach historii o amerykańskim lądowaniu na księżycu. Będą za to uczyć się o Związku Sowieckim i jego wpływie na podbój kosmosu. Nie przeczytają nic o prezydencie Waszyngtonie (właścicielu niewolników), ale czytać będą obszernie o powstaniu ekologicznego Sierra Club i Narodowej Organizacji na Rzecz Kobiet.

Nonszalancja dla amerykańskiej historii ma swój dalszy ciąg na uczelniach. Scott Veale w artykule w New York Times z 2 lipca 2000 roku podaje, że test historii studentów 55 najlepszych amerykańskich uczelni wykazał, iż czterech na pięciu z nich nie potrafiło odpowiedzieć na podstawowe pytania z amerykańskiej historii. Tylko 23% wskazało na Madisona, jako głównego autora Konstytucji. Za to 98% wiedziało kim jest raper Snoop Doggy Dog.

Przechodzi ubogi Murzyn z kubkiem

SZM: O na przyklad – if ju lud tu tok ""Boston w Massachusetts" ?
PAN MURZYN: "Boston w Massachusetts"
SZM: Fantastic. Thank you.
Wrzuca mu złotówkę do kubka
PAN MURZYN: Panie ! No co pan ! Do kawy ??? Ja już tego nie wypiję !

Pan Murzyn wychodzi z kadru

SZM: eeee..... natomiast z wymową "okręg przermyskokrośnieński" kłopoty ma
99,99 % mieszkańców Bostonu w Massachusetts. Z Bostonu w Massachusetts
dla Szymon Majewski Show mówił Szymon Majewski - Boston w
Massachusetts !

MAX: A teraz coś specjalnego...

Pan Murzyn oprzechodzi przed Maxem, który wyjmuje z kubka złotówkę

MAX: Szymon no coś ty zrobił, kawę panu spaskudziłeś... Masz tę swoją złotówkę !

Rozjazd - widać obu w studiu

MAX: O Szymon ! Wróciłeś – jak szybko ! No i jak badania ?

SZM: Dzięki – całkiiem nieźle... no ale na ciebie już czas chyba ?...

MAX: Nie – zostaję ! bardzo fajnie się taki show prowadzi.

SZM: Tak ale ty nie możesz !

MAX: Jak to nie mogę ?

SZM: Ano tak to !

PALIKOT O MAXIE

MAX: No dobra to idę – gdzie te badania się robi ? Byyyy... dgoszcz ?..
SZM: Boston w Massachusetts !
MAX: Pierwsze słyszę !

Max udaje się na badania
Szymon wraca do prowadzenia programu

SZM: Ksiądz prałat Henryk Jankowski rozstaje się ze swoją limuzyną czyli słynnym
Maybahem ! Jeden z koncernów motoryzacyjnych przygotował dla niego specjalny
model. Przedstawieciele firmy przyjechali ostatnio do księdza prałata żeby mógł to
cudo obejrzeć:

JANKOWSKI FIUT

*Archiwalna już kartka scenariusza z Panem Murzynem, którego odegranie
proponowano mi w programie Szymon Majewski Show. Odmówiłem.*

Jaśnie Pan MURZYN

akiś czas temu, jako gość programu „Szymon Majewski show", otrzymałem scenariusz odcinka. Przeczytałem, że obok mnie, w jednej ze scen, pojawić się miał „Pan Murzyn". Określenie zdziwiło mnie. Wyjaśniono mi, że chodzi o opisanie postaci z szacunkiem. Dlaczego zatem ja sam nie pojawiłem się w scenariuszu jako „Pan Biały?". Nie było też „Pana Gościa"...

Polskie media nieustannie piszą o „czarnoskórym" prezydencie Obamie, używając rasowego określenia Murzyn wstydliwie. Pomijając fakt, dziwnie uchodzący rzeszom dziennikarzy, że Obama jest Mulatem, powstaje pytanie, czy McCain był kandydatem „białoskórych"? I co na to czerwonoskórzy Indianie?

Mieszkając przez ostatnich 20 lat w Ameryce, przeoczyłem moment, w którym słowo „Murzyn" zaczęło w Polsce denerwować, stało się tabu, dołączyło do słów-chwytów stosowanych przez proponentów globalizacji kulturowej Europy. W ciągu niespełna dwóch pokoleń używający potocznego słowa „Murzyn" przeszli do kategorii nietolerancyjnych Polaków, wręcz rasistów, którzy nie potrafią się odnaleźć w nowoczesnym tyglu współczesnego świata.

Bambo propagandowy

Kiedy w szkole dukaliśmy „Murzynka Bambo" Tuwima na wyrywki, nie wiedzieć czemu, zamiast „uczy się pilnie...", stale wychodziło mi:

„uczy się w Wilnie z pierwszej czytanki...", więc zawsze dostawałem pałę i nigdy nie wiedziałem, za co. Odtąd obdarzony nieprzewidywalną mocą tajemniczy Murzynek stawał się dla mnie bohaterem dwóch narodów, tak jakby. Marzyłem o nim, pragnąłem go poznać, śnił mi się po nocach... W rzeczy samej w tamtych czasach Murzyn w Bydgoszczy był zjawiskowo tak odległy jak nogi Sophii Loren w autobusie marki Jelcz, który woził nas co dzień do szkoły.

Dzisiejsza młodzież nie wie już, że opanowanie pamięciowe tego wierszyka było dla dzieci w komunistycznej Polsce obowiązkiem, taką legitymacją niezbędną do funkcjonowania w roli przyszłego obywatela wspierającego proletariuszy wszystkich krajów, którzy akurat w tym czasie łączyli się w wysiłku opanowania krainy nazwanej kolorowo przez Szklarskiego Czarnym Lądem.

Sowieci kupowali ten ląd *kak idziot*: do Gwinei pojechało milion śrubokrętów, pługi śnieżne. Do Egiptu poszły ziły (bez części zamiennych). W Sudanie Chruszczow postawił fabrykę puszek (nie było co/ kogo puszkować). Do wyzwalających się spod kolonialnego jarzma afrykańskich krajów w jedną stronę jechała pomoc gospodarcza, w drugą jechali Murzyni. Mieli polubić komunistycznych braci, a bracia przygarnąć ich proletariackim uściskiem. Nie wychodziło to najlepiej.

Najpierw poszło o dziewczyny. Komsomolcy sprawili Murzynom lanie za podrywanie swoich. Murzyn w Moskwie był dla sowieckiej młodzieży tym, czym wiele lat później dla polskich nastolatków bawiących się u Maxima w Gdyni sypiący zielonymi Mahoniowy Gość. Separatyzm praktykowały sowieckie ambasady w Afryce, stosujące dyplomatyczną zasadę niebratania się z czarnymi.

Wtedy to, aby zapobiec rasistowskim incydentom, w salonach towarzyszy narodził się plan podsunięcia dzieciom promurzyńskiej rymowanki i umieszczenia jej w każdym elementarzu, każdej szkoły.

Tak historii przypasował się Tuwim. Figlarny Bambo od 1957 roku przez następnych 25 lat budził naszą sympatię, uczył i bawił zarazem, przy okazji zamieniając polskie dzieci w piątą kolumnę sowieckiej propagandy.

Kilka pokoleń po tym, gdy Murzynek Bambo zamieszkał nad Wisłą, antyrasistowski w założeniu wierszyk czyta już nowe pokolenie Polaków, ale zupełnie inaczej. Oto sympatyczny Murzynek fiknął koziołka o 180 stopni i maszeruje dziś w pierwszomajowym pochodzie liberalnej rewolucji ze szturmówką tolerancji w garści.

Polack, Murzyn dwa bratanki

Sąd Najwyższy podtrzymał w mocy wyrok Sądu Apelacyjnego we Wrocławiu i oddalił pozew czarnoskórego studenta Samuela Fosso przeciwko wydawnictwu Dobry Humor, które w 1997 roku opublikowało rasistowskie dowcipy o Murzynach" („Gazeta Wyborcza", 2000).

Tolerancyjne lobby w Polsce zapiszczało, jak rasowa opona powinna: „Stowarzyszenie przeciw Antysemityzmowi i Ksenofobii wyraziło niepokój, że w Polsce nie karze się za lżenie mniejszości etnicznych i religijnych, co świadczy o braku wyczulenia jurysdykcji na problemy rasizmu i ksenofobii". Wezwano do debaty, ale do niej nie doszło. Samuel Fosso strzelił za wcześnie i ze złej armaty. Udowodnienie szkodliwości społecznej utworu satyrycznego jest trudne prawnie. Wie o tym ponad 10 milionów Polaków w Ameryce, wyśmiewanych każdego dnia w tzw. Polish Jokes, w których główną rolę gra pan Polack.

Ale dzisiejsze protolerancyjne lobby bardziej interesuje dobre samopoczu-

"the most down on Solomon of any nigger I ever see."

"...był najbardziej obkuty z Króla Salomona ze wszystkich czarnuchów jakich znam."- Huck Finn o Murzynie Jimie. Z książki Przygody Hucka Finna, obecnie na liście lektur zakazanych w USA z uwagi na częste użycie słowa Czarnuch - Nigger przez Marka Twaina. Obdarzony chłopskim rozumem Jim, jest pierwowzorem Magicznego Czarnucha, o którym mówiłem w MaxTV

cie paru tysięcy Murzynów w Polsce niż godność ponad 10 milionów Polaków w Ameryce. Ci ostatni zaś, kiedy odwiedzają ojczyznę, coraz częściej potykają się o zręby konstrukcji, którą w Ameryce od lat stawiają kulturowi marksiści, a w której jedną ze sprężyn są Słowa-Katapulty.

„Polack" jest stary jak Ameryka. Termin wywodzi się z nonszalancji, z jaką amerykańska kultura asymiluje i amerykanizuje rodzime etnicznie nazewnictwo, wchłaniając rzesze imigrantów. Polack (zamiast po-

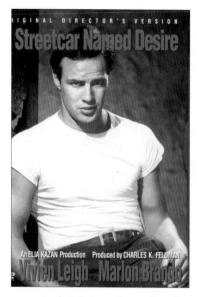

prawnie: Pole) przylgnął do katalogów urzedników imigracyjnych Ellis Island jako łatwy do wypowiedzenia endonim. Dla na ogół mało obeznanych z geografią Amerykanów Polack to był każdy, kto mieszkał na wschód od Niemiec, gdzie dla wielu w Ameryce kończyła się Europa. W efekcie gdzieś na polskiej, na ogół niewykształconej, imigracyjnej drodze utrwalił się wizerunek amerykańskiego Polaka jako człowieka mało bystrego, „uczciwego poczciwca" obdarzonego prostym sercem i nadludzką siłą.

Jest to wizerunek plastyczny filmowo, zezwalający scenarzystom Hollywoodu na artystyczne fiku psiku, w którym Polack gra na emocjach jak Rusek na akordeonie. Taki jest Stanley Kowalski w sztuce Tennessee Williamsa „Tramwaj zwany pożądaniem". Ów Polack jawi się w tej klasyce światowej literatury jako prostolinijny, brutalny tępak w zapoconej koszuli i z butelką whisky w ręce.

W filmie „Uciekinier" (The Fugitive) z 1993 r. z Harrisonem Fordem pojawia się scena z poszukiwanym przez

policję „chicagowskim Polaczkiem" i jego mamą. On, zamieszany w handel narkotykami, i ona, paplająca po polsku praśna kobieta, której jedyną pozytywną cechą jest gościnność.

W romantycznej komedii „Rozstanie" (The Breakup) z 2006 r. partnerem Brooke Meyers (Jennifer Anniston) jest Gary Grobowski, chicagowski „Polaczek bez przyszłości", jak sam o sobie mówi. Jest wielki, prosty i głupi. Lubi futbol i piwo i nie odróżnia Van Gogha od Picassa.

Film „Borat" o amerykańskim korespondencie z Kazachstanu był często odbierany wśród moich amerykańskich kolegów jako film o Polakach (wielu z nich uważa, że Kazachstan to odległa prowincja Polski), zwłaszcza że eklektycznie skonstruowany bohater wtrącał także nasze „jak sie mas" i „dzien dobre". Odkąd film się ukazał, polskich korespondentów telewizyjnych w Ameryce określa się mianem Boratów, i nie jest to wcale dowcip.

Coś mi się zdaje, że te same dowcipy z podstawionym zamiast słowa „Polack" słowem „czarnuch" (Nigger) czy „Żydek" (Hymie) przerwałaby w try miga jakaś komisja ds. tolerancji, posyłając opowiadającego na zasłużony odpoczynek. Taki m.in. los spotkał w 2007 r. Dona Imusa prowadzącego przez 30 lat program newsowo-satyryczny po tym, gdy użył sformułowania „trawniki" (oryg. *nappy headed hoes*, dosł. k...y z sianem na głowie), komentując na żywo mecz czarnych koszykarek Rutgers University. Stacja CBS zerwała z nim 40-milionowy kontrakt.

Słowa – Katapulty

Parę lat temu w TVP dyrektor Sławomir Zieliński powiedział mi przejęty, że właśnie usiadł w fotelu katapulcie, jakim w telewizyjnym żargonie zwykliśmy określać posadę szefa Jedynki. Chodziło o to, że stanowisko to miało niewidzialny uchwyt, za który pociągała co jakiś czas niewidzialna ręka niczym pilot F–16 za dźwignię „eject", katapultując delikwenta w niebyt.

Otóż w dzisiejszej Ameryce istnieje coś, co określiłbym jako „Słowa-Katapulty", określenia *no-no*, językowe tabu, coś, czym za moich czasów na studiach w socjalistycznej Polsce były np. słowa: „solidarność", „Wałęsa" albo po prostu: „Lechu", „Wilno", „gułag". „Katyń" był superkatapultą (jedynym niekatapultowanym, jakiego znam, był Radek Sikorski, który na fakultecie z historii wygłosił referat „Katyń – sowiecka zbrodnia" i dosiedział w ławce, w jednym kawałku, do dzwonka).

W Ameryce słowa katapulty pojawiły się stosunkowo niedawno. W 2006 roku radiowiec Tim Dorsey stracił pracę, ponieważ mówiąc o aspiracjach Condoleezzy Rice, przejęzyczył się, używając zamiast słowa „coup" (sukces) słowa katapulty „coon" (rasistowsko o Murzynach – skrót od szop, raccoon). Lista katapultowanych jest długa i obejmuje także tzw. zwykłych ludzi. Parę miesięcy temu w Kansas 22-latek katapultował się ze sklepu sieci Journey po tym, jak pewien Murzyn po awanturze zareklamował buty do zwrotu. Chłopak zwrócił pieniądze wraz z rachunkiem, na którym, zamiast nazwiska klienta, wbił do komputera: „dumb n" (głupi cz[arnuch]). Jak niegdyś SB w Polsce, tak dziś FBI

w Ameryce wysłało agenta do zbadania sprawy…

„Do Obamy należy wybór, czy będzie Wujkiem Samem dla ludzi w tym kraju czy Wujem Tomem wielkich korporacji" – powiedział niezależny kandydat prezydencki Ralph Nader w noc wyborczą 2008 roku. Słowem katapultą był tu „Wuj Tom" (Uncle Tom), amerykański kuzyn polskiego Murzynka Bambo. Ponieważ Nader był kandydatem niezależnym, katapulta nie zadziałała, choć liberalne media uznały to za koniec kariery tego polityka.

Wuj Tom to postać z „Chaty Wuja Toma", XIX-wiecznego bestsellera Harriet Beecher Stowe. Książka stała się symbolem głupoty niewolnictwa, które miłość chrześcijan obalić może . Tak też się stało w Ameryce mniej niż dekadę później. Ale dziś Wuj Tom to rasistowskie określenie Murzyna wysługującego się białym. Rasowy epitet, którym obrzucało się dwoje murzyńskich (sic!) delegatów na konwencji Partii Demokratycznej w Denver w sierpniu 2008 r. za popieranie Hillary Clinton.

Wuj Tom, jak nasz Murzynek Bambo, niepostrzeżenie fiknął liberalnego koziołka, służąc do budowy dziejowej katapulty, którą ustawiło w Ameryce pokolenie powojennego wyżu demograficznego lat 60. o nazwie Baby Boom Generation.

W latach 80. pokolenie *baby boom* – ponad 70-milionowa armia rozpuszczonej młodzieży, która jeszcze kilkanaście lat wcześniej, naprута narkotykami, taplała się w błotach Woodstock – zasiadało już rozparte na wygodnych posadach na amerykańskich uniwersytetach, w sądach, władzach miejskich, komitetach osiedlowych i redakcjach gazet, jak Ameryka długa i szeroka. Teraz celem ataku były już nie tradycje i kulturowe status quo, lecz narodowe ikony.

Z gmachu sądów zniknęły tablice z dziesięcioma przykazaniami, dobrowolne czytanie Pisma Świętego zostało uznane za sprzeczne z konstytucją. W 1992 roku zakazano jakichkolwiek modlitw podczas matur. W 2000 roku studentom zakazano odmawiania modlitwy przed futbolowymi rozgrywkami. Jeden z największych prezydentów kraju –

George Washington (właściciel niewolników) – stał się słowem-katapultą.

W 1992 roku opracowano nowe standardy nauczania dzieci w klasach 5-12. Stworzono obowiązującą do dziś listę zakazanych ilustracji, których w publikacjach szkolnych należy unikać: czarne sprzątaczki, Indianie z pióropuszami na głowach, Meksykanie na osłach, Chińczycy na polach ryżowych, Japończycy z aparatami fotograficznymi. Azjaci nie mogą mieć na rysunkach skośnych oczu bądź pojawiać się z widokiem pralni w tle. Żydzi nie powinni być pokazywani jako złotnicy, dentyści, prawnicy, kupcy. Itd.

Baby boomers podważyli także amerykańską tradycję literacką. „Przygody Huckleberry Finna", książka Marka Twaina, o której Hemingway powiedział, że wywodzi się z niej „cała współczesna literatura Ameryki", znika dziś z lektur szkolnych w Ameryce. Powodem jest postać Jima, Murzyna, niewolnika zbiega. „Każdy nauczyciel próbujący użyć tego śmiecia na naszych dzieciach powinien być wyrzucony (czytaj: katapultowany) z pracy na miejscu" – powiedział o dziele czarny pedagog John Wallace („New York Times", 1996).

I nie będzie już nikogo

Mark Twain posłużył się w książce klasycznym językiem Missisipi lat 40. XIX wieku. Rasowy termin „Nigger" (czarnuch, z łac. niger, czarny) sypie się tam często, choć w czasach Twaina nie miał jeszcze konotacji, jaką ma dziś. Amerykańska proweniencja słowa „Nigger" ma te same źródła co rasistowski endonim „Polack", będąc fonetycznym zapisem błędnie wypowiadanego słowa, powszechnie używanego przez białe południe Ameryki – „Negro", na określenie Murzynów, słowa używanego także przez Martina Luthera Kinga.

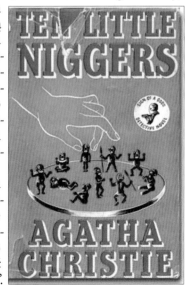

„Czarnuch" pojawiał się u Dickensa i Conrada („The Nigger of the Narcissus", 1897). Jest też u Agathy Christie – „Ten Little Niggers" w Polsce ocenzurowanych w tytule do „Dziesięcioro Murzyniątek", choć powinno być właściwie: „Dziesięcioro Czarnuszków".

Tytuł, zaczerpnięty z dziecięcej wyliczanki XIX-wiecznego Tuwima Ameryki Septimusa Winnera „Dziesięciu Indiańców", wypiekał się w liberalnym piecu długo, ewoluując od czarnuchów, Indian, poprzez żołnierzyków, kończąc na bezpiecznym, choć nieprawdziwym historycznie tytule: „I (wtedy) nie było już nikogo" (And Then There Were None), stanowiącym nomen omen ostatnią zwrotkę wyliczanki, w której bohaterowie unicestwiają się nawzajem.

„Czarnuch" Twaina katapultował wspaniałe dzieła „ojca amerykańskiej literatury", jak mówił o nim Faulkner, na czarną (nomen omen) listę cenzury. Jak podaje zestawienie American Library Association, „Przygody Hucka Finna" jest dziś w czołówce najczęściej atakowanych książek w Ameryce. (obok: „1984" Orwella, „Przeminęło z wiatrem" Mitchell i „Przygód Tomka Sawyera" tegoż Twaina).

W 2007 roku rada miejska Nowego Jorku wydała rezolucję (na razie symboliczną) zakazującą użycia słowa „Nigger" (czarnuch) w metropolii nowojorskiej. Rezolucja proponuje także, aby utwory muzyczne używające tego słowa zostały wyłączone z pretendowania do nagród Grammy. Zalecenie eliminuje praktycznie 90 procent dzieł raperów, dla których „czarnuch" jest powszechnie stosowanym przecinkiem uwielbianym przez rzesze białej młodzieży pokolenia X (dzieci *baby boomers*), aspirujące do rapowej popkultury choćby narzuconym sobie dobrowolnie przydomkiem „Wiggers" (White Niggers – Białe Czarnuchy).

Kulturowy marksizm zakładał, że tak jak zachodnia kultura stworzyła kapitalizm, tak upadek zachodniej kultury obali kapitalizm. Najistotniejszą misją socjalizmu – pisał Gramsci – jest „przejęcie kultury". 50 lat później w Ameryce, niepostrzeżenie, ów akt się wypełnia. Milan Kundera w „Księdze śmiechu i zapomnienia" pisze, że pierwszy stopień w likwidacji mas ludzkich to wymazanie ich pamięci. Bambo Tuwima czy Czarnuch Jim Twaina to niejedyne klejnoty wymazywane ze zbiorowej pamięci narodów.

Tak jak w ideologii komunizmu-socjalizmu Murzyn służył do ekspansji politycznej, tak w ideologii liberalnej Pan Murzyn staje się z pozoru nieistotnym trybikiem maszyny, której mechanizm rabuje narody z przeszłości jak złodziej ogałacający o zmierzchu wnętrze katedry – kradnie po cichu tradycje, wiarę, krzywdy, grzechy, prawdy, zwyczaje, historię, religię i to, co każdy naród ma najcenniejsze: pamięć. A kiedy ona zniknie, to – trawestując Agatę Christie – „nie będzie już niczego". Pan Murzyn zrobił swoje. Może odejść.

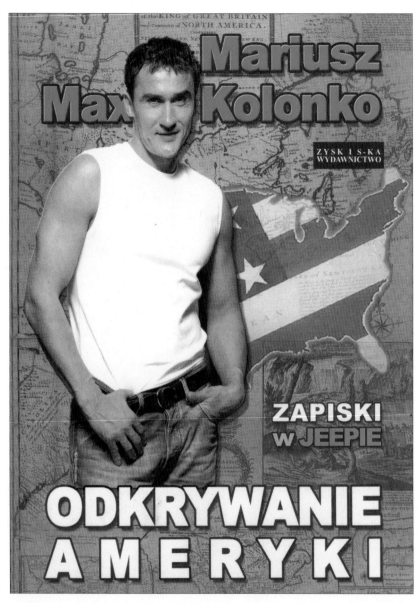

To już unikat: okładka pierwszego wydania Odkrywania Ameryki , która tak
rozwścieczała polskie feministki

CZAROWNICE Z WARSZAWKI

laczego jest pan na okładce w podkoszulku? – zaatakowała mnie niegdyś jedna z feministek wyskakując z zakamarków redakcji pewnego kolorowego pisma, kiedy spotkaliśmy się, by porozmawiać na temat mojej najnowszej książki. Odparłem, że trudno byłoby odkrywać Amerykę w garniturze, ale podejrzewam, że darowany jej egzemplarz z moim wizerunkiem w podkoszulku na okładce, pokazujący męskie ciało, musiał być potem – jak niewygodne *voodoo* – solidnie nakłuwany szpilką, bo po wywiadzie bolała mnie głowa przez miesiąc.

Polskie feministki, które jeszcze parę lat temu musiały sikać nienawiścią z ukrycia, dziś stoją przed bramami Sejmu. W ręku mają dwa klucze. Jeden to „nowoczesność". Drugi to „wyborcze parytety".

Jak pisał genialny Eric Hoffer w Fanatyku (The True Believer): „ Żarliwa nienawiść może dać znaczenie i cel pustemu życiu. W ten sposób ludzie, których gnębi bezcelowość ich życia, mogą się odnaleźć poświęcając się świętemu celowi, choć jednocześnie: pielęgnując fanatyczny żal. Ruch masowy oferuje im niezliczone możliwości w obydwu kwestiach."

Tym ruchem masowym jest dla feministek, szlachetny i wspaniały ze wszech miar, Ruch Kobiet, pociąg, którym wojujące feministki chcą się przewieźć na gapę. Liczą, że kobieta – maszynistka, być może, przerzuci kiedyś po znajomości zwrotnicę, eliminując pielęgnowany przez feministki żal do społeczeństwa opartego na chrześcijańskim ładzie: instytucji małżeństwa i sanktuarium rodziny, kręgosłupie wiary i katechizmie moralności.

Penetracja władzy ustawodawczej w Polsce przez feministki, umożliwiona parytetami wyborczymi, pozwoli im wreszcie na polityczny hokus-pokus: rozprucie narodu od środka. Społeczne harakiri tym badziej doskonałe, że rękojeść noża nosić będzie odciski palców narodu, nieświadomego dokonywanego na sobie samym morderstwa.

Uprowadzony pociąg

Amerykański Ruch Kobiet zaczynał jako antyaborcyjny i powstawał przy współudziale mężczyzn. 300 kobiet i 40 mężczyzn zebranych w kościele metodystów w Seneca Falls w lipcu 1848 roku pod przewodnictwem Jamesa Motta, domagało się „równości kobiet, ale bez specjalnego traktowania", zaś Elizabeth Cady Stanton nazwała aborcję „wstrętną i degradującą zbrodnią." W 1920 roku amerykańskie kobiety pod sztandarem Narodowej Partii Kobiet (NWP) wywalczyły 19 poprawkę do konstytucji dającą im prawo do głosowania.

Ale gdzieś w latach 60. ruch kobiet w Ameryce porzucił swoje moralne i chrześcijańskie dziedzictwo, przejęty przez radykalizujące się feministki, stał się ruchem opartym na złości i niechęci. Owa niechęć koncentrowała się na instytucji małżeństwa, jako fundamencie fenomenu chrześcijaństwa.

O ile Betty Friedan (Goldstein), współzałożycielka Narodowego Ruchu Kobiet (NOW, 1966) pisała w Mistycyzmie Kobiecości (The Feminine Mystique) o domostwie jako „obozie koncentracyjnym kobiety", o tyle już jej uczennice, jak profesorka socjologii Uniwersytetu Chicago, Marlene Dixon w 1969 roku, głosiły: instytucja małżeństwa to podstawowy wehikuł utrwalania opresji kobiety, Robin Morgan nazywa małżeństwo wprost "niewolniczą praktyką", zaś Kate Millett, otwarta lesbijka w Sexual Politics (1970) wypowiada małżeństwu wojnę. Trzy lata później Nancy Lehman i Helen Sullinger drukują Deklarację Feministek ogłaszając małżeństwo narzędziem kontroli kobiety przez mężczyznę dodając: „warunkiem koniecznym wyzwolenia kobiety jest zniszczenie instytucji małżeństwa".

Ciągle młode dziewczęta z kwiatami we włosach pokolenia *baby boomers*, wojujące feministki uwiodły rebelią, bezceremonialnym buntem przeciwko status quo, stając się przykładem nowoczesności dla wchodzących w życie, palących Marlboro i czytających poezje Beatników, wyemancypowanych babek w minispódniczkach. Feministki podrzuciły im Manifesty Radykalnych Kobiet (The Radical Women Manifesto) zachęcając, by porzuciły minispódniczki dla spodni, rodziny dla kariery i raz po raz skoczyły na głowę w objęcia nowoczesnego, wyzwolonego lesbijskiego seksu.

Kiedy 30 lat później Ruch Kobiet stanął na stacji 2000 roku, przebudzone ze snu Amerykanki oglądały za oknem inny kraj. O ile w 1970 roku 523 tys. kobiet wybierało życie w luźnym związku, o tyle w 2000 roku było ich aż 5.5 miliona. W prawie 30 % domów mieszkały single. O ile w 1960 roku 91% par mających dzieci było w związku małżeńskim, teraz już tylko 73%. Wolny seks był „In", małżeństwo „Out". Singielek był „cool", rodzina była „passe". Pociąg został uprowadzony. Małżeństwo, rodzina, a wraz nimi naród, zaczęły w Ameryce umierać.

Bunt nowoczesnej kobiety

W 2000 r. wydanie wrześniowego numeru magazynu George (Kennedy'ego Juniora) przyniosło wypowiedź supermodelki (i mamy) Cindy Crawford: "Nie lubię słowa feministka – powiedziała gwiazda – ma ono dla mnie taka negatywną konotację. To jakby nienawidzić mężczyzn. A ja chcę, by chłopak otwierał mi drzwi... lubię być traktowana jak kobieta. Nie chcę być, żadną miarą, traktowana na równi."

Rok wcześniej ankiety CBS wykazały, że amerykańskie kobiety podzielają ten pogląd. O ile w 1992 roku 31% uważało się za feministki, siedem lat później tylko 20 % mogło tak o sobie powiedzieć. Co więcej, trzy z czterech ankietowanych kobiet uznało słowo „feministka" za obraźliwe. Mimo, że dziś 70% Amerykanek popiera Ruch Kobiet, chcą się trzymać od feministek z daleka.

Symbolika feministek lansująca stereotyp kobiety nowoczesnej, jako kobiety niezależnej (od czego?/kogo?), ubranej w biznesgarsonkę laski dźwigającej laptopa zamiast dziecka, uderzyła w nie same. Wczorajsze „nowoczesne" babki w minispódniczkach, ruch feministyczny wypluł 30 lat później pozostawiając je zgorzkniałe i osamotnione, rozczarowane obietnicą stylu życia, który zamiast być *cool*, pozostał coolawy.

Virginia Haussegger, goniąca karierę gwiazda australijskiej telewizji ABC, napisała w swej książce rozczarowana: Nie mam dzieci i jestem zła. Zła, że tak głupio przyjęłam słowo moich feministycznych idolek za wiarę. Zła, że byłam na tyle walnięta, żeby uwierzyć, że spełnienie kobiety przychodzi ze skórzaną biznesaktówką."

Jak wykazały badania uniwersytetów Harvarda i Yale, które przeciekły do prasy w 1986 roku, kobiety wybierające karierę zamiast rodziny, kończąc 30 lat, miały tylko 20% szansę znalezienia męża. W wieku 35 lat ich szanse malały do procent 5, zaś po 40., jak pisał Newsweek w okładkowym „Marriage Crunch": „kobieta miała większe szanse być zabita przez terrorystę, niż wziąć ślub", pesymistyczna wizja skorygowana dziesięć lat później danymi cenzusu ustawiającymi te szanse na procent 40.

Nowoczesne amerykańskie kobiety wybrały rodzinę zamiast kariery. Jak podaje Roper Organization w 1985 roku 51% Amerykanek wybierało pracę nad dom ale w 91 roku już tylko 43%. Według "Money and the American Family" 81% kobiet uważa małżeństwo za podstawę szczęśliwego życia. Reaganowska rewolucja zmniejszyła różnice między płacami kobiet i mężczyzn (do 71 centów z dolara), zaś rzekomo uciemiężający kobietę mężczyźni objęli ruch kobiet otwartym ramieniem. W 1997 roku Bill Clinton nominuje Madeleine Albright pierwszą kobietą – sekretarzem stanu. W 2001 roku Hillary Clinton została pierwszą żoną prezydenta wybraną do senatu. W 2005 prezydent Bush proponuje Murzynkę, Condoleezzę Rice, na sekretarza stanu. W 2007 Nancy Pelosi wybrana zostaje pierwszą Spikerką Izby (trzecie stanowisko w państwie). W 2008 Senator McCain po raz pierwszy w historii GOP wybiera Sarę Palin na współpartnerkę w prezydenckim wyścigu.

Kobiety weszły, gdzie chciały: do biur, urzędów, męskich szkół, akademii wojskowych, wojska, Sądu Najwyższego, polityki i zrobiły to wcale nie stricte politycznymi środkami. Jak podaje Biuro Danych Pracy, w rękach kobiet jest dziś 49.1% wszystkich miejsc pracy, zaś z uwagi na recesję widoczną najbardziej w „męskich" sektorach do końca roku będzie w Ameryce więcej pracujących kobiet, niż mężczyzn.

Za płotem stereotypów

W powieści Johna Updike'a, Czarownice z Eastwick (The Witches of Eastwick) trzy porzucone żony zamieniają się w czarownice. Kiedy pojawia się w ich życiu „magiczny" mężczyzna, kobiety tracą głowy, posuwając się w zazdrości do morderstwa jego nowo poślubionej żony.

Bestseller Updike'a spotkał się z furią feministek za przedstawienie kobiety jako wiedźmy i postaci uzależnionej od mężczyzny. Teoria Updike'a, że kobieta bez mężczyzny to kobieta nieszczęśliwa, działa na

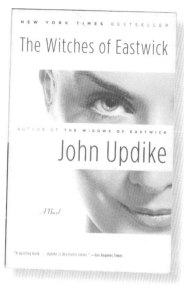

NEW YORK TIMES BESTSELLER

The Witches of Eastwick

AUTHOR OF THE WIDOWS OF EASTWICK

John Updike

A Novel

"A dazzling book ... Updike is devilishly clever." —Los Angeles Times

feministki jak woda dolana do kwasu. Mężczyźni natomiast ze spokojem przyjmują stwierdzenie, że życie bez kobiety jest pozbawione sensu.

Dlaczego feministki reagują tak wściekle, żeby nie powiedzieć, wojująco? Dlaczego feminizm musi być nachalny, jak świadek Jehowy pukający do drzwi w najmniej odpowiednim momencie? Już sam feminizm drugiej fali kąsał na lewo i prawo tak boleśnie, że alienował bazę społeczną kobiet, które wolały się z feministkami nie utożsamiać, preferując łagodniejszy w formie Ruch Kobiet nad ruch feministyczny. Dziś te pojęcia wcale tożsame nie są. Feministki zdają sobie sprawę, że tracą nad kobietami kontrolę, dlatego poza łapaniem się na pociąg Ruchu Kobiet, ustawiają wokół siebie płot stereotypu.

Feministka jest samotna – stereotyp. Feministka nienawidzi mężczyzn – stereotyp. Feministka jest rozgoryczona – stereotyp. Feministka nienawidzi seksu, nosi krawat i spodnie – wielki stereotyp!! Krzyczą dzisiejsze feministki zza płotu, w którym gołym okiem widać dziury.

Po pierwsze: co złego w stereotypowaniu rzeczywistości? Stereotyp pozwala nam (kobietom i mężczyznom) uporządkować skomplikowany świat. Cały Hollywood jedzie na stereotypach i jakoś nikt w kinie nie dławi się w okrzyku protestu popcornem. Stereotypujemy w sklepie pytając o najlepszą pralkę, „bo wszyscy mówią, że Maytag dudni". Stereotypujemy Republikanów mówiąc, że są bogaci i mają rodziny i Demokratów mówiąc, że są biedniejsi i stanu wolnego. Stereotypują sprzedawcy podchodząc do klientki w szpilkach szybciej niż do wampa w trampkach. Kobiety stereotypują, kiedy pytają mężczyzn o status pytaniem: czym się pan zajmuje? Stereotypują wreszcie same feministki: Magdalena Środa: „Nasza historia jest historią mężczyzn" (Gazeta Wyborcza, 2009-06-24).

Po drugie: feministka często jest samotna, zwykle rzeczywiście nienawidzi mężczyzn, bywa rozgoryczona do życia, za które wini mężczyznę, często nienawidzi seksu i na ogół nosi krawat i spodnie... Cóż, feminizm często przychodzi z wiekiem. Jest to sposób widzenia świata wynikający z dziedzictwa wychowania, modyfikowanego własnymi doświadczeniami, w których często główną rolę gra zwykły pech.

I tak, jedna z guru „drugiej fali", Andrea Dworkin, (poniżej), która pisze w Pornografii (1981), że małżeństwo to instytucja, która ewoluowała od „gwałtu jako praktyki", poślubiła w Holandii chama. Ten bił ją niemiłosiernie kijem od miotły, gwałcił, zmuszając do ucieczki i w efekcie, prostytucji. Tragedią zaś było dla niej aresztowanie po antywojennej demonstracji. Osadzona w więzieniu dla kobiet przeszła tam brutalną penetrację pochwy, po której sto-

Andrea Dworkin - 'nowoczesna kobieta' feministek

sunek seksualny stał się dla niej bolesny. Doświadczenia, które legły u podstaw książki Stosunek (Intercourse, 1987) , w której, jak pisze Dworkin, stosunek płciowy między mężczyzną, a kobietą miałby być dla tej ostatniej kaźnią nieporównywalną nawet z okropnościami Oświęcimia.

Feministka nienawidzi mężczyzn? Ależ skąd! Twierdzi jedynie (M. Środa), że „mężczyzni ciała nie mają", co jest niewątpliwie ewolucją od feministek baby boom, które nazywały mężczyznę „biologicznym wybrykiem" w manifeście Walerii Solanas: Towarzystwo Poćwiartowania Mężczyzn, (SCUM, 1968). Solanas molestowana seksualnie przez ojca, kiedy dorosła, nagabywała Andy Warhola, by produkował jej sztukę pt.„Prosto w D..pę", a kiedy ten odmówił, rąbnęła do niego z pistoletu w lobby „Fabryki" na 47 Ulicy o mało nie zabijając nieszczęśnika na miejscu.

Czarownice z Warszawki redagują dziś rubryki internetowe Kobieta i... Mężczyzna? Skądże! Kobieta i Facet. A dlaczego nie - pytam - Baba i Facet? Albo wręcz po swojsku: Baba i Chłop? I o czymże to, ten nasz polski chłop, może tam poczytać? Artykuł: „Panowie! Jak wynika z obserwacji zwierząt (sic!) przystojni faceci mają mniejszą szansę na spłodzenie potomstwa". Proszę wymienić zalety poligamii! - domaga się feministka portalu WPtv w wywiadzie z panią psycholog (ta, o zgrozo! milczy). Dalej, dla męskiej higieny, sonda w której polski chłop może sprawdzić „czy (aby nie) jesteś jeszcze seksistą?" oraz „Jedyna droga awansu" (zawodowego mężczyzny): Szefowa prosiła, abyś po pracy został chwilkę dłużej (…) Czy pomyślałeś sobie: „Chciałbym zobaczyć

American Girl - Tom Petty & the Heartbreakers

Well, she was an American girl
Raised on promises
She couldn't help thinkin'
That there was a little more to life
somewhere else
After all it was a great big world
With lots of places to run to
And if she had to die tryin'
She had one little promise
she was gonna keep

O yeah, all right
Take it easy, baby
Make it last all night
She was an American girl

Well it was kind of cold that night,
She stood alone on her balcony
Yeah, she could hear the cars roll by,
Out on 441 like waves
Crashin' on the beach
And for one desperate moment
There he crept back in her memory
God it's so painful
When something that's so close
Is still so far out of reach

O yeah, all right
Take it easy, baby
Make it last all night
She was an American girl

Była Amerykanką
Wychowaną na obietnicach
Nie mogła oprzeć się myśli
że gdzieś indziej
Było lepsze życie
W sumie jest to przecież
Wielki świat
I pełno miejsc by zwiać
Choćby miała
Umrzeć próbując
Przyrzekła sobie dotrzymać
Tej jednej obietnicy

O tak, o tak
Spokojnie dziewczyno
Niech trwa to całą noc
Była amerykańską
Dziewczyną...

Było jakoś zimno tej nocy
Stała sama na balkonie
Słyszała przejeżdżające
Samochody na drodze 441
Jak fale uderzające o brzeg
I przez jedną
Rozpaczliwą chwilę
Przywołała go w pamięci
Boże to tak boli kiedy coś
Tak blisko jest tak daleko

O tak, o tak
Spokojnie dziewczyno
Niech trwa to całą noc
Była amerykańską
Dziewczyną...

jak ona robi świecę? I zrobi!" (portal WP.pl, lipiec-sierpień 2009).

Zupełnie jak w feminizmie lat 60. w Ameryce... Ale polski feminizm 2009, tracąc bazę rozsądnych, polskich kobiet werbuje już wśród mężczyzn: Małżeństwo jest „passe". Poligamia jest *In*, monogamia jest *Out*. *God Bless Poland*.

Parytety wyborcze - trojański koń feministek

Propagowane jako „nowoczesne" parytety wyborcze dla kobiet nie są żadną miarą nowoczesności społeczeństwa, podobnie, jak nowocześnie skrojony garnitur nie na każdym dobrze leży. Do 2005 roku 129 partii politycznych w 69 krajach adoptowało parytety płci na listach wyborczych. Ponad 100 krajów świata ma jakąś ich formę (konstytucyjne, partyjne bądź wyborcze). W Kenii kobiety są wyznaczane przez prezydenta do 3% miejsc w parlamencie. Nepal ma rezerwację 5%. Paragwaj 20%, Costa Rica, 40%, Francja 50%. Średnia światowa obecności kobiet w parlamencie wynosi 16.1%. Większość krajów decyduje się na 30.procentowy parytet płci za rekomendacją Narodów Zjednoczonych, jako pułapu wystarczająco efektywnego dla wpływu kobiet na działanie parlamentu.

Prawdziwie nowoczesne, dojrzałe społeczeństwo nie potrzebuje animowania demokracji urzędniczą dyrektywą. O ile w rodzącej się demokracji Iraku konstytucja przewiduje rezerwację 25% miejsc w legislaturze dla kobiet

286

o tyle w Ameryce kobiece organizacje pozarządowe, nie wprowadzając parytetów płci, wypracowały 24,3% obecność kobiet w legislaturach stanowych i 16.8% w Kongresie.

Występowanie zjawiska parytetu płci we władzy ustawodawczej uzależnione jest od charakteru systemu politycznego danego państwa i może być sprzeczne z zapisami konstytucyjnymi. W amerykańskiej tradycji politycznej, w której partie polityczne nie mają takiej dyscypliny nad członkami, jak to ma miejsce w Europie, wszelkie manipulacje parytetami (płci, rasy, pochodzenia) otrzymują natychmiast trudny do odparcia zarzut dyskryminacji odwróconej (reversed discrimination) i są uważnie śledzone na szczeblu stanowym.

Polskim feministkom niegdysiejszej awangardy nowego ładu, stojącym dziś samotnie za płotem stereotypów pozostaje wmawianie działaczkom ruchu kobiet, że są feministkami ("Pani już feministką jest".-M. Środa o J. Mucha, Gazeta Wyborcza) podpieranie się autorytetami ruchu kobiet i przekonywanie społeczeństwa, że potrzebuje parytetów płci, bo nie jest „nowoczesne", kolejny płot, za którym feministki przegrupowują się do nowego natarcia. Jak nawoływała Brigitta Dahl, była spikerka szwedzkiego parlamentu, parytety to nie koniec. „Za partiami politycznymi powinno iść szkolnictwo, związki zawodowe i kościoły" następne cele ataku. Przepisanie podręczników szkolnych miała na celu już „drugofalowa" Dworkin pisząc o klasyce dziecięcej literatury, Śpiącej Królewnie: kobiety w męskim świecie są atrakcyjne tylko wtedy, gdy śpią.

„Dokad zmierzamy" polskich feministek objawia skala wścieklizny, jaka owładnęła je i środowisko progresywne, po zgodnym z logiką, prawem i praktyką stwierdzeniu minister ds. równego traktowania, Elżbiety Radziszewskiej, że szkoły katolickie mają prawo nie zatrudniać homoseksualistów. Feministki nazywające Polskę „skansenem Europy", a panią minister „uschniętym listkiem figowym", ani się nie zająknęły, że nie dalej jak rok wcześniej w podobnej sprawie, podobne stanowisko, co polska minister, zajęła ówczesna Minister ds. Wewnętrznych Holandii, pani Guusje Ter Horst. Wystosowała ona wyjaśnienie do parlamentu holenderskiego, w którym stwierdziła, iż choć „generalnie homoseksualistów nie można pozbawić lub odmówić im zatrudnienia z uwagi na orientację seksualną, chrześcijańskie szkoły mają prawo odrzucić aplikację osoby homoseksualnej o pracę lub zwolnić nauczyciela, jeśli ich orientacja seksualna pozostaje w konflikcie z pryncypiami nauczania przyjętymi przez szkołę". I co? O tym – cisza. O tamtym – wrzawa, bo pani minister miała być „nasza", a tu raptem w skansenie hokus-pokus jak z Updike'a.

Przefiltrowanie działaczek feministycznych do władzy ustawodawczej w Polsce da feministkom upragnioną trampolinę. Teraz, za tarczą autorytetów, zaatakujemy znienawidzony świat: wejdziemy do kościołów i szkół, gdzie Jasia i Małgosię w podręcznikach szkolnych zastąpi Zuzanna, która ma dwie mamusie. Uchwalimy obowiązkowe standardy nauczania, gdzie parytet płci obejmie Alę i Asa, zaś Bolka i Lolka zastąpi Tola i Lola. Do widzenia Śpiąca Królewno, witaj Zosiu Traktorzystko, niezależna amazonko odmierzająca swoją nowoczesność skibami przeoranej ziemi… Zaczniemy zmieniać tradycje, konstytucję i wychowywać społeczeństwo w duchu asymilacji rzekomo nowoczesnego świata "skoków w bok", wolnego seksu i „świecy po godzinach". Dorwiemy się wreszcie do tego dużego, łakomego wyborczego placka, jakim jest polskie konserwatywne społeczeństwo piętnowane codziennie w mediach swastyką moherowego beretu. Wtedy rządzić będzie się łatwo. Szary, zdezorientowany, pozbawiony kręgosłupa wiary, wartości moralnych i tradycji naród przeciwnikiem politycznym nie jest.

Dla większości amerykańskich kobiet walka o parytety płci jest dziś zagadnieniem minionej epoki. Po falach feministycznych uniesień kobiety

Voodoo bez podkoszulka…(na pohybel feministkom)

osiągnęły życiową satysfakcję wypracowanym wspólnie z mężczyznami, naturalnie modyfikowanym status quo. Ich duża obecność w sektorze pracujących i wyższe wykształcenie nie przekładają się wcale na udział w życiu politycznym, który jest dla amerykańskich kobiet mniej istotny, niż udział w życiu rodziny. Kobiety wiedzą najlepiej, że bycie gospodynią domową to bardzo trudne, szlachetne i odpowiedzialne zajęcie, zaś aby mieć władzę, wcale nie trzeba tupać nogą. Wystarczy być kobietą.

Wysiłki feministek zagrzewających kobiety do walki trafiają więc w Ameryce w próżnię. Nowoczesna amerykańska kobieta nie chce politykować, a zamiast bokserskich rękawic woli nosić seksowne szpilki. Woli kibicować dzieciom, jak grają w piłkę (*soccer mom*), czy hokeja (*hockey mom*). Czasem, dla sportu, zakręci się na tancrurze. Potem pójdzie do kościoła. A ukochany mężczyzna jej życia (w podkoszulku) otworzy dla niej z wdzięcznością drzwi.

Colorado Motel 6 14/09/96

Pojęcie Mitu [illegible] i Ameryka

Zmiana się każdy realizuje w

Stary Świat — Tod przemiany,

polityki, dramy — [illegible] od

Niezgrany, Dzikie ~~[illegible]~~

Niespodzianie. Tu przypadek

jest katalizator

, akcji niż, które

odczuwamy przy

Kontrast

przybywa

odczyniać i

typów charakterów ~~[illegible]~~

na koniec wszystkiego catharsis ...

Myśli, + Pojawiają

jest tyle impresji, które

przeplatać napisanie

mamy się [illegible] — kiedy

przypominają to po naszej

bezpamięci ★★★

proste pytania

oże Narodzenie 1999 roku. Rok 2000 za tydzień. Ostatnie święta tysiąclecia. Terroryści z lutownicami łączą przewody swoich bomb. Czarne Ośmioraczki z Texasu umazane darmowym tortem.

Siedzę pod choinką obok kokard obwiązanych przeze mnie prezentów i zastanawiam się co tam też jest, kurwa, w środku. Kupiłem je sobie sam miesiąc temu, żeby teraz o nich zapomnieć i cieszyć się, jakbym je widział pierwszy raz. Nie mogę się doczekać, żeby je otworzyć, choć ciągle, niestety, pamiętam, co jest gdzie. Nie zapraszam w tym dniu nikogo. Wigilię mam tu siermiężną. Taką, z jakiegoś niewiadomego powodu, czyniłem tu od początku. Jakby pierwsi pionierzy, czy coś. Kanadyjski świerk o jedynym takim zapachu na ziemi. Chleb razowy i czerwone wino. Łosoś smażony jak kiedyś karp w domu w Bydgoszczy. George Winston grający fortepianowy *December*.

Lubię podejść do gałęzi choinki i przeciągać igły przez palce, kiedy żywica zostawia na dłoniach ślad, a igły w obronie wydzielają zapach lasów Ontario, który teraz wypełnia cały pokój.

Dwanaście lat w Ameryce. Całe moje dorosłe życie. Tu przeżyłem zdradę i rozstanie. Miłość i nienawiść. Tryumf i porażkę. Widziałem kaniony stworzone przez Boga i rzeki kierowane ręką człowieka. Widziałem śmierć natury i narodziny historii. Poczęcie miłości i obumieranie przyjaźni. Myślę, że gdzieś pomiędzy, dotknąłem tajemnicy stworzenia. Albo tak mi się teraz zdaje. Może było to w górach Sangre De Christo? Gdy Krew Chrystusa piła seledynowe niebo stepowej jesieni? A może wtedy, kiedy całowałem pokryte słonym piaskiem plaży usta Jessy na Santa Barbara Beach, a wiatr owijał jej długie włosy wokół moich ramion?

Dlaczego Jessy jest piękna? – zapytałem wtedy siebie. Dlaczego piękne są jej usta i piersi? Dlaczego piękny jest ten zachód słońca i ten piasek złocący się tu dokoła nas? I wreszcie: czymże jest piękno? – brnąłem beznadziejnie dalej i prostota zadawanych pytań stawała się jak narkotyk, kiedy zachłystywałem się próżnością odpowiedzi. Nawet małe dziecko rozróżnia piękno, preferując w testach dziesięć razy na dziesięć twarz „ładną" niż „brzydką". Dlaczego więc szukamy miejsca na ścianie dla obrazu, gdzie wyglądałby najlepiej? Dlaczego budujemy domy oparte na klasycznych proporcjach wyliczonych jeszcze przez starożytnych? Jaka zasada każe nam uznać, że ten krawat pasuje do tej koszuli, ten kolor do innego, ta nuta do innej? Dlaczego stoimy zapatrzeni w zachodzące słońce Colorado i co nakazuje nam zatrzymać wzrok nad jesiennym świtem, bądź stać, jak ja tutaj, pochylony nad pachnącym lasem utrwalonym w pamiętających igłach mojej noworocznej choinki. Dlaczego nie mówimy, że dysonans jest konsonansem i dlaczego nie mówimy, że to co jest „brzydkie" jest „piękne", i odwrotnie? I dlaczego Requiem Mozarta zapiera nam dusze w piersiach?

Hawking w „Krótkiej historii czasu" (*The Brief History of Time*) mówi, że gdyby elektryczny ładunek elektronu byłby tylko nieznacznie inny, gwiazdy na początku wszechświata nie byłyby w stanie spalać helu i wodoru, nie eksplodowałyby, nie przydając zatem naszemu życiu obecnej formy. De Chardin mówił, że jesteśmy odbiciem innej, wyższej istoty. Że, jak skrzydło ptaka jest odbiciem otaczającego nas powietrza, a mięśnie odbiciem otaczającego nas ciążenia, tak nasz mózg jest odbiciem jakiegoś odległego o zyliony lat Mózgu, ku któremu zmierzamy. To ta zasada kazała ludzkim rękom malować kolorowe znaki w grotach Lascaux i jaskiniach Gór Skalistych. Porządkować rzeczywistość i spoglądać w niebo, i pochylać ku gwiazdom kąty tuneli egipskich piramid. Wysiłek ludzkości, by stworzyć ziemski ład z pomocą boskich praw.

Myślę, że na początku była muzyka. Była pierworodna jak dźwięk rytmu serca naszych matek. Śpiew przyszedł przed słowem. Muzyka przed przesłaniem. *Wooo* było tęsknym zawołaniem za kobietą, zanim zamieniło się w długie i śpiewne *Woman*. Muzyka jest w nas.

W częstotliwości, z jaką wytupujemy *A Little Ditty About Jack And Diane* Mellencampa. Muzyka jest w nas uśpiona, niepotrzebna do fizjologii życia, inaczej niż oczy czy mięśnie. Jesteśmy falą, nutą, częstotliwością drgających w nas kwarków. Dlatego nie szukam kobiety. Szukam częstotliwości. Szukam nuty. Ciepłego *boom*, w które mógłbym się wtopić ze swoim *baaang*. To dlatego czasem, kiedy ją spotkasz, masz wrażenie, że już ją gdzieś widziałeś. Że się znacie od stu lat. I pewnie tak jest. To wasze częstotliwości się znają. Pracujecie na tym samym rejestrze. Stanowicie harmonię. Macie się ku sobie. Jedni nazywają to miłością od pierwszego wejrzenia. Ja nazywam to wiarą w gwiazdy. W to, że spojrzysz na kogoś i już. Toniesz i nie możesz się wydostać. I jak każdy topielec widzisz całe swoje życie i zauważasz, że dotąd nie miało ono celu. Twój wszechświat zaczyna mieć sens. Bo jako nuty tworzycie akord. Myślę, że Bóg chce, abyśmy jako ludzkość zagrali kiedyś arię. Ale myślę też, że jesteśmy chujowymi muzykami w tym sensie. I nie wiem, czy Wszechmocnemu starczy cierpliwości na trzymanie batuty, zanim ostatni przedstawiciel publiczności trzaśnie pustym krzesełkiem. Ale może ja tylko tak pierdolę o północy, w ostatnią wigilię starego tysiąclecia. Kiedy nawet zwierzęta mówią.

Nowy Jork, 31 grudnia 2000 roku, godz. 22.30.

Standupper przed wykutym w skale tunelem do NORAD

15 SEKUND, ABY ZYC

M ój Jeep Cherokee z leniwym szmerem klimatyzatora pnie się po ciasnych zakrętach Cheyenne Mountain. Jest blady, zimowy świt. Jeden z ostatnich tego tysiąclecia. Jadę na wysokości dwóch i pół tysiąca metrów, wysokość, która trzyma na świerkach półmetrowe kołnierze zasp, pozostawione przez kilkudniową, zimową śnieżycę.

Trzymam z kamerzystą siedzącym obok swobodny, niezobowiązujący *smalltalk*, zatrzymując się tylko na chwilę, aby „skręcić" tablicę informującą, że odtąd jestem na terenie wojskowym i że „Użycie broni jest autoryzowane". Kiedy dostrzegam kręcące się za mną światła wojskowego patrolu, zjeżdżam na pobocze. W lusterku widzę czarne sylwetki komandosów z bronią gotową do strzału.

– *Heads Up!* Uwaga – mówię do kamerzysty, co w telewizyjnym żargonie znaczy: kręcimy jak leci.

– *Step out of the vehicle* Wyjdź z samochodu – słyszę polecenie megafonu. Ostrożnie pokazuję nowojorską legitymację prasową, kiedy kamerzysta leży już rozciągnięty przede mną na masce. Jeśli chciałem zginąć wczoraj, dzisiaj mi przeszło. Nie jestem gotowy. Ale na wojnie ludzie umierają nieogoleni.

Już myślę sobie, że przeciągną po nas serią z M16, kiedy słyszę kobiecy głos:

– *Max! What the hell you are doin' here?* Co ty tu robisz, Max?

Ubrany na czarno oficer okazuje się być oficerką. Ze strachu nie miałem okazji się jej przyjrzeć. Teraz widzę jak zdejmuje czapkę, rozpuszcza włosy i już poznaję Trishę, ładną panią oficer *public relations* USAF w Patterson AFB, którą miałem okazję poznać pół roku temu, podczas wyprawy na poligony Seattle.

Co za ulga. Czuję, jak ucieka z nas powietrze. Trisha mówi, że obowiązuje ich stan podwyższonej gotowości z uwagi na otrzymywane przez wywiad informacje o zwiększonej aktywności terrorystów. Więc sami tracą spokój. Eskortuje nas do końca drogi. Ostatni zakręt, niewielki parking. Za nim widzę płot zwieńczony potrójnymi kolczugami *barbed wire.** Spoglądam poza machającą ręką Trishę i zamieram. W litej ścianie piętrzącego się przede mną na wysokość Pałacu Kultury granitu, dostrzegam czarną czeluść; wjazd do legendarnego Centrum Obrony Powietrznej NORAD.

W środku Góry Cheyenne mieści się legendarny NORAD

---

* drut kolczasty

CHEYENNE MOUNTAIN

wnętrze atomowego grobowca

CLASSIFIED

rzy lata po tym, jak 4 października 1954 roku Rosjanie wystrzelili w kosmos sputnik, amerykańska rakieta Vanguard uniosła się na pół metra i... rozleciała w drobny mak... Amerykę ogarnął strach. Sowieckie rakiety zaczęły zagrażać terytorium Stanów Zjednoczonych. Ameryka potrzebowała systemu ostrzegania rakietowego i potrzebowała go szybko. W 1956 roku dowódca amerykańskiego Systemu Obrony Powietrznej generał Earle Partridge wydaje tajny rozkaz budowy nowego Centrum Obrony Kraju.

Przez pięć następnych lat grupa inżynierów z Army Corps of Engineers z polecenia ścisłego kierownictwa Pentagonu wykonywała wiercenia w całej Ameryce. Mają trzy zalecenia: kompleks musi być w centrum Stanów Zjednoczonych, z dala od istniejących instalacji i musi być stabilny sejsmicznie, bo ówczesne komputery były czułe na wszelkie drgania. Wiercono skały, ponieważ istniał również punkt czwarty: obiekt wykuty będzie w litej skale – nie do przebicia dla ówczesnych głowic nuklearnych .

Wybór padł na to miejsce. Góra Cheyenne w południowo-wschodnim masywie Gór Skalistych niedaleko Colorado Springs. W maju 1961 roku odpalono pierwszą wiązkę dynamitu. Dwa lata w ścisłym sekrecie drążono granitową skałę, usuwając 700 tysięcy ton granitu. Projekt był jak z Jamesa Bonda. Kompleks miał pomieścić 15 budynków z których dwanaście miało aż 3 piętra. Do każdego budynku wiódł odrębny tunel tworząc niezależną od innych strukturę. Łącznie prawie 23 tysiące metrów kwadratowych powierzchni. Do ich konstrukcji zaanagażowano inżynierów projektujących łodzie podwodne. Konstrukcja była metalowa, obita warstwą grubego na 5 centymetrów metalu. Każdy budynek miał stać na sprężynach. Łącznie było ich 1319, o wadze pół tony jedna. W razie nuklearnego uderzenia miały one łagodzić wstrząsy aż do ćwierci metra w każdą stronę. Do obiektu prowadził półkilometrowy tunel o dwóch wyjściach: głównym i awaryjnym, tego drugiego do dzisiaj nie udało się sfotografować, podobnie jak i trzeciej, istniejącej pary „drzwi”, do której dziś przyznają się oficerowie NORAD. W razie nuklearnego ataku w ciągu 25 sekund metrowej grubości 4-tonowe drzwi ze zbrojonego betonu o hydraulicznym mechanizmie miały się zamknąć, odcinając od świata 800 ludzi pracujących w obiekcie. Ich misja polegała na utrzymaniu komunikacji z wyrzutniami rakietowymi w Ameryce prowadzącymi już kontratak. Teraz trzeba było przez miesiąc utrzymać ich przy życiu. Wymyślono system ogrzewania, który wykorzystywał ciepło samych komputerów. Stworzono cztery sztuczne jeziora stanowiące zapas wody, łącznie 17 milionów litrów. Głównym dostawcą wody jest naturalne źródło znajdujące się pod budynkiem numer osiem. Teraz dodano własny system energetyczny, który pozwalał na zasilenie 12 tys. baterii samochodowych jednocześnie. Całość we wnętrzu naturalnej góry w masywie Gór Skalistych. 3 lata i 142 miliony dolarów później Obiekt był gotowy.

Stoję przed grubymi ma metr 4-tonowymi drzwiami do kompleksu NORAD

Wraz pracownikami wjeżdżam do Centrum Obrony USA

Jakieś pół godziny trwa przejście przez wartownię, która przypomina wejście do więzienia Supermax. Każda rzecz, którą wnosisz na teren ma swój *badge* i numer. Wykrywacz metalu wyszukuje nawet aluminium zawarte w filtrach paczki papierosów, którą kamerzysta trzyma w kieszeni. Zaopatrzeni w „opiekuna" i przewodnika czekamy przed wjazdem do tunelu na przyjazd autobusu. Zadzieram głowę do góry. Choć stąd tego nie widać wiem, że szczyt granitowej góry Cheyenne kłuje niebo szpicami transmisyjnych anten. To po nich można poznać górę Cheyenne w masywie Gór Skalistych.

– Ludzie mylnie uważają te anteny za „nasze" – zgaduje moje myśli Major Birmingham. – W istocie są to komercyjne stacje przekaźnikowe. Dostrzegając pytanie w mych oczach dodaje:

– Niestety, informacje o używanych przez NORAD systemach łączności są tajne – sformułowanie, które odtąd słyszeć będę tu, w Centralnym Nerwie Ameryki, bardzo często.

Autobus przyjeżdża z dokładnością wojskowego wahadłowca. Wspólnie z poranną zmianą pakujemy się do środka. Zadzieram jeszcze raz głowę: rdzawe pędzle rodzącego się słońca na obrzeżach pióropuszy chmur, jastrząb zbudzony warkotem silnika wzbijający się do lotu, sople lodu strącone jego ruchem rozpryskujące się u moich stóp. Ostatnie pejzaże ziemi, którą tak zachłannie chcemy sobie wydrzeć, którą z takim pietyzmem chcemy unicestwić, zostawiam za sobą. Nade mną zamyka

Budowle w środku skały stoją na sprężynach, by zniwelować uderzenie fali nuklearnego wybuchu

się gruby na pół kilometra grobowiec litej skały, wypełniając przestrzeń ciszą wentylatorów.

Tunel jest duży, dwa pasma drogi z niewielkim poboczem dla pieszych, rozjarzony nieznacznie tylko kręgosłupem żarówek. Przed zawaleniem broni go, jak i cały kompleks, 110 tys. grubych, jak ludzkie ramię, spinaczy, nieraz 10-metrowej długości, których bolce znaczą skałę wokół mnie, jak igły olbrzymiego jeża.

Kilka minut później dostrzegam drugą wartownię i pancerne drzwi do kompleksu. Drzwi, grube na ponad metr, ważą 25 ton. Potrzeba ok. 25 sekund, żeby je zamknąć hydraulicznie lub dwóch ludzi i pięciu minut by awaryjnie zrobić to ręcznie. Major Birmingham ciągnie mnie za ramię. Schodzimy z drogi w dół, wzdłuż budynku i wtedy dostrzegam rząd sprężyn które, jak fundamenty olbrzymiego materaca, utrzymać miały strukturę w poziomie w razie, gdyby na zewnątrz góry rozpętało się piekło.

– Pierwsze komputery były bardzo wrażliwe na drgania więc cały kompleks posadzono na sprężynach – wyjaśnia Major. – Kompleks jest zaprojektowany tak, że mógł wytrzymać bezpośrednie uderzenie bomby atomowej siły tej, zrzuconej na Hiroshimę, w odległości pół kilometra stąd – dodaje, choć jasne jest, że dziś żadna struktura nie wytrzyma bezpośredniego uderzenia współczesną głowicą jądrową.

Chwilę później kluczymy po wąskich korytarzach kompleksu. Jeszcze dwa zakręty i staję przed drzwiami Centrum Dowodzenia. Jeszcze tego nie wiem ale tu właśnie przeżyję atak z użyciem głowic nuklearnych. Przeżyję Armageddon.

Pierwszy i jak dotąd jedyny polski dziennikarz
w sercu Centrum Obrony USA

WARNING
WARNING
WARNING

THIS IS THE END...

WARNING
WARNING
WARNING

Requiem

We *have a missile alert.* (Mamy alarm rakietowy) – *Confirmed. We have a missile alert.* (Potwierdzam. Mamy alarm rakietowy)

Jeżeli Armageddon będzie mieć kiedyś jakiś początek, takimi słowami się rozpocznie. Czerwony punkcik na komputerze Oficera Dyżurnego w NORAD. Ten rozbłyska nagle i nieoczekiwanie na terytorium Rosji, której mapa rozpościera się teraz na ośmiu komputerowych ekranach i olbrzymim *jumbotronie* rozpiętym na ścianie przede mną. To maleńkie światełko urywa rozmowy i podrywa słuchawki telefonów. Czerwony łączy z Pentagonem i prezydentem. Robi się cicho. Słyszę szemranie długodystansowych rozmów, czyjś miarowy, jak u robota niemal, elektroniczny głos recytujący parametry i trajektorie lotu życia i śmierci.

Patrzę na mojego kamerzystę, żeby utwierdzić się, czy nie jest to jakiś zły film Hollywoodu. Widzę jak po jego czole pomału spływa wielka kropla potu i z głośnym pluskiem opada na podłogę. To nie jest kino. Tu nie czyta się zmyślonych dialogowych list. To dzieje się naprawdę.

– *Standby for a possible missile event.* (Pogotowie wobec możliwego zagrożenia rakietowego.)

Mijają kolejne sekundy. Czekamy po śmierć. Czekamy po życie. Rakiety są odpalone. Nie wiemy jeszcze, gdzie lecą.

Oficerów dyżurnych jest trzech. Główny z nich ma po jednej słuchawce przy każdym uchu. Impuls wybuchu wykryły amerykańskie sately wywiadu umieszczone na orbicie okołoziemskiej. Od chwili odpalenia rosyjskich rakiet, pięciu sekund potrzeba, by przekazały informacje właśnie tu, do Centrum Dowodzenia NORAD. Teraz 26 stacji radarowych w Ameryce, ponad 20 stacji na Alasce i również ponad 20 w Kanadzie, obejmujących kontynent jak olbrzymie koło ratunkowe, śledzą trajektorie ich lotu.

– Ile czasu ma Prezydent? – szepczę, choć w ciszy zdaje mi się, że brzmię jak przez megafon. Oficer kręci przecząco głową. Rozumiem, że informacja jest tajna.

– 18 sekund. – Słyszę głos innego oficera. – *Off the record.*

18 sekund, aby podjąć decyzję o kontrataku – od momentu, w którym ustalimy, że rakiety lecą w naszym kierunku. To wyjaśnia czerwony telefon przy uchu głównego oficera.

– *Zero, zero, zero, one, xray. DSP reporting identification....*

Patrzę na ekran oficera dyżurnego. Małe, czerwone kółeczko w okolicach centralnej Syberii. Minuteman III lecą z szybkością 24 większą niż dźwięk. Rosyjskie nie są gorsze. W tym tempie przelecą poprzez terytorium Polski w mniej niż 30 sekund. Alarm w NORAD stawia na nogi Pentagon i otwiera skrzynki z kluczami trzymającymi w ryzach rakiety Minuteman w silosach Wyoming.

Świat stoi na krawędzi atomowej zagłady, choć w Nowym Jorku, na Queensie, nikt tego jeszcze nie wie. Ludzie jak zwykle robią zakupy, jak zwykle wyzywają się w kilometrowych korkach. Przypomina mi się, jak przed wjazdem do tunelu Lincolna, łączącego Manhattan z New Jersey, doszło do takiego oto incydentu: Człowiek zajechał Człowiekowi drogę. Człowiek „zajechany" tak się zdenerwował, że wyjął pistolet, wysiadł z samochodu, podszedł do sprawcy i go postrzelił. Postrzelony z kolei tak się zdenerwował, że wysiadł z samochodu i udusił strzelającego. W innym zdarzeniu, na Brooklynie, do kierowcy autobusu podszedł zdenerwowany pasażer i powiedział, żeby ten jechał szybciej, bo mu się śpieszy. Kierowca nie zareagował. Śpieszący się Człowiek wyjął nóż i wbił go w plecy kierowcy. Kierowca tak się zdenerwował, że wyjął ów nóż i przebił nim napastnika. Napastnik zmarł po dowiezieniu do szpitala. Chryste Elejson.

Zero, zero, zero, one, xray.
DSP reporting identification....

Nie ulega najmniejszej wątpliwości, że góra Cheyenne jest na liście celów rosyjskich SS20. Centrum operacyjne kompleksu utrzymuje łączność z ponad setką systemów komputerowych kluczowych dla Obrony Stanów Zjednoczonych włączając Pentagon i komputery Ogona Numer Jeden – jak się potocznie nazywa samolot Prezydenta. NORAD to jest nerw Ameryki. 24 godziny na dobę, 7 dni w tygodniu, 365 dni w roku 800 ludzi we wnętrzu tego grobowca spogląda w niebo. Tu widać było nawet rakiety Scud wystrzeliwane przez Irakijczyków w czasie operacji Desert Storm. Tu także docierają zdjęcia satelitów szpiegowskich, które z Kosmosu mogą fotografować obiekty wielkości pudełka do butów. Tu także obserwuje się cały kosmiczny śmietnik; sowieckie Sputniki i amerykańskie satelity komunikacyjne, które powoli pokrywa kosmiczna rdza. Centrum Kontroli Kosmicznej NORAD powstało w 1994 roku. Ma 13 stacji radarowych na całym świecie. Prowadzą one obserwację ok. 8 tys. aktywnych obiektów, które znajdują się w przestrzeni okołoziemskiej plus 3 razy tyle obiektów, które uznane są za kosmiczny śmietnik, jak pokazywany mi wcześniej fragment Apollo 5 z 1968 roku, który spadł na pole w Kolumbii. Każdego dnia w przestrzeń powietrzną Stanów Zjednoczonych spada 7.5 tys. różnej wielkości obiektów włączając meteoryty. 2.5 miliona obiektów rocznie. Każdy z nich otrzymuje właśnie tu pozytywną identyfikację. Mimo tych zabezpieczeń, każdego roku ok.

670 punktów przybywających z Kosmosu, które pojawiają się na radarach NORAD, pozostaje określone mianem *Unidentified Flying Objects.* UFO.

Z zadumy wyrywają mnie raptowne, nakładające się na siebie komendy:
– *...On the azymuth of 034 degrees from o Khamczatka. It's a No Threat-Event. Repeat: A No Threat Event.* Na azymucie 034 stopni z Kamczatki. Nie ma zagrożenia. Powtarzam. Nie ma zagrożenia
– *SINC NORAD assesment: No ICBM. No.* Dowództwo NORAD potwierdza: Nie ma zagrożenia.

– Tym razem, to tylko ćwiczenia – uśmiecha się major Birmingham podając mi plastikowy kubek z ciepłą kawą. – Ale tak by to wyglądało, *you know.* Słowo w słowo. Sekunda po sekundzie.

Będziemy nakładać głowicę nuklearną na rakietę
Minuteman

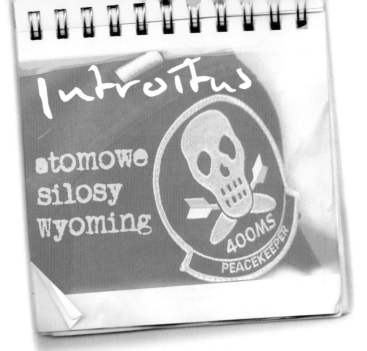

atomowe
silosy
wyoming

400 MS
PEACEKEEPER

O twieram metalową przykrywę i schodzę wąskim, pionowym tunelem 10 metrów w dół po metalowych stopniach wystających z betonu. Kiedy moje stopy dotykają podłogi, odwracam się i staję oko w oko z okrągłym, zewnętrznym korpusem wyrzutni. Obchodzimy go dookoła, aż widzę przed sobą niewielki otwór. Spoglądam do środka i ...zamieram. W ciemności lśni przede mną na wyciągnięcie ręki głowica nuklearna rakiety Peacekeeper. Wiem, że za jej połyskliwą pokrywą znajduje się 10 nuklearnych głowic, z których każda zdolna jest unicestwić życie w sensie, w jakim je znamy, w promieniu horyzontu dookoła. Widok jest tak niezwykły, że przez moment myślę, że jestem w jakimś kosmicznym lunaparku. Śmierć zamknięta w połyskliwym metalu *Made in Lockheed Martin.*

Ktoś trąca mnie w ramię. Dostaję pasy bezpieczeństwa, obok ręce zaczepiają metalowy kosz do prac na wysokości. W dole przede mną czeka jakieś 50 metrów lotu. Wciągam się rękami do środka. Łapię kamerę. Oficer obok naciska dźwignię. Powoli, centymetr po centymetrze, posuwamy się po ścianie silosu centymetry od powierzchni rakiety. Raptem coś ciągnie mnie za ramię. Odwracam się i dostrzegam zaczepiony przewód kamery. Sięgam, by go odczepić, robię to zbyt gwałtownie, elektryczne krzesełko odbija się od ściany silosu i uderza w korpus rakiety...

– *Take it easy* – Spokojnie, mówi oficer Bandert – Cały ten silos zawieszony jest na resorach. Rakieta odpali, nawet jeśli dookoła rozpęta się atomowa wojna i silosem będzie bujać metr w górę i metr w bok.

Mówię OK, ale odtąd jestem uważniejszy. Nie chciałbym, mimo wszystko, rozpętać atomowej wojny łokciem.

*Uzbrojony w kamerę zjeżdżam po powierzchni Minute-
mana. Poniżej - oko w oko z nuklearną głowicą*

więc prerie Wyoming. Jak u Baczyńskiego: Płasko, daleko...

Jest zima. Za dwa dni skończy się stulecie. Świt dosięga mnie szpadą krwawosinego rosyjskiego słońca przebijającego nitkę horyzontu. Kiedy wypadam na autostradę 25, zostawiając za sobą światła Denver, przypomina mi się, że ostatni raz takie słońce widziałem nad parującym o świcie syberyjskim Amurem na drugiej półkuli świata. Kyrie Elejson.

Ostatni dzień starego millennium. Jadę po śmierć. Jadę tam, gdzie 50 metrów pod powierzchnią ziemi w betonowych silosach drzemią atomowe rakiety Minuteman, czekając na swój czas. Odwracam głowę i nie mogę się oprzeć. Zjeżdżam na boczną drogę, potem lekko pod górę olbrzymiego, ciągnącego się do horyzontu *plateau*, za którym wschodzi słońce. Zatrzymuję auto i skręcam to ujęcie (następna strona).Patrzę przez obiektyw, jak rodzi się dzień. Zwykle „kleję" się do kamery, ale teraz pozwalam taśmie się kręcić, zaś sam wciągam głęboko w płuca powietrze i ogarniam wzrokiem pejzaż.

W przestrzeni na pozór niezmąconej ręką człowieka od początku świata, pasą się krowy. Spoglądają na mnie swymi pięknymi głowami, ruszając powoli żuchwami. American Longhorn różnią się od naszych, polskich krów proweniencją i stylem życia. Tutejsze, potomkowie *Bos primigenius,* wymarłych w XVII wieku afrykańskich praprzodków krów, spędzają życie na prerii. Tu rodzą się i tu (głównie samice) umierają. Przybyły

Prerie Wyoming, gdzie ukryte są atomowe silosy rakiet Minuteman

tu z Europy na Karaiby zwane wtedy Indiami Zachodnimi w 1493 roku na statkach Columba. Do dziś teksańskie Longhorny (Długorogie), używane w spektakularnych rodeo, są najczystszej krwi potomkami tamtych przybyszów. W XVII wieku do Ameryki przybyły brytyjskie *Shorthorny* (Krótkorogie), zaś po Wojnie Secesyjnej tradycyjne spędy bydła z przepełnionych *ranch* Texasu na prerie Kansas zaowocowały nie tylko stworzeniem postaci *cowboya,* ale i wymieszaniem ras, pozostawiając te oto spektakularne i pozornie tylko ociężałe stwory gromadzące się teraz zaciekawione przede mną. Nie zagrażamy sobie nawzajem, ale wiem, że te kilkanaście stóp dystansu między nami jest tu granicą bezpieczeństwa. Longhorny bywają niebezpieczne zwłaszcza, gdy mają u boku małe. Tu widzę kilkoro potomstwa schowane przed dokuczliwym zimnem wiatru za druciakami krzewu *sagebrush.* Są piękne, jak ich mamy, dziewicze jak preria.

Za nimi płaty wielkich, wysokich na cztery piętra powietrznych wiatraków, biją poranny chłód. Słyszę miarowy świst powietrza, jedyny dźwięk w grobowcu ciszy. Wiem, że gdzieś pomiędzy pionowymi liniami wiatraków, punkcikami krów pasących się na przestrzeniach prerii, a kreską horyzontu, znajduje się ok. 250 głębokich na kilkadziesiąt metrów, betonowych piwnic. W ich wnętrzu, przykryty 110-tonową czapą pneumatycznej pokrywy stoi gotowy do odpalenia kadłub stalowej śmierci.

Jest krótko po szóstej rano, kiedy zjeżdżam z autostrady do miasteczka Cheyenne. Jak w latach komunistycznej Polski tak i tu, tyle że dziś, straszą nazwy ulic: Pershinga, Rakietowa, Kosmonautów. Baza powstała w 1867 roku jako przyczółek armijny amerykańskiej kawalerii. Dziś odpowiada za najpotężniejszą siłę rakietową na świecie: 50 rakiet Peacekeeper i 150 rakiet Minuteman III zakopanych w silosach w Wyoming, Nebraska i Colorado.

3650 osób czuwa nad snem tych rakiet, po dwie osoby zmieniające się co 24 godziny tkwią w tych norach pod ziemią 24/7/365, czyli 24 godziny na dobę, siedem dni w tygodniu, 365 dni w roku. Dziś mam się stać jedną z nich. Pierwszy dziennikarz w historii.

Komandor Thomas: "Mój przyjaciel, Max Kolonko"

O 7 rano przebrany w mundur 90. Skrzydła zasiadam z grupą ok. 200 oficerów na porannej odprawie. Przychodzi sam komandor Thomas: Mój przyjaciel, Max Kolonko – przedstawia mnie. – Polski Charles Kuralt (legendarny Kuralt miał program w CBS, "Poprzez Amerykę"). Zmiana wita mnie oklaskami i robi mi się miło, mam poczucie przynależności do tej grupy tutaj, anonimowych ludzi trzymających ręce na bezpieczeństwie świata. Ale komitywa trwa krótko. Muszę opuścić salę: odprawa jest

Z takim pilotem mogę polecieć na koniec świata...

ściśle tajna.

Godzinę później czarny cień helikoptera przesuwa się po wąwozach zaśnieżonej prerii. Jest nas pięciu. Lecimy do miejsca, którego nie ma na żadnej z tradycyjnych map. Polowego centrum dowodzenia grupą 250 silosów trzymających na uwięzi atomowe rakiety ICBM. Lecimy nisko nad ziemią, pod nami nie ma nic prócz nor królików. W końcu w szczerym polu dostrzegam ogrodzenie siatki okalające kwadrat 100 na 100 metrów najeżony tablicami *No Trespassing*. Wstęp Wzbroniony. Nie ma żywego ducha. Helikopter siada puszczając w powietrze płaty zmrożonego śniegu. Chyląc głowy, wybiegamy z wnętrza prosto w wyrastającego jak spod ziemi, salutującego wojskowego, który jedną ręką bije w czapkę, drugą wyciąga skaner Garretta: ręce w bok, odwróć się, *please, next....*

Ktoś podnosi telefon bez tarczy wiszący w budce na płocie. Łączy tylko z jednym numerem po drugiej stronie ogrodzenia. Brama się odsuwa i wchodzimy do środka obiektu. Barak. Garaże. Anteny. Obręcz do gry w kosza.

– Chłopaki po zmianie lubią się trochę rozerwać – tłumaczy mój opiekun.

W środku jest kuchnia, siłownia, stół bilardowy, stołówka i pokój do spania. Komputer, telewizor. Komfort wojskowy. Na ścianach zawieszone wojskowe mapy. Rząd karabinów M16 rozpiętych jak parasolki. W Centrum co trzy dni mieszka inny kucharz, inny szef placówki i inny strażnik. Co 24 godziny dwóch ludzi trzymających 50 metrów pod nami ręce na atomowych pokrętłach, zmienianych jest przez nową wartę.

Zmiana przyjeżdża z dokładnością szwajcarskiego zegarka. Czarna półciężarówka. Czarne szyby. Dwóch ludzi w słonecznych okularach, dwie czarne walizki z napisem: Nie Otwierać. Własność USAF.

Hollywood – myślę. Ale to jest prawdziwe. Tu nie ma aktorów. Tu scenariusze są napisane. Znajdują się w Kodeksie zebranym w trzy grube książki opisujące każdy ruch tych ludzi w każdym z możliwych wariantów sytuacyjnych.

Wchodzimy do windy. Zamyka się za nami podwójna siatka drzwi. Zjeżdżamy ok. 30 metrów. Przed nami piętrzy się ściana pomalowanego na kremowo metalu z wystającą z niej kierownicą pokrętła. Major kręci nią niczym kapitan Titanica i po chwili jesteśmy we wnętrzu bunkra. Tu, w przedpokoju do centrum operacyjnego silosu rakiety Minuteman, mieści się elektrownia zasilająca tę minibazę w energię, oraz generatory diesla zdolne do wyprodukowania niezależnej energii w razie atomo-

Lecimy do miejsca, którego nie ma na żadnej z tradycyjnych map...

Stanowisko silosa rakiety Minuteman. Tylko na preriach Wyoming jest ich kilkadziesiąt

Helo odlatuje, czekają na mnie w środku...

wego ataku. Gdyby i one wysiadły, rakiety Międzykontynentalne odpali energia pochodząca z baterii znajdujących się pod podłogą siedzących za atomowymi pokrętłami oficerów. W silosie obowiązuje reguła Podwójnej Kontroli; każdy, kto tu wchodzi, musi mieć eskortę dwóch osób.

Kolejne drzwi pancerne i dostrzegam sylwetkę Oficera Dyżurnego. Mimo, że wszyscy tu się znają, następuje sprawdzenie dokumentów tożsamości z listą, którą trzyma przed sobą. Dopiero wtedy wyciąga rękę.

– Dzień dobry. Załoga RK 123 wita w Kapsule Oscar. Ściany po lewej i prawej stronie mają przewody pod napięciem. Trzymajcie ręce z dala od pokręteł i przełączników. Zrozumiałe?

Za tymi drzwiami znajdują się atomowe przyciski Ameryki

A więc tak to wygląda – myślę, kiedy wchodzę do Centrum LCC (Launch Control Center), długiego, wąskiego pomieszczenia z dwoma stanowiskami, za którymi siedzą ludzie, którzy trzymają ręce na atomowych przyciskach. Każdy z nich przypięty pasami do fotela, przed każdym klawiatura migocących światełek.

– Na tym ekranie wyświetla się wiadomość, która mówi nam, co mamy robić – objaśnia mój opiekun. – Może pochodzić jedynie od dwóch osób: Prezydenta albo NSA (*National Security Advisor*, Doradcy ds. Bezpieczeństwa Narodowego). Na tym zaś ekranie widać status rakiet ICBM znajdujących się pod naszą kontrolą. W tej placówce odpowiadamy za rakiety od numeru dwa do jedenaście. Informacja przychodzi do nas trzema sposobami: drogą naziemną, przez zwykły telefon, drogą satelitarną i tzw. Łącznością Bezpieczną (szczegóły tej komunikacji są utajnione). Jeśli z jakichś powodów przesłanie informacji tymi sposobami jest niemożliwe, otrzymamy informacje od prezydenta z Powietrznego Centrum Dowodzenia, które krąży nad nami 24/7.

Oficerowie dyżurni siedzą tu pod ziemią 24 godziny na dobę. Przepisy pozwalają im na 6 godzin odpoczynku na zmianę, na jednym łóżku znajdującym się za kotarą. Jest też lodówka na prowiant i kuchenka mikrofalowa, dzbanek na kawę. Cały ten podziemny bunkier zawieszony jest na czterech teleskopach, które mają utrzymać stabilizację w razie kontrataku nuklearnego. Aby oficer dyżurny nie wyleciał z fotela pchnięty siłą podmuchu, miejsce w którym siedzi, ma obowiązkowe pasy bezpieczeństwa.

Zapinam się w fotelu i przysuwam do pulpitu. Mam uczestniczyć w procedurze odpalenia głowic nuklearnych. Mam wywołać zagładę świata.

Przeciwnie niż pokazują to filmy Hollywoodu, tzw. Atomowe Przyciski w istocie nie istnieją. Atomowe rakiety odpala przekręcenie klucza. Klucze spoczywają w skrzynce nad moją głową z dwiema broniącymi doń dostępu kłódkami. Nie może także odpalić ich jedna osoba. Do odpalenia głowicy potrzebnych jest dwóch ludzi i dwie pary rąk wykonujących czynności jednocześnie. Jedyne, co robią, to włączają ich zapłon. Sygnał wysyłający je w podróż nie leży w ich gestii. Tak jakby odciągnąć cyngiel pistoletu. Na spust natomiast naciska kod otrzymany od prezydenta.

Tak wygląda jedna z głowic nuklearnych znajdujących się
we wnętrzu rakiety Minuteman

Obchodzę rakietę Minuteman. Tylko jedna unicestwi życie
w promieniu kilkuset kilometrów dokoła

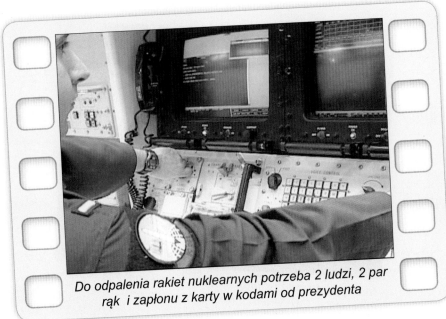

Do odpalenia rakiet nuklearnych potrzeba 2 ludzi, 2 par rąk i zapłonu z karty w kodami od prezydenta

Trzymam ręce na atomowych przyciskach

Dies Irae

zuję się jak we śnie. Jest koniec tysiąclecia. Ostatnia noc starego roku. Losy zagnały mnie nie na taneczne parkiety wielkiego miasta, a właśnie tu; w środek Niczego, na prerie Wyoming niegościnne nawet dla samotnych kojotów. Siedzę za pulpitem odpalającym atomowe rakiety międzykontynentalne, spoglądam ponad ekran, dostrzegam maskotkę muppeta Oscar The Grouch zatkniętą między elektroniczne panele decydujące o życiu i śmierci świata. Głos komandora brzmi w ciszy donośnie. Jest lakoniczny, jak głos lekarza opisującego zabieg operacyjny.

– OK. Otrzymuje rozkaz natychmiastowego odpalenia wszystkich rakiet międzykontynentalnych. Podaje kod: Alfa, Bravo, Charlie, Delta, Echo...

– *OK. I have a message: For Alert Force, I have Launch All Intercontinental Ballistic Missles ASAP. Unlock codes are: Alpha, Bravo, Charlie, Delta, Echo...*

Komandor sprawdza, czy informacja, która wyświetla się na ekranie, podająca kombinacje liter i cyfr, zgadza się z gorącą linią od NSC albo prezydenta.

– Mam rozpoznanie ważności. Wiadomość jest ważna.

– *I have determination on validity. Valid message.*

Sprawdzam kombinacje. Zgadzają się.

– Zgadzam się. *I agree* – Po drugiej stronie kabli rozmawia z nami prezydent Stanów Zjednoczonych. Słyszę krotki ostry dźwięk.

(Podaje pełne brzmienie procedury odpalenia głowic nuklearnych w języku angielskim, tak jak je zarejestrowała moja kamera. Zapis podawanych komend jest autentyczny, kompletny i wcześniej nie publikowany.)

– Krok Pierwszy: Klucze Odpala-   – *Step One: Launch Keys.*
jące rakiety.

Sięgamy po kłódki. Otwieramy je kluczami, które mamy na szyi. Komandor górną, ja – dolną. Dwa zwykłe klucze firmy Masters.

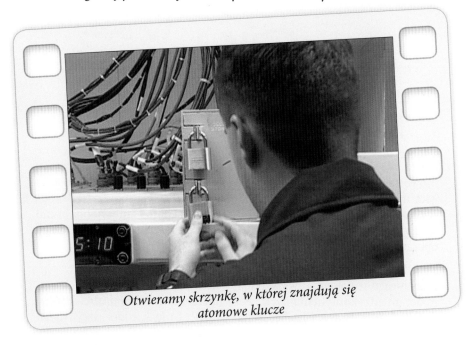

Otwieramy skrzynkę, w której znajdują się atomowe klucze

– Wprowadzamy kody odbezpie-   – *Inserting the unlock codes.*
czające wyrzutnie.

Komandor podaje komendy, ja je potwierdzam. Mamy wprowadzić otrzymane kombinacje kodów do komputera uruchamiając wyrzutnie. Innymi słowy mamy wyrwać rakietę ICBM z jej atomowego snu.

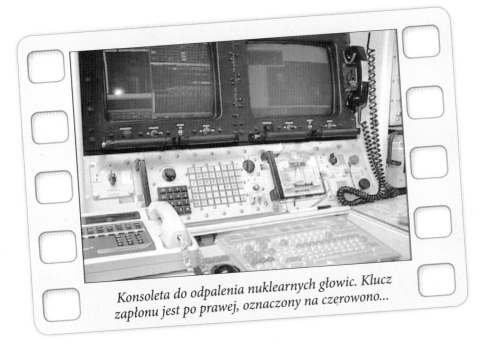

Konsoleta do odpalenia nuklearnych głowic. Klucz zapłonu jest po prawej, oznaczony na czerowono...

   – *I have: Alpha, Bravo, Charlie, Echo, Delta, Foxtrot.*

   – Potwierdzam: *Alpha, Bravo, Charlie, Echo, Delta, Foxtrot.*

   – *That looks good.* Wygląda dobrze.

Powtarzam czynności komandora obok: Podnoszę plastykową przykrywkę osłaniającą pokrętło z napisem Enable Switch. (Pokrętło Zapłonu). Przekręcam nim w prawo, aż zaskakuje w zawleczkę oznaczoną pozycją LOCKED.

   – *Enable Switch down in Locked.* Klucz zapłonu gotowy.

   – Potwierdzam: Klucz zapłonu gotowy.

Odtąd atomowe silosy Wyoming, Nebraski i Colorado są już żywe. 250 rakiet ICBM, każda po 10 nuklearnych głowic. Mogą zabić świat kilka razy. Są odbezpieczone i gotowe do lotu. Wszystko czego im potrzeba to zapłonu. Ten przyjść ma teraz od prezydenta. My mamy tylko podać te iskrę.

– *Enable press intiate key.* Aktywować klucze zapłonu.

Wkładamy klucze do stacyjki. Dopiero teraz widzę, że trzęsą mi się ręce. Przerażająco długo celuję w otwór. Klucz ślizga się w moich spoconych dłoniach jak szczupak i raptem wymyka się z ręki. Łapię go ponownie i tym razem od razu umieszczam w stacyjce. Komandor nie mówi jednego słowa. Czeka.

– *Initiated.* Aktywowany. – Mówię, czując, że pot dosłownie leje się ze mnie. Ruszam powiekami, żeby strącić krople cisnące się do oczu. A może to łzy?

– *OK. We've got a good one.* Mam   – *I agree.* Zgadzam się.
dobre rozpoznanie

– *Standing by for the Enables.* Czekam na Sygnał
(od prezydenta odpalający rakiety).

Ręce na atomowych kluczach Ameryki.
Za chwilę odpalę rakiety nuklearne USA

Siedzimy. Czekamy. Obie ręce na pokrętłach. Lewa na kluczu. Prawa na przełączniku. Na elektronicznym zegarze obok śmigają rzędy czerwonych cyferek. Jest absolutna cisza. Tylko prezydent może to jeszcze zatrzymać. Może zadzwonić po gorącej linii do Putina, czy coś , zapytać: *Vladimir, what's up, man, czto ty,* nie dajmy się zwariować, dwie trzecie ludzkości przestanie istnieć, pomyśl o wschodzie słońca nad Amurem, chłopie, pomyśl jak całowałeś Ludmiłę w bramie akademika, pomyśl o Ermitażu, Rzymie, Bagdadzie i Baśniach z Tysiąca i Jednej Nocy.

Raptem seria ostrych dźwięków. *Beep... Beep... Beep...*

– *Enable command is out.* Komenda odpalająca rakiety przyjęta.

To koniec. A więc tak wygląda koniec świata. Żadnych szaleństw. Trąb Anielskich i hymnów Narodów Zjednoczonych. O 8:39 wieczorem. Czy mógłbym się zawahać? Czy mógłbym powiedzieć nie? Czy mógłbym wstać teraz od tego pulpitu śmierci i powiedzieć: *That's it, George,* Nie mogę, stary, wybacz. Tam są ludzie których boli głowa, którzy myślą, że jutro przyjdzie sen po kolejnym dniu. Mam wyobraźnię, wiesz, chcę zadzwonić do Mamy, pożegnać się, wiesz, miałem powiedzieć dziewczynie, że ja kocham i rodzicom, że dawałem im za mało...

– *Showing 4 enabled*, 8,9,10,11... Odbieram: czwórka gotowa do odpalenia, 8, 9, 10, 11 – czyta komandor, gdy po kolei, jeden po drugim, zapalają się na czerwono prostokąty na ekranie komputera przed nami. Głowę rozsadza miarowy, stały sygnał *beep, beep, beep....* jakby rakiety same mówiły do nas: Uważaj stary, bo się stąd urwiemy, jeszcze możesz zamknąć nad nami czas... jak samochód, który jeszcze stoi w miejscu, ale koła już ślinią się po asfalcie zostawiając obręcze dymu, czekają na wypuszczenie sprzęgła uwalniającego je z uwięzi.

– *OK. I see all the sorties are enabled.* Wszystkie rakiety gotowe do startu.
    – *I agree.* Zgadzam się.

– *OK. Hands on Keys.* Ręce na kluczach

– *Hands on Keys.* Ręce na kluczach – odpowiadam. Trzymam teraz w lewym ręku klucze odpalające rakiety, w prawym przełącznik dający im zapłon.

– *Key turn on my mark.* Przekręć klucz na komendę. Trzy. Dwa. Jeden. *Mark.*

Startu nuklearnej rakiety nie zatrzyma już nic...

Przekręcam. Cisza. Krótki, elektroniczny sygnał. Nad nami, w mniej niż pół sekundy, odskakują olbrzymie 700-tonowe przykrywy z żela-zobetonu. Z szerokiego pięć na pięć metrów silosu wydostają się kłęby dymu i ognia na którym, przecząc zasadom grawitacji, staje korpus ra-kiety Peacekeeper. Powoli nabiera tempa i kierunku. Nie zatrzyma jej już nic.

– *OK. Standing by for launch idications.* Czekamy na potwierdzenia odpaleń... *Echo 6 and 7 launch in process...* Szóstka i siódemka startują....

– *I agree* – Zgadza się – odpowiadam sucho, obserwując, jak po kolei prostokąty z napisem ARMED (rakieta uzbrojona) zamieniają się na MISSLE AWAY (rakieta odpalona).

Robi się cicho. Milkną dźwięki elektronicznych sygnalizatorów. Ciemność rozświetla jedynie pulpit komputera pulsujący miarowo czer-wonym światełkiem: MISSLE AWAY. Dopiero teraz zauważam, że od chwili, kiedy zapiąłem pasy minęło zaledwie kilka minut. Kilka minut, które dzieliły dwa różne światy.

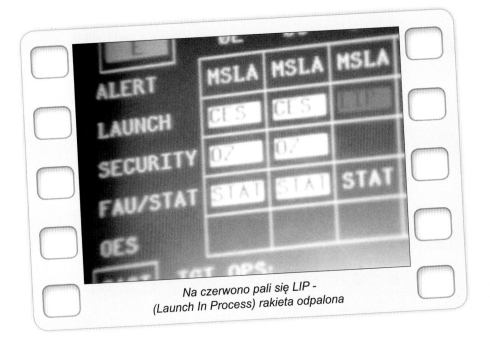

Na czerwono pali się LIP -
(Launch In Process) rakieta odpalona

– *Echo 4: Missle away.* E- 4 Rakieta odpalona.

– *I agree Echo 4: Missle away.* E4. Rakieta odpalona.

– *All sorties are LIP. All commited.* Wszystkie rakiety są LIP (Launch in Process, W Trakcie Odpalania).

– *I agree.* Potwierdzam. .

– *OK. The entire squadran is committed.* Cały szwadron zaangażowany. *Do you agree?*

– *I agree.* Zgadza się.

Komandor odpina pasy. Odpręża się w fotelu. Mamy może osiem minut życia. W naszym kierunku pędzą już rakiety przeciwnika. Śmierć przyjdzie szybka, jak w tym wierszu, który napisałem kiedyś w ogólniaku.

Myślę o moim życiu. Jest mi dobrze z tamtym minionym czasem. Nie żałuję niczego. Nawet tego, że nie przycisnąłem Caroline do ściany pewnego jesiennego wieczoru. I że nie sprzedałem akcji Corel Inc., nim spadły na łeb na szyję. Przypomina mi się zarys Gór Krew Chrystusa pewnej surowej jesieni. I widok sennych ust Weroniki nad ranem. Tyle tajemnic, których nie poznam. Tyle obrazów, których nie zobaczę. Tyle przeżyć, których już nie przeżyję.

Po preriach Wyoming hula zimowy wiatr. Mały, może czteromiesięczny cielaczek tuli się do burej bryły ciała mamy. Musi przeżyć do rana. Potem do następnego zmierzchu. Zmęczona mama już dawno śpi. Jej miarowy oddech kołysze mu głowę do snu. Zamyka już niemal oczy, kiedy dostrzega olbrzymią purpurową łunę ciągnącą kitę dymu przez kopułę czarnego nieba. Przez moment blask zapala jego brązowe, przerażone, szeroko otwarte oczy. Ale płomień wznosi się do nieba i tam niknie za nisko wiszącymi chmurami grudnia. Potem cielaczek opuszcza głowę i sadowi ją wygodnie w półkolu matczynego biodra i ponownie, poprzez senne powieki, przygląda mi się.

Dopiero teraz zauważam, że moje spodnie nabierają wody od stopionego śniegu. Jestem na klęczkach, palce ciągle wyciskają śnieg i błoto. Ile minęło czasu odkąd wypadłem z samochodu na to dziewicze pole, nie wiem. Gdyby nie fakt, że słyszę sygnał otwartych drzwi samochodu myślałbym, że spadłem z nieba. Zwierzęta ciągle spoglądają na mnie zapalonymi na brązowo oczami, słyszę dobiegające z samochodowego kompaktu kaskady Requiem Mozarta. Czy był to sen? Czy to wszystko zdarzyło się naprawdę? Czerwona Łuna nad moją głową, Kapitan Smith i Pocahantes, Liz Taylor i John Sutter, Ashley od podkoszulków Marfy i Komandor podający przepis na Śmierć?

Wstaję, otrzepuję spodnie i wsiadam do Jeepa, choć mam wrażenie, że uczestniczę w jakimś filmowym *deja vu*. Chcę zastanowić się nad tym, ale potem myślę, że lepiej, że jest, jak jest.

Przekręcam klucz w stacyjce zupełnie tak, jak wtedy, kiedy posyłałem do piekła pół tego świata. Znów jestem w drodze. Nie wiem, gdzie mnie zaprowadzi. Do jakiego ołtarza gór, do jakiego źródła poznania. W Ameryce przeżyłem całe moje dorosłe życie. Ameryka była moim przeznaczeniem. Jedyna kochanka, która mnie uwiodła nie bijąc potem w pysk. Pozwoliła mi przeżyć Boga i Szatana. Poznać szczęście i nienawiść. Ale wtedy przed ołtarzem gór Sangre De Christo byłem sam. I teraz zostałem sam. Boga przeżywa się inaczej samemu. Zapada w otchłanie sumienia jak głos w słuchawce, którego brakuje. Ciepłego *How are you?* pod koniec dnia. Poznałem tu tylu ludzi, że mógłbym nimi obdzielić dwa życia. Przychodzili i się żegnali, wyciągali ręce i chowali pięści. Całowali i odchodzili. Mówili *hello* i mówili *goodbye*. Zostawiałem za sobą dziewczyny i przyjaźnie, braci i siostry, kurwy i dziewice. W końcu zostałem sam z kamerą, moja jedyną, najwierniejszą towarzyszką.

Widziała wszystko, cierpliwa, jak matka. Nie skarżyła się na nadgodziny i długi zdjęciowy dzień. Siedzi teraz obok mnie na przednim siedzeniu Jeepa Cherokee, przypięta pasami, pędzi Highwayem 9 i trzyma światełko *record*. Myśl jak „poklask wielkich dłoni": skręcić kołami w otchłań. Nikt nie zauważy. Nikt nie zwróci uwagi. Nie zadzwoni po 911. Nie zadzwoni do domu. Bo jego tu nie ma. I mimo tylu ludzkich istnień pomiędzy, nigdy tu nie było. Amen.

Nowy Jork, 23/11/2005 godz 12.56.

Tęsknota

eżeliśmy na łące. Ona na Long Beach, ja na łachach nad Wisłą. Była amerykańską Żydówką rosyjskiego pochodzenia i wysiłek zrozumienia opowiadanych jej rzeczy wyrażał się w mrużeniu oczu i marszczeniu czoła. Rysowałem przed nią krajobrazy. Na przykład taki: „Nasze boisko jest od cmentarza do ulicy. Gramy tam w piłkę, którą dostałem na Komunię. Nie jest w groszki, jak zawsze chciałem, a w paski; rodzice utrzymywali, że innych nie było w mieście. Trampki wszyscy oszczędzaliśmy na lekcje gimnastyki w szkole, a w butach grać nie pozwalałem bo twarde zelówki, zwłaszcza Romka, zostawiały na piłce rysy. Graliśmy więc boso, aż kiedyś Witek albo Romek, nie pamiętam, wybił mi tym swoim butem palec u nogi. Nim się zagoił minęły wakacje, potem nastała zima, a następnego lata wszyscy marzyliśmy już o rowerze, którym pewnego ranka przyjechał do szkoły Witek. Piłkę trzymam pod szafą do dziś. Nie ma powietrza, a gdy ją potrząsam w środku grzechocze wyschnięta dętka. Wystarczy, że zagłębię palce w wytarte miejsca szwów i znów jestem tam, na tamtym boisku, którego już nie ma. Pochłonął je cmentarz, który dziś rozciąga się w moim rodzinnym mieście do samej ulicy."

Albo taki:

„Moją mamę pamiętam, jak stała przed sklepem z siatką oczekując na mleko, kiedy tato odprowadzał mnie do przedszkola. W domu nie mieliśmy zabawek, więc kradłem je stamtąd i chowając je do rękawa przynosiłem do domu i układałem pod stołem, tam był wtedy mój świat. Każdy niekształtny przedmiot miał swoją nazwę i wyobrażenie, a dostane od Św. Mikołaja specjały szybko traciły głowy, koła, śrubki. Nie miałem ich wiele, nie pozwalałem się nimi bawić nikomu i dlatego pewnie nie miałem przyjaciół. Pewnego ranka przyjechała ciocia, uznała je za bałagan i wyrzuciła to wszystko na śmietnik. Obiecałem sobie wtedy, że nie wybaczę jej tego do końca życia. Potem nie miałem na to czasu, a teraz nie wiem nawet czy jeszcze żyje, jak wygląda i gdzie mieszka, więc już chyba tak zostanie. Od tamtej pory chodziłem na podwórko, gdzie stał rower bliźniaków i ciągle biłem się z nimi o ten ich rower, a mimo że byli bliźniakami, byłem silniejszy, więc pani W., ich matka do południa i pan W. po południu, stale zganiali mnie z niego na zmianę. Pamiętam także taki widok z okna: szeroki las pod górkę, u podnóża której stał gołębnik pana G., który mieszkał nad nami, był kulawy, a w jego domu wisiały święte obrazki kolorowane przez jego żonę, klatki ze słowikami i ramy z dyplomami za te słowiki, które przekomarzały się z kukułką wyskakującą co godzina z dużego, głośno tykającego zegara. On do tych ptaków stale gadał i gwizdał z nimi, a myśmy z Tomkiem, jego synem, grali na grzebienie na pieniądze, kiedy nie widział. Nie lubiłem tam chodzić, bo przegrywałem, jego ojciec się wtedy złościł na mnie bo nienawidził swego syna, teraz to wiem, ale wtedy jego niezrozumiałą dla mnie sympatię poczytywałem za krytykę mych umiejętności. Nie lubiłem tego miejsca także dlatego, że śmierdziało tam starością i powietrzem ruszanym jedynie wahadłem ściennego zegara. Wisiały więc te klatki, stał stół, my graliśmy na nim na grzebienie, a on chodził gwizdał i stukał ta swoją kulawą nogą nawet, gdy było późno po północy w takt tykania tego cholernego zegara z jeszcze jednym ptakiem więcej i słyszałem to wszystko drżąc ze strachu pod pościelą w moim pokoju piętro niżej wodząc oczami po jaśniejącym w mroku suficie, aż kiedyś wszystko ucichło. „Umarł stary G." - powtarzali wszyscy w domu, a ja cieszyłem się w duchu, że nikt nie będzie mnie już straszyć po nocy.

Jego syna, z którym grałem na grzebienie, spotkałem 30 lat później pod świeżo otwartą budką ze starym piwem. Był wstawiony, gruby, miał przekrzywione okulary spod których płynęły dwie strużki potu i zapraszał na kufla. Obok niego stali bliźniacy z którymi biłem się o rower i podrywali jedynaczkę tej, co się otruła 20 lat temu. Piłem piwo, obserwowałem bliźniaków i zastanawiałem się, dlaczego to nie ja trzymam w ramionach jedynaczki i dlaczego nie chodzę z Tomkiem od grzebieni na piwo? Dlaczego ojciec i matka bliźniaków zginęli w katastrofie lotniczej lecąc do kraju, który jest teraz moim domem i dlaczego ja sam nie wybiegnę teraz na ulicę i nie wsiądę do tramwaju, który zmieni całe moje życie i jeśli tak zrobię, czy nie będzie to gwałtem na kolei rzeczy?

Zapaliłem papierosa. Słońce miało się już ku zachodowi. Uśmiechnąłem się na myśl, że gdzieś tam ten zachód jest wschodem i że nikt tego nie mógł lepiej wymyślić. Narysowałem jej jeszcze jeden krajobraz z kraju, do którego udawało się słońce.

„Rozlana rzeka, tak szeroka jak Hudson River, ale bardziej spokojna. Za tobą zachodzi słońce i krzyczą kaczki, przed tobą długi, zielony obrys drugiego brzegu z którego wystają wieże dwóch kościołów albo dwie wieże jednego kościoła, nie pamiętam dokładnie. Po rzece nie płyną statki tylko urwane gałęzie, czasem liście i żółta słoma. Leżysz na deskach drewnianego pomostu wychodzącego w chłód wody, który pomału stygnie, w miarę jak ciemnieje odbity w wodzie kontur twojej głowy. Twoi rodzice są jeszcze w polu. Czekasz tu, w połowie drogi do domu, bo lubisz wracać z nimi i obawa przed nie posłyszeniem trzasku drewnianego wozu jest jedyną rzeczą, która broni cię przed zaśnięciem...”

Leżeliśmy na łące na Long Beach. Ona i ja. Spała. Po jej długich rzęsach tańczył chybotliwie malutki, czarny pajączek. Za zamkniętymi powiekami, które wyciskały dużą łzę drzemał jej czas, do którego nie miałem dostępu. I bałem się ją zbudzić, by się o tym przekonać.

Ona należała do tego krajobrazu. Moje pozostały niedokończone. Wstałem i po cichu oddaliłem się od linii jej horyzontu.

Long Beach, kwiecień...

KONIEC

1